法律硕士教学指导案例

行政诉讼实务卷

I

全国法律专业学位研究生教育指导委员会　编

法律出版社

编 写 说 明

为适应我国专业学位教育发展的客观需求，进一步推动专业学位培养模式改革和提高专业学位研究生教育质量，在教育部和财政部的支持下，中国专业学位教学案例中心建设工作于2013年5月正式启动。该案例中心建设工作受国务院学位委员会办公室和教育部指导，由教育部学位与研究生教育发展中心牵头，各相关专业教育指导委员会共同参与。建设法律硕士专业学位研究生教育教学案例库，是支撑并推进全国法律硕士专业学位研究生培养单位实践必修环节学位课程案例教学与保证法律硕士专业学位研究生教育质量的重要措施。2013年6月，教育部学位管理与研究生教育司批复同意全国法律专业学位研究生教育指导委员会（以下简称指导委员会）秘书处组织开展“案例库建设与案例教学推广项目”。按照规划，指导委员会和教育部学位与研究生教育发展中心共同建设“中国法律专业学位案例中心”，合作开发入库教学案例并纳入中国专业学位教学案例中心平台管理和运营。

该项目启动后，指导委员会决定由韩大元、姜晶两位副秘书长负责组织、协调项目的实施工作，并组织制定了《中国专业学位教学案例库中心法律硕士分中心建设规划》（以下简称规划），对案例库建设确立了明确的目标和阶段性任务，并对项目实施进行了总体布置。为保障项目的顺利实施，指导委员会秘书处成立了以时延安教授为牵头人的专家工作组，起草《案例编写规范》、《评审管理办法》和案例模版及使用说明书范本，开展多次编写培训，组织和协调案例申报及评审工作，负责案例中心的维护、日常管理和应用服务等相关工作。2014年至2016年，指导委员会先后三次向培养单位征集案例，组织专家评审组遴选案例，迄今共征集案例382个，其中入选案例139个。

为推动法律专业学位研究生教育教学案例在教学中的运用，切实提高实践课程的教学水平，指导委员会决定从入选案例中选择部分案例出版。该案例出版工作得到法律出版社的大力支持，并根据出版要求对入选案例进行了合理调整。

目前，“法律硕士教学指导案例丛书”已经编辑完成，我们希望这套丛书对提升我国法律专业学位研究生教育有所裨益。在此，向所有参与法律硕士专业学位研究生教育教学案例库工作的专家、学者及相关同志表示衷心地感谢！受时间和能力所限制，编辑过程难免有不足之处，敬请提出宝贵意见。

丛书编委会

2017 年 12 月

目录
Contents

1 CASE 中华环保联合会诉贵州省贵阳市修文县环境保护局环境信息公开案

| 摘　要 |

本案例以一起真实的申请政府信息公开的公益诉讼为素材，涉及的行政法与行政诉讼法的知识点以及与实务相关的内容包括政府信息公开制度的相关规定、政府职能部门在涉及政府信息公开时对《政府信息公开条例》的理解、行政诉讼的原告资格的认定、行政公益诉讼的理论与实践等重要内容。本案例既涵盖了行政法中有关行政法的基本原则、行政主体职权与职责的认定；又包括了行政诉讼的目的、行政诉讼原告资格的判断、行政公益诉讼的意义及制度、司法机关自由裁量权的界定等现实问题。本案例对于解决其他涉及政府信息公开及行政公益诉讼的案件具有参考意义。

| 关键词 |

行政公开原则　政府信息公开　政府信息公开的申请　行政公益诉讼

| 教学目标 |

着重使学生把握三方面的内容：(1)政府信息公开的一般性规定及例外条款的界定；(2)申请政府信息公开的诉讼理由；(3)公益诉讼的基本理论及我国公益诉讼的制度现状。

教学案例主文

中华环保联合会(All-China Environment Federation，ACEF)是经中华人

民共和国国务院批准,民政部注册,环保部主管,由热心环保事业的人士、企业、事业单位自愿结成的、非营利性的、全国性的社会组织。中华环保联合会的宗旨是围绕实施可持续发展战略,围绕实现国家环境与发展的目标,围绕维护公众和社会环境权益,充分体现中华环保联合会“大中华、大环境、大联合”的组织优势,发挥政府与社会之间的桥梁和纽带作用,促进中国环境事业发展,推动全人类环境事业的进步。

联合会宗旨包括:为政府提供环境决策建议;为公众和社会提供环境法律权益的维护;为社会提供公共环境信息和环境宣传教育活动;促进中国环保 NGO 组织健康发展并确立其应有的国际地位。

其工作内容包括:围绕国家环境与发展的目标和任务,为各级政府及其有关行政主管部门提供决策建议;积极推动维护环境权益的立法,组织开展维护环境权益活动和环境法律援助,维护公众合法环境权益;开展环境领域公众参与、社会监督,多渠道、多角度为环境领域公众参与和社会监督创造条件,构建环境领域公众参与和社会监督的新平台;开展相关的环境政策、法律、法规和技术咨询服务;凝聚各社团组织,共同促进中国环保事业的发展;开展环境保护的宣传教育活动,提高全民环境意识;组织参加国际民间环境交流与合作,推动全人类环境事业发展;开展有助于环境的公益性活动,承办政府及有关组织委托的其他工作。

一、诉讼过程

(一)案情简介

2011 年 10 月,中华环保联合会向贵州省清镇市人民法院环保法庭提起环境公益诉讼,起诉贵州好一多乳业有限公司(以下简称好一多公司)超标排放工业污水。因案件需要好一多公司的相关环保资料,中华环保联合会便向被告贵州省贵阳市修文县环境保护局提出申请,要求向其公开好一多公司的排污许可证、排污口数量和位置、排放污染物种类和数量情况、经环保部门确定的排污费标准、经环保部门监测所反映的情况及处罚情况、环境影响评价文件及批复文件、"三同时"验收文件[1]等有关环境信息,并于2011年10月28日将信息公开申请表以公证邮寄的方式提交给修文县环保局。

环保局收到该信息公开申请表后,认为中华环保联合会所申请公开的信息内容不明确,信息形式要求不具体、不清楚,获取信息的方式不明确,故一直未答复其政府信息公开申请,也未向其公开其所申请的信息。于是中华环保联合会将修文县环保局告上法庭。

(二)原告起诉理由

因原告向贵州省清镇市人民法院环保法庭提起关于贵州好一多公司超标排放工业污水的环境公益诉讼,须调取好一多公司的相关环保资料,遂向被告贵州省贵阳市修文县环境保护局提出申请,要求该环保局向其公开好一多公司的环境影响评价报告、环保设施竣工验收资料、排污许可证、排污费征收等有关环境信息。而被告在法定期限内既未向原告公开上述信息,也未对原告申请给予答复,违反了国务院《政府信息公开条例》和环保部《环境信息公开办法(试行)》的规定,故向人民法院提起行政公益诉讼,要求判决贵州省贵阳市修文县环保局对原告的政府信息公开申请予以答复,并向原告公开相关信息。

(三)被告抗辩理由

首先,原告中华环保联合会确实于2011年10月28日以特快专递的方式提交了政府信息公开申请,但申请表未附原告机构代码证等主体材料,也未明确需要好一多公司三个基地中具体哪家基地的信息,其申请公开的信息内容不明确;其次,原告要求公开信息的形式不具体、不清楚;再次,原告获取信息的方式不明确;最后,原告申请信息公开时未提供相关的检索、复制、邮寄等成本费用。且被告已于2011年10月31日电话告知了原告的联

---

[1] "三同时"制度是我国环境管理的八项制度之一。"三同时"验收是指针对新建、改建、扩建项目和技术改造项目以及区域性开发建设项目的污染治理设施必须与主体工程同时设计、同时施工、同时投产的制度的验收。建设项目需要配套建设的环境保护设施经验收合格,该建设项目方可正式投入生产或者使用。

系人宋杰彬，要求原告对申请公开的信息内容进行补充说明，以方便被告履行信息公开的职责。故原告诉被告不履行政府信息公开法定职责没有事实依据和法律依据。

（四）一审争议焦点

原告中华环保联合会向被告贵州省贵阳市修文县环境保护局提交的信息公开申请是否明确具体。

（五）一审法院认定的事实

贵州省清镇市人民法院一审认为：依法获取环境信息，是公民、法人和其他组织的一项重要权利，是公众参与环境保护、监督环保法律实施的一项重要手段。为了保障公民、法人和其他组织的这一权利，相关法律法规对环境信息公开的范围、信息公开的程序和方式、监督和保障都作了详细的规定。

环境信息应以公开为原则，不公开为例外。原告中华环保联合会所申请的好一多公司的环境信息资料并非相关法律法规所禁止公开的内容，被告贵州省贵阳市修文县环境保护局未向原告公开其所需信息的行为违反法律法规的规定。

原告中华环保联合会为环境公益诉讼案件的需要向被告贵州省贵阳市修文县环境保护局通过邮政快递的方式提出了环境信息公开的书面申请，并在申请中载明了申请人的名称、联系方式、申请公开的具体内容、获取信息的方式等，其申请环境信息的内容不涉及国家秘密、商业秘密、个人隐私，属于法定可以公开的政府环境信息，申请环境信息的程序亦符合《政府信息公开条例》第20条、《环境信息公开办法（试行）》第16条的规定。

关于被告贵州省贵阳市修文县环境保护局认为原告中华环保联合会在提交政府信息公开申请时，应同时附上原告的身份证明的意见，因原告在信息公开申请表中已正确填写了单位名称、住所地、联系人及电话并加盖了公章，而《政府信息公开条例》第20条第2款明确规定“政府信息公开申请应当包括下列内容：（一）申请人的姓名或者名称、联系方式；（二）申请公开的政府信息的内容描述；（三）申请公开的政府信息的形式要求”，其中并没有强制要求申请人提供身份证明，故被告所提意见没有法律依据。

关于被告贵州省贵阳市修文县环境保护局认为好一多公司在修文县有三个基地，原告中华环保联合会未明确申请公开哪个基地的环境信息，原告所申请的内容不明确的意见，根据《政府信息公开条例》第 21 条的规定，对于申请内容不明确的，行政机关应当告知申请人作出更改、补充。在本案中，原告在申请表中已经明确提出需要贵州好一多公司的排污许可证、排污口数量和位置、排放污染物种类和数量情况、经环保部门确定的排污费标准、经环保部门监测所反映的情况及处罚情况、环境影响评价文件及批复文件，其申请内容的表述是明确具体的，至于好一多公司在修文县有几个基地，并不妨碍被告公开信息，被告应就其手中掌握的所有涉及好一多公司的相关环境信息向原告公开。另外，《贵州省政府信息公开暂行规定》第 24 条规定："行政机关对申请公开的政府信息，根据下列情况分别作出答复：……（六）申请内容不明确或申请书形式要件不齐备的，行政机关应当出具《补正申请告知书》，一次性告知申请人作出更正、补充。……"

即便被告认为原告申请内容不明确，应当按该规定向原告发出《补正申请告知书》，一次性告知申请人作出更正、补充，而被告显然没有按规定办理。故被告以申请内容不明确不公开信息，不符合规定。同时，按照《政府信息公开条例》第 24 条第 2 款、《环境信息公开办法（试行）》第 18 条的规定，被告显然在法定期限内没有履行其答复的义务，故被告不予答复申请的行为违反法律法规的规定。

关于被告贵州省贵阳市修文县环境保护局认为原告中华环保联合会申请信息公开时，未提供相关检索、复制、邮寄等成本费用的意见，根据《贵州省政府信息公开暂行规定》第 26 条第 1 款的规定，行政机关依申请提供政府信息，可以收取实际发生的检索、复制、邮寄等成本费用，但被告并未向原告提出收费要求，原告也未向被告明示不支付相关费用，故被告以此理由不公开环境信息不符合法律规定。

（六）一审判决结果

在上述事实认定的基础上，贵州省清镇市人民法院依照《政府信息公开条例》第13条和第26条、《环境信息公开办法(试行)》第16条,以及最高人民法院《关于审理政府信息公开行政案件若干问题的规定》第1条第1项、第9条第1款之规定,于2012年1月10日作出如下判决:

被告贵州省贵阳市修文县环境保护局于判决生效之日起10日内对原告中华环保联合会的政府信息公开申请进行答复,并按原告的要求向其公开贵州好一多公司的相关环境信息。

(七)上诉过程及二审结论

被告不服一审判决,向贵州省贵阳市中级人民法院提起上诉。

在贵州省贵阳市中级人民法院审理过程中,上诉人贵州省贵阳市修文县环境保护局以"环保局向公民、法人及其他组织主动公开政府信息是其义务和责任,自愿服从清镇市人民法院(2012)清环保行初字第1号行政判决书"为由,于2012年3月9日向贵阳市中级人民法院递交撤诉申请书申请撤回上诉。

贵州省贵阳市中级人民法院经审查认为,上诉人贵州省贵阳市修文县环境保护局撤回上诉的申请符合法律规定,依照最高人民法院《关于执行〈中华人民共和国行政诉讼法〉若干问题的解释》第63条第1款第10项、第97条及参照《民事诉讼法》第156条之规定,于2012年3月12日作出准许上诉人贵州省贵阳市修文县环境保护局撤回上诉的裁定。

二、法律意义

本案于2011年12月12日获得贵州省清镇市法院立案后,凤凰网、新浪网、法制网、新京报网、中新网、中国日报网、正义网等数十家国内知名网站均以"我国首例环境信息公开公益诉讼获立案"为关键词进行了报道。2012年1月10日一审宣判后,媒体又以"首例环境信息公开公益诉讼原告胜诉"为主标题进行了报道。从从始至终的社会舆论关注度来看,本案所蕴含的社会影响极大。

有意思的是,2009年7月,同样是以中华环保联合会为原告的公益诉讼就在贵州省清镇市法院立案并审理。该案是原告诉贵州省清镇市国土资源管理局环境污染不作为。9 月 1 日,清镇市法院开庭,被告当庭表示已于 8 月 28 日作出了撤回有潜在污染环境危险的百花湖风景区冷饮厅加工项目土地使用权的决定,原告当庭提出撤诉。这起诉讼督促相关行政职能部门履行了拖延近十五年的行政职责。由此,媒体报道"全国首例由社团发起的环境公益行政诉讼案就此尘埃落定"。加之此案,贵州省清镇市人民法院已经开了若干个行政公益诉讼的先河。[2]

事实上,本案是一个基于民事公益诉讼而衍生出来的行政公益诉讼案件。从本质上讲,本案的行政诉讼本身并非真正意义上的公益诉讼,而是一起由申请政府信息公开而引发的与公益相关的案件,但是因其涉及政府信息公开的诉求及因公益而诉讼的性质,将其定位为"标志性的"也不为过。

三、政府信息公开的相关制度规定及其适用

行政公开原则是行政法的基础性原则,主要要求行政主体公开其行政的事实依据、法律依据及相关信息,其中最关键的是信息公开,或者说从广义上讲,事实依据与法律依据也是重要的行政信息。

关于政府信息公开,2008 年国务院颁布实施了我国第一部被称为"阳光法"的《政府信息公开条例》,对政府信息公开的实体性问题及程序性问题作出了较为全面的规定。本案被告虽然对于原告申请公开的事项本身并无异议,也就是说对于所申请事项是否属于应当或者可以公开的范围不存在分歧,但是我们可以以本案为契机对政府信息公开的相关规定进行延展性的解读。

---

〔2〕 清镇市人民法院 2007 年 11 月 20 日正式挂牌成立环保法庭,截至 2009 年 12 月 20 日,环保法庭共计受理各类环境保护案件 170 件,审结 170 件,结案率为 100%。其中,受理环保行政案件 2 件,受理环保执行案件 15 件,受理环保行政非诉执行案件 11 件。2007 年 12 月,贵州省贵阳市"两湖一库"管理局作为环境公益诉讼的原告,向清镇市环保法庭提出环境污染损害诉讼,起诉位于安顺地区的贵州天峰化工公司,要求其停止排污侵害,并最终获得胜诉。这是国内第一起跨行政区划的环境公益诉讼案件。2008 年 11 月 26 日,清镇市环保法庭审理贵阳市人民检察院诉熊金志、雷章、陈廷雨在水资源保护区内修建违章建筑一案。该案成为全国环保法庭中首例检察机关以民事原告身份提起的环境公益民事诉讼案件。

四、政府信息公开制度的实体性规则

政府信息公开制度的实体性规则包括主动公开、申请公开与信息遮蔽。

1.《政府信息公开条例》中有关应当主动公开的信息的规定

《政府信息公开条例》第9条[3]对于政府主动公开信息作出了基本要求。所谓主动公开，即行政机关根据法律的规定和本行政机关的职权，在政府信息形成以后，主动向社会公开有关信息内容。

这是一条强行性规则，一方面明确了行政机关公开政府信息的责任，另一方面对应当主动公开的事项作出了具体的规定。

在一般规定的基础上，根据国务院《进一步推行政务公开的意见》和地方政府信息公开立法的实践经验，《政府信息公开条例》第10条将县级以上各级人民政府及其部门重点公开政府信息的内容具体归纳为11项。

第10条规定有两层含义：一是要求县级以上各级人民政府及其他部门依照《政府信息公开条例》第9条的规定，在各自职责范围内确定主动公开的政府信息的具体内容；二是具体列举了县级以上各级人民政府及其部门应当公开政府信息的重点内容。

此外，《政府信息公开条例》以第11条、第12条两条补充规定了设区的市级人民政府、县级人民政府及其部门重点公开的政府信息。由于设区的市级人民政府、县级人民政府是城市和乡镇的具体管理者，除了执行上级人民政府的工作外，主要的工作就是管理城市和乡镇，对城乡建设进行规划，提供市政公益设施，安排城镇居民的生产生活。因此，该两条又规定了八个应当重点主动公开的项目。

2.《政府信息公开条例》中有关可以申请公开的信息的规定

除了应当主动公开的信息外，《政府信息公开条例》在第13条又用概括的方式规定了政府依相对人申请可以酌情公开的信息。

这一条规定首先是基于社会主体知情权的考虑，其次是由于政府信息

---

[3]　《政府信息公开条例》第9条规定："行政机关对符合下列基本要求之一的政府信息应当主动公开：(一)涉及公民、法人或者其他组织切身利益的；(二)需要社会公众广泛知晓或者参与的；(三)反映本行政机关机构设置、职能、办事程序等情况的；(四)其他依照法律、法规和国家有关规定应当主动公开的。"

量大面广，涉及社会生产生活各方面，以列举的方式难以穷尽社会主体对于信息的需求，为了充分发挥政府信息对经济社会生活的服务作用，有必要对依公民、法人和其他组织申请公开政府信息作出规定。

《政府信息公开条例》之所以要规定政府信息公开的两种方式，在于依申请公开和主动公开之间无论是从法理上还是从具体操作上都存在明显区别：

一是公开政府信息的动因不同。所谓主动公开，就是行政机关根据法律的规定和本行政机关的职权，在政府信息形成后，主动向社会公开有关信息内容，是行政机关主动实施的信息公开行为。依申请公开是行政机关根据公民、法人和其他组织的申请，依法提供掌握的政府信息，行政机关审查并公开政府信息的前提是公民、法人和其他组织提出政府信息公开申请。

二是制度设立的功能不同。主动公开是为了满足社会公众普遍的信息需求，公开的是涉及公民、法人或者其他组织切身利益，需要社会公众广泛知晓或者参与，反映本行政机构设置、职能、办事程序等情况以及其他依照法律、法规和国家有关规定设定的应当主动公开的政府信息，是行政机关对社会公众的点对面服务。依申请公开制度是为了满足公民、法人或者其他组织自身生产、生活、科研等特殊的信息需求，是行政机关对有特殊需要人群的点对点服务。

三是行政机关提供政府信息的途径不同。对于主动公开的政府信息，行政机关应当通过政府公报、政府网站、新闻发布会以及报刊、广播、电视等便于公众知晓的方式公开。对于依申请公开的政府信息，行政机关应当按照申请人要求的形式予以提供。无法按照申请人要求的形式提供的，可以通过安排申请人查阅相关资料、提供复制件或者其他适当形式提供。

四是负担信息成本的主体不同。对于主动公开政府信息，行政机关不得收取费用；对于依申请公开，考虑到行政机关为申请人提供信息花费一定人力、物力，行政机关可以按照条例的规定收取检索、复制、邮寄等成本费用。

本案原告之所以向被告申请信息公开主要是基于另一个诉讼的需要，可以理解为符合《政府信息公开条例》第 13 条的“等特殊需要”的范围。因此,其申请本身具有正当性。

3.《政府信息公开条例》中有关信息遮蔽的规定

出于国家利益及社会主体利益的特殊考虑,世界各国在规定政府信息公开的同时,都不同程度地对可遮蔽信息作出了制度安排。关于这点,《政府信息公开条例》在第8条进行了概括式规定:"行政机关公开政府信息,不得危及国家安全、公共安全、经济安全和社会稳定。"第14条第4款则将这一原则具体化为:"行政机关不得公开涉及国家秘密、商业秘密、个人隐私的政府信息。但是,经权利人同意公开或者行政机关认为不公开可能对公共利益造成重大影响的涉及商业秘密、个人隐私的政府信息,可以予以公开。"

对于此三类政府信息,《政府信息公开条例》并未作出进一步的细节说明,但在实践中可以参阅如《保密法》《反不正当竞争法》的相关规定。如前者规定,国家秘密是关系到国家的安全和利益的信息。后者将商业秘密解释为不为公众所熟悉、能为权利人带来经济利益、具有实用性并经权利人采取保密措施的技术信息和经营信息。至于个人隐私,目前我国现行法律规定中还没有对此作出明确界定。根据一般性理解,个人隐私是指关系个人财产、名誉或者其他利益的不宜对外公开的情况、资料。

可以注意到,对于商业秘密和个人隐私,在经过权利人同意后是可以公开的,但这样的公开行为可能具有复效性,因此,《政府信息公开条例》第23条又规定:"行政机关认为申请公开的政府信息涉及商业秘密、个人隐私,公开后可能损害第三方合法权益的,应当书面征求第三方的意见;第三方不同意公开的,不得公开。但是,行政机关认为不公开可能对公共利益造成重大影响的,应当予以公开,并将决定公开的政府信息内容和理由书面通知第三方。"本案在信息公开上似乎存在所涉第三方的问题,即另案中的被告,但由于本案原告申请公开的信息并不涉及所谓的商业秘密和个人隐私,所以不必经第三方同意。对此,一审法院的结论是:"原告申请环境信息的内容不涉及国家秘密、商业秘密、个人隐私,属于法定可以公开的政府环境信息","原告所申请的好一多公司的环境信息资料并非相关法律法规所禁止公开的内容,被告贵州省贵阳市修文县环境保护局未向原告公开其所需信息的行为违反法律法规的规定。"

五、与本案具有关联性的制度

本案被告拒绝公开信息的主要理由是原告的申请程序不合法，最直接的托辞是“格式不对”。2011 年 11 月最高人民法院《关于审理政府信息公开行政案件若干问题的规定》明确指出，公民和组织向行政机关申请信息公开时，政府如没有正当理由而拒绝的话，前者可以提出诉讼。这一方面明示了相对人相关的诉权，另一方面也隐喻了对于相对人相关诉求的支持。

（一）政府信息公开的程序性规则：申请、审查、决定

本案属于申请政府信息公开。根据《政府信息公开条例》规定，申请公开政府信息的程序制度主要包括申请公开政府信息的方式、答复申请的期限、征求第三方意见、申请公开政府信息的收费、政府信息公开申请的答复等环节。

本案被告的抗辩主要就是围绕上述程序性问题来展开的：首先，认为原告申请表未附原告机构代码证等主体材料，也未明确需要好一多公司三个基地中具体哪一家基地的信息，属申请公开的信息内容不明确；其次，认为原告要求公开信息的形式不具体、不清楚；再次，认为原告获取信息的方式不明确；最后，认为原告申请信息公开时未提供相关的检索、复制、邮寄等成本费用。这些问题也构成了本案的争点。

法院的认定是，原告在申请中载明了申请人的名称、联系方式、申请公开的具体内容、获取信息的方式等，申请环境信息的程序亦符合《政府信息公开条例》第 20 条、《环境信息公开办法（试行）》第 16 条的规定。

至于被告认为原告在提交政府信息公开申请时，应同时附上原告的身份证明的意见，法院认为《政府信息公开条例》第 20 条第 2 款明确规定：“政府信息公开申请应当包括下列内容：（一）申请人的姓名或者名称、联系方式；（二）申请公开的政府信息的内容描述；（三）申请公开的政府信息的形式要求”，其中并没有强制要求申请人提供身份证明，故被告所提意见没有法律依据。

被告认为所涉好一多公司在修文县有三个基地，原告未明确申请公开

哪一个基地的环境信息，属于所申请的内容不明确。在本案中，原告在申请表中已经明确提出需要好一多公司的排污许可证、排污口数量和位置、排放污染物种类和数量情况、经环保部门确定的排污费标准、经环保部门监测所反映的情况及处罚情况、环境影响评价文件及批复文件，其申请内容的表述是明确具体的，至于好一多公司在修文县有几个基地，并不妨碍被告公开信息，被告应就其手中掌握的所有涉及好一多公司的相关环境信息向原告公开。另外，出于便民的考虑，《贵州省政府信息公开暂行规定》第24条规定："行政机关对申请公开的政府信息，根据下列情况分别作出答复：……（六）申请内容不明确或申请书形式要件不齐备的，行政机关应当出具《补正申请告知书》，一次性告知申请人作出更正、补充……"也就是说，即便被告认为原告申请内容不明确，也应当按该规定向原告发出《补正申请告知书》，被告显然没有按规定办理。故被告以申请内容不明确而不公开信息，不符合规定。同时，按照《政府信息公开条例》第24条第2款、《环境信息公开办法（试行）》第18条的规定，被告未在法定期限内履行其答复的义务，故被告不予答复申请的行为违反法律法规的规定。

最后关于被告认为原告申请信息公开时，未提供相关检索、复制、邮寄等成本费用的意见，根据《政府信息公开条例》第27条第1款的规定："行政机关依申请提供政府信息，除可以收取检索、复制、邮寄等成本费用外，不得收取其他费用。……"值得注意的是，立法语言用的是"可以"，而被告并未向原告提出收费要求，原告也未向被告明示不支付相关费用，故法院认为被告以此理由不公开环境信息并不符合法律规定。

（二）行政诉讼原告资格的规定及其行政公益诉讼问题

因关涉深厚的社会价值和法律价值，公益诉讼在世界上许多国家都有相应的制度安排，2012年《民事诉讼法》修改中特别新增了关于民事公益诉讼的规定，该法第55条规定："对污染环境、侵害众多消费者合法权益等损害社会公共利益的行为，法律规定的机关和有关组织可以向人民法院提起诉讼。"本案正是一例因环境污染而由公益组织为原告提起的民事公益诉讼而引发的行政诉讼案件。尽管本案被誉为我国政府信息公开行政公益诉讼第一案，但是，这个定位本身其实是值得商榷的，有两点疑问：一是本案原告按现行法律规定是否适格；二是本案是否为公益诉讼。这两个问题也可视为关联性问题，假设是公益诉讼，而《行政诉讼法》没有关于公益诉讼的规定，那人民法院受理本案就没有法律依据。但本案得以受理并两审结案，法院是依何认定原告资格的。

首先可以从《行政诉讼法》及其最高人民法院的司法解释中关于原告资格的规定来看本案原告的适格性。《行政诉讼法》第 2 条第 1 款规定："公民、法人或者其他组织认为行政机关和行政机关工作人员的行政行为侵犯其合法权益，有权依照本法向人民法院提起诉讼。"最高人民法院《关于执行〈中华人民共和国行政诉讼法〉若干问题的解释》第 12 条规定："与具体行政行为有法律上利害关系的公民、法人或者其他组织对该行为不服的，可以依法提起行政诉讼。"

从以上两条规定来看，"与具体行政行为有法律上的利害关系"是判定有无原告主体资格的基本标准，其主要具有三层含义：一是存在因具体行政行为侵犯或影响的合法权益；二是该侵犯或者影响已经发生或必然发生；三是具体行政行为与侵害或影响之间存在因果关系。根据上述三层含义，可以从以下三个方面来把握原告主体资格的实质标准：一是看起诉者认为被侵犯或者影响的合法权益是否客观存在；二是看侵犯或者影响是否真的已经发生或必然；三是看侵害或者影响与被诉的具体行政行为之间是否存在有利害关系。

首先，我们以相关法律规定及法理分析为基础来分析本案原告资格。本案的直接起因是原告依《政府信息公开条例》向被告申请信息公开，因该请求未能得到满足故认为其合法权益受到侵害而向人民法院提起的行政诉讼。从这点上看，并非典型的公益诉讼。

其次，可以从案件性质上看是否为公益诉讼。尽管本案原告申请被告信息公开并非是为了自身的利益，但作为主体而言，其就是一个申请信息公开的相对人，至于原告为什么要申请信息公开是由有关行政主体根据《政府信息公开条例》的规定来审查的，当然，该条例对于申请公开的动机并未作出具体的限制，第 13 条只是笼统地规定："……公民、法人或者其他组织还可以根据自身生产、生活、科研等特殊需要，向国务院部门、地方各级人民政府及县级以上地方人民政府部门申请获取相关政府信息。”那当申请人的申请未能得到满足时，按《政府信息公开条例》第 33 条第 2 款的规定：“公民、法人或者其他组织认为行政机关在政府信息公开工作中的具体行政行为侵犯其合法权益的，可以依法申请行政复议或者提起行政诉讼。”虽然《政府信息公开条例》的位阶低于《行政诉讼法》，但的确是明确赋予了申请人诉权的，同时，按照《行政诉讼法》的上述规定，本案原告实则是因认为被告的不作为侵犯到其具体的合法权益而提起行政诉讼。但如果从诉讼的最终目的上考量，将其定性为公益诉讼并无不妥。

教学指导手册

教学对象及目标

本案例供法律硕士案例教学使用，法学本科、行政法学硕士也可以参酌使用。

本案例主要就《政府信息公开条例》的适用及行政公益诉讼的具体问题进行讲授。要解决的问题包括：(1)政府信息公开的一般性要求与申请公开的形式要件；(2)如何理解政府信息公开中的例外条款；(3)行政公益诉讼的必要性及制度构建。

教学内容

1. 如何理解《政府信息公开条例》中关于政府信息公开情形的规定？

《政府信息公开条例》将政府信息公开分为两种情况：一是主动公开；二是依申请公开。哪些属于主动公开的，在条例中有两种立法体例：第 9 条是概括式的，第 10 条、第 11 条、第 12 条是列举式的，那列举式的三条规定有没有穷尽化第9条的情形可以研究。同时,第13条赋予了公民、法人或其他组织申请公开的权利,是否对前三条规定可能出现遗漏的弥补亦可讨论。

2. 如何理解申请政府信息公开制度?

申请政府信息公开是公民、法人或其他组织的法定权利,但这项权利诉求需要通过法定程序来表达与实现。申请人需要明确所需信息的管辖或归属,问题是,由于我国行政机关的设置可能会有职能重叠、权限不明等情况,而被申请人不准确就有可能导致申请被驳回。这一问题有可能给申请人带来困扰。

3. 如何理解《政府信息公开条例》中的例外条款?

关于信息遮蔽的问题,《政府信息公开条例》在第14条第4款中作了概括性的规定:国家秘密、商业秘密、个人隐私。但对于哪些属于该三类则没有作出相应规定,这为有关行政机关对于此三类信息留下了巨大的解释空间,而例外性条款的泛用无疑会对公民、法人或其他组织的知情权构成极大的威胁。应当以什么样的标准或原则来予以界定是值得研究的。

4. 如何看待行政公益诉讼?

在我国,民事公益诉讼制度已经确立,行政公益诉讼的必要性基本上已达成社会共识,这可以通过梳理相关文献来佐证。但事实是,行政公益诉讼还处于制度的空白状态。一方面,本案例从性质上就是行政公益诉讼,其合理性毋庸置疑,但制度上的正当性则是可以讨论的;另一方面,既然公益诉讼的法理基础已经成立,司法机关也在进行审判尝试,那下一步的制度构建也是应当深入思考的。

课堂时间安排

本案例可以作为专门的案例教学课来进行,共安排8个课时,分两个阶段完成,讲授的内容在行政公开原则的学习和行政诉讼原告资格的学习中分别展开。两个阶段的操作均可采用以下步骤：

1. 课前准备。告知学生课上将涉及行政法或行政诉讼法的知识点及本案例的出处，让学生整理出本案的争点及问题。

2. 课中实施。(1)陈述主要案情，给出相关问题。(2)分组讨论提出的问题，形成有针对性的观点，且该观点应当是有理论及制度支持的。(3)在分组中应有相应的角色立场，如代表原告方的观点，那么作为一个公益组织如何在诉讼中既坚持原告的立场，又履行公益组织的职能；代表被告方观点，则如何为被诉行政行为抗辩。(4)小组代表汇报讨论过程并全面展示观点，其他小组可以提问及辩论。(5)教师归纳总结并从学理的角度对案例进行解读。

3. 课后工作。要求学生结合材料及相关理论与制度写出完整的案例评析报告。

■ 讨论题

1. 行政法部分

(1)原告申请公开的事项是否属于行政机关应当公开的范围？（一并讨论政府信息公开例外情形的界定）

(2)原告应具体向哪一家行政职能部门申请信息公开？（一并讨论机构设置的问题及大部制改革的相关问题）

(3)原告应该如何撰写信息公开申请书？（尝试撰写一份）

(4)假设原告的申请书的确存在不明确的情况，被告应当怎样处理？（以制度评析为重心）

(5)被告的辩称有无法律依据？（思考行政主体的管制思维与法治思维的关系）

2. 行政诉讼法部分

(1)《行政诉讼法》是如何规定原告资格的？

(2)如何理解《民事诉讼法》中的公益诉讼制度？

(3)本案以公益诉讼立案的法理及制度依据是什么？

(4)结合本案对行政公益诉讼的制度构建提出你的思路。

(5)本案应当如何分配举证责任？

参考文献

1. 张明杰:《开放的政府》,中国政法大学出版社 2003 年版。

2. 段尧清:《政府信息公开:价值、公平与满意度》,中国社会科学出版社 2013 年版。

3. 王万华:《知情权与政府信息公开制度研究》,中国政法大学出版社 2013 年版。

4. 李广宇:《政府信息公开诉讼:理念、方法与案例》,法律出版社 2013 年版。

5. 赵正群:《政府信息公开法制比较研究》,南开大学出版社 2013 年版。

撰稿人 | 曾坚,上海财经大学法学院副教授

2 CASE 张国清诉××市住房保障和房屋管理局案

| 摘 要 |

本案例以一起真实的房产登记纠纷为蓝本，围绕行政诉讼程序的各个环节，涵盖了行政诉讼的起诉与受理、审理、裁判与法律适用等多个阶段，涉及的专业知识点和职业技能包括行政诉讼中当事人的代理权限和代理方式、行政诉讼中证据的收集与审查规则，行政诉讼的举证责任分担，行政诉讼中的事实认定和法律适用。本案中，行政法律关系和民事法律关系交织，对于行政行为合法性的认定带来了非常大的挑战。通过本案的模拟练习，旨在提高学生对行政诉讼的相关理论和程序流程的认识，对其他类似案例也有参考作用。

| 关键词 |

房屋登记　房产交易　房屋过户　行政诉讼的证据　举证责任　行政诉讼的裁判

| 教学目标 |

通过对本案例的模拟演习，旨在让学生掌握以下知识和技能：(1)行政诉讼中代理人的代理权限和代理方式，以及代理词的撰写；(2)行政诉讼中代理人对证据的收集、筛选、提交，证明责任的分担；(3)从对房屋登记行为的合法性审查入手，引导学生思考如何在民事与行政法律关系交织的案例中提炼行政行为的合法要件，探讨民事与行政交织案件的处理模式，分析行政案件的事实认定、证据规则与法律适用。

教学案例主文

一、基本信息

(一)本案所涉人物关系介绍

张国清,男,汉族,1957 年 3 月 2 日出生,武汉市新洲区人,新洲区阳逻街柴泊湖泵站站长,住武汉市新洲区阳逻街关上南街 51 号。

邱洁,女,汉族,1967 年 9 月 15 日出生,新洲区阳逻街人,新洲区阳逻街汇泓饭店职工,系张甜的母亲。

邱小货,男,1935 年 10 月 25 日出生,汉族,新洲区人。

张甜,女,1996 年 11 月 8 日出生,汉族,新洲区人,失学,住武汉市新洲区阳逻街魏湖巷 11 号。

邱小货为邱洁之父,张甜为张国清与邱洁的非婚生子女。

(二)房屋登记机关

武汉市新洲区住房保障和房屋管理局,武汉市住房保障和房屋管理局。

(三)争议房产

新洲区阳逻街环城路北总第东起第 30 号,建筑面积为 36.75 平方米的一间门面房。

(四)争议房产产权流转

黄冈地区汽运公司阳逻分公司房屋产权证(阳 01 字第 2001134 号);

邱小货的房屋产权证(武房权证新转字第 0301337 号);

张甜的房屋产权证(武房权证新字第 200904132 号)。

二、案情介绍

1993年,张国清与邱洁经人介绍相识,并于1996年11月8日生育一非婚生女张甜。2003年至2007年,邱洁因犯罪入狱服刑,服刑期间,张甜跟随父亲张国清生活,并随其在户籍登记机关登记入户。

2000年5月18日,张国清向武汉市新洲富华土建有限公司支付54000元人民币的购房款,购买黄冈市汽车运输总公司阳逻公司位于新洲区阳逻街环城路北总第东起第30号建筑面积为36.75平方米的一间门面房。同年6月10日,张国清与黄冈市汽车运输总公司阳逻公司补签《房产让售合同》,黄冈市汽车运输总公司阳逻公司向张国清交付了房屋所有权人为黄冈地区汽运公司阳逻分公司的新房权证阳01字第2001134号房屋所有权证。张国清在购得该房屋后,先后办理了水、电报装入户,并将该房屋出租,租金从350元增至800元。

张国清取得黄冈地区汽运公司阳逻分公司所交付的房产证后,并未到房产管理部门进行过户登记。在与邱洁同居后,张国清将该房产证交邱洁保管。此后,邱洁于2003年至2007年因犯罪入狱服刑。

2003年11月,邱小货持产权人为黄冈地区汽运公司阳逻分公司的新房权证(阳01字第2001134号)、黄冈市汽车运输总公司阳逻公司与邱小货于2000年6月10日签订的房产让售合同复印件、邱小货的身份证复印件等材料,并填报了"武汉市房地产权属登记申请表",向新洲区房管局申请房产权属转移登记。武汉市房管局根据邱小货所提供的材料,根据相关规定进行审查,认为证件、产权清楚,于2003年11月27日同意并核发武房权证新转字第0301337号房屋所有权证。

2009年7月,张国清偶然得知其所购房屋已被登记在邱小货名下,遂与之产生冲突,要求将该房屋转移登记至自己名下,但邱小货不同意。经反复协商,邱小货仅同意将该房产转移登记至自己女儿邱洁与张国清的非婚生女——张甜名下。由于邱洁在2009年已罹患精神分裂症,无法担任女儿张甜的监护人,因此,张国清作为张甜的生父,获得其监护权。为达到最后将该房产转移至自己名下的目的,张国清与邱小货最终就该房产的转移登记达成合意。

2009年7月18日，张国清以张甜监护人的身份与邱小货共同向房产管理机关申请将该争议房产转移登记至张甜名下。双方共同向新洲区房管局提供了由双方申请填报的“武汉市房屋所有权转移登记申请表”、武房权证新转字第0301337号房屋所有权证、双方签订的武汉市存量房买卖合同、精神病医院病情证明书，武汉市新洲区阳逻街道办事处江北社区居民委员会、阳逻街道社会事务办公室、新洲区民政局共同出具的关于邱小货的配偶周珍妮于1979年因病去世的证明，武汉市新洲区阳逻街道办事处关上街社区居民委员会出具张甜在阳逻街首次购房的证明，张国清、张甜常住人口登记卡，张国清、邱小货身份证复印件，张国清作为张甜监护人的书面意见、武汉市永立房地产价格评估有限公司出具的房地产交易课税估价结果报告单及交易评估费发票、张甜缴纳契税440元的税收通用缴款书等相关材料，申请办理房屋权属转移登记。

2009年8月21日，武汉市房管局根据双方提供的材料，认为证件齐全、产权清楚，于同年9月3日向张甜核发武房权证新字第200904132号房屋所有权证。

张国清在房产登记机关登记询问表及武汉市存量房买卖合同中明确表示并签字确认：(1)房屋所有权人张甜在年满十八岁之前，张甜的监护人张国清不得处置该房屋，否则承担法律责任。(2)张甜的房屋所有权证，经张甜及张甜的监护人张国清同意，将该房屋的房屋所有权证交给方生兵保管到张甜十八岁。(张甜的年龄以其有效证件为准)

此后，张国清与张甜协商多次，希望能将该房产转移至自己名下，未果。

2010年11月20日，张国清带一名十四岁左右的小姑娘到房产局申请办理该争议房屋的转移登记，但因手续不全被拒。邱小货发现张国清找他人冒用张甜名义申请房屋转移登记后，与张国清发生争执。张甜明确表示没有也不愿将该争议房产转移登记至其父张国清名下。

张国清于2011年5月18日向武汉市新洲区人民法院提起行政诉讼。

教学指导手册

教学对象和教学目标

本案例供法律硕士案例教学使用,法学本科(大四)、行政法学硕士、行政诉讼法学硕士也可以参酌使用。

本案例主要围绕行政诉讼的程序制度进行讲解与实践。具体要解决的问题包括:(1)行政诉讼的当事人资格识别,即何种情况下可以认定原告资格,如何确定适格被告、第三人;(2)行政诉讼的证据类型与举证责任,即在行政诉讼中如何厘清各种证据的证明效力,如何构建证据链,如何根据各种证据认定案件事实,如何实践行政诉讼的举证责任;(3)代理人在行政诉讼中如何从事各种诉讼活动,如何撰写代理词;(4)以房屋登记行为的合法性认定为前提,探讨如何在行政诉讼中对被诉行为进行合法性与合理性的判定,如何通过司法审查活动引导依法行政,构建行政诉讼类似案件的分析模式,切入视角与解析路径。

教学内容

1. 如何在具体案例中进行行政诉讼当事人资格识别?

行政诉讼当事人,是指因具体行政行为发生争议,以自己的名义起诉、应诉和参加诉讼,并受人民法院裁判拘束的人。

当事人有狭义与广义之分。狭义的当事人仅指原告与被告,包括共同原告和共同被告;广义的当事人除了包括原告和被告以外,还包括第三人。我们采用的是广义上的概念。在行政诉讼的不同阶段,当事人的称谓是不一样的。在第一审程序中,当事人被称为原告、被告和第三人;在第二审程序中,当事人被称为上诉人和被上诉人;在执行程序中,当事人则被称为申请人和被申请人；在审判监督程序中，当事人的称谓与在第一审程序及第二审程序的称谓相同。由于第二审程序、执行程序以及审判监督程序不是行政诉讼的必经程序，因此，人们通常用第一审程序中的原告、被告、第三人来概括当事人的范围。

当事人往往都是发生行政争议的行政法律关系主体，以自己的名义参加诉讼，并且与案件有直接利害关系。

原告必须是与被诉具体行政行为有法律上利害关系之主体，但具体案例中如何确定这种所谓的法律上利害关系，着实为行政诉讼模式构建之基点。本案中原告资格即存在一定的争议。

行政诉讼被告主要是指作出具体行政行为的行政主体。但在具体行政实践中，相当多的行政行为存在下级初审，然后报上级批准的情形。本案中，如何确定被告也是需要同学们认真讨论的。

行政诉讼第三人，是指与被诉具体行政行为有利害关系，申请参加或者由人民法院通知其参加到行政诉讼中来的其他公民、法人或者其他组织。设定第三人制度，主要是为了实现诉讼的合并，减少不必要的诉讼；同时也是为了查清案件事实，有利于人民法院公正审判。本案由于涉及案情复杂，有相当多的主体与被诉行为有法律上的利害关系，因此可以作为第三人参加诉讼。引导同学们探讨第三人的类型，寻找本案中的第三人，思考其诉讼法律地位。

2. 如何认识行政诉讼中的证据类型、证明效力？

所谓行政诉讼证据，是指一切用来证明案件事实情况的材料。

证据中包括了可定案证据和其他证据。可定案证据是能准确、充分、客观地反映案件真实情况、由人民法院依法认定的证据；其他证据是指由当事人提供或法院收集的不能证明案件真实情况的材料。证据有真、伪之分，某一材料能否成为行政诉讼的证据取决于当事人的主观愿望和该材料是否在诉讼程序中提交法院而不取决于它是否准确、客观地反映了案件的真实情况。

行政证据，是指行政机关在行政程序中收集或由当事人向行政机关提供,行政机关据以作出具体行政行为的事实和材料。行政诉讼的证据与行政证据有密切联系,具体表现在行政诉讼的证据来源于行政证据。在行政程序中,行政机关运用证据的目的在于保证其合法而适当地作出行政行为;公民、法人或者其他组织运用证据的目的在于为了在行政程序中取得有利地位。在行政诉讼中,行政机关作为被告运用证据的目的在于证明被诉的具体行政行为合法,以避免败诉;而公民、法人或者其他组织作为原告运用证据的目的正好相反;人民法院也要运用证据,其目的在于查明事实真相,准确地裁判具体行政行为是否合法,以解决行政争议,监督行政机关依法行政。

行政诉讼中的证据类型很多,既包括行政机关所制作的现场笔录等公文证据,也包括规范性文件。在如此多样化的证据形式中,如何确定其证明力的大小,是一个相当重要的问题。在案例的教学中引导学生根据本案,深入学习最高人民法院《关于行政诉讼证据的若干规定》,牢固树立言之有据的从业理念。

3. 如何理解行政诉讼中的举证责任?

行政诉讼证据在提供、收集与质证等方面都有一些特殊要求,如行政诉讼被告及其诉讼代理人在诉讼过程中不得自行向原告和证人收集证据;被告应当在收到起诉状副本之日起10日内向人民法院提供证据等。

举证责任是一个古老的概念,最早出现在罗马法中。罗马法确立的原则是:在诉讼中主张事实的人应当承担举证责任,即“谁主张,谁举证”。随后,大陆法系和英美法系国家都使用和发展了这一概念。从内容上看,举证责任已从原始的“谁主张,谁举证”演进到“在案件事实真伪不明时应当如何判决”。行政诉讼的举证责任,是指当事人对法律规定的事项或者当事人自己提出的主张,应当举出证据加以证明,否则将承担败诉的风险及不利的法律后果的制度。

行政诉讼中存在被告的举证责任、原告和第三人的举证责任以及法院依职权调取证据等三部分证据来源,但基于行政诉讼的特殊功能设计,比较强调被告的举证责任,而且要求被告对具体行政行为的合法性承担举证责任。在案例教学中,引导学生对行政诉讼的特殊举证规则进行归纳、研究,以期对之提出完善意见。

4. 律师如何撰写行政诉讼代理词?

律师参与诉讼活动时最基本的内容之一即撰写代理词。原告方代理律师在撰写代理词时应将原告资格、明确的被告、清楚明确的诉讼请求、有证据证明的案件事实等一一进行陈述,并根据受案范围和管辖规则证明其起诉行为的正当性。被告方律师应在代理词中以充分的证据证明其所作出具体行政行为的合法性。其所提供的证据应当包括事实证据和法律依据,而且这些证据应当是被告在此前行政程序中收集并使用过的证据。同时,被告方代理人在答辩状中还可就本案的原告资格、起诉时效、受案范围、管辖等问题提出异议。总体而言,行政诉讼代理词应该做到:(1)条理清晰,结构完整;(2)篇幅得当,重点突出;(3)语言简练准确,避免模糊、歧义;(4)证据分析、事实阐述、法律适用应相互印证、界限分明;(5)论述充分、观点鲜明。

5. 被告律师如何行使调查取证权?

根据《律师法》第35条的规定,受委托的律师根据案情的需要,可以申请人民检察院、人民法院收集、调取证据或者申请人民法院通知证人出庭作证。律师自行调查取证的,凭律师执业证书和律师事务所证明,可以向有关单位或者个人调查与承办法律事务有关的情况。即律师作为法律职业人,有权在获得当事人委托后,行使调查取证权。但基于行政诉讼中采用特殊的证据规则,如行政诉讼被告及其诉讼代理人在行政诉讼中不得自行向原告或者第三人收集证据。因此,行政诉讼被告律师在行政诉讼中的调查取证权受到较大限制。被告律师的主要职责在于:(1)配合行政机关,整理分析行政程序中收集的证据;(2)在原告或者第三人提出新的证据时,或者人民法院要求时,积极行使调查取证权收集证据。在案例教学中引导学生思考被告律师的取证权限。

6. 行政诉讼中当事人的代理人如何进行庭审质证?

庭审是律师参与行政诉讼活动的重心,也是原被告双方交锋的主要“舞台”,如何在庭审中充分合理地证明被告所作具体行政行为的合法性,需要相当的技巧。原被告律师在庭审前应当仔细阅读卷宗,充分熟悉案情,认真核对各项证据材料,做好准备以应对各项可能的反驳意见。对己方的观点和证据应当熟稔于心,能充分而细致地表达被代理人意见。庭审中应遵守法庭纪律,依序准确表达、充分论述、有力反击,将法庭视为战场,极力维护被代理人利益。

7. 如何正确认识行政诉讼的判决类型?

行政诉讼判决(以下简称行政判决),是指人民法院代表国家,在审理行政案件终结时,根据事实和法律,对被诉具体行政行为是否合法作出的具有法律约束力的判定,以及对被诉具体行政行为的效力作出的权威性处理。根据与被诉具体行政行为的关系,行政判决可以分为维持判决、驳回诉讼请求判决、确认判决、撤销判决、履行判决和变更判决。维持判决,是指维持被诉具体行政行为的判决;驳回诉讼请求判决是指驳回原告诉讼请求的判决;确认判决,是指确认被诉具体行政行为违法或合法的判决;撤销判决,是指撤销被诉具体行政行为的判决;履行判决,是指判令被告限期履行法定职责的判决;变更判决,是指变更被诉具体行政行为内容的判决。

在行政诉讼实践中,维持判决已经越来越多地为驳回诉讼请求判决所替代;而撤销判决也因为诸多客观原因的存在,在相当多的情况下,需要确认判决来补充。针对本案例,引导学生认识在何种情况下选择不同的判决形式。

■ 课堂时间安排

本案例可以作为专门的案例教学课来进行,课堂教学时间安排为6个课时,每课时45分钟。

如下课堂设计,仅供参考。

1. 课前计划:(1)将学生以5人一组进行分组,要求学生查阅并实地调研房产登记的行政程序制度,草拟房产登记中必备的文件、材料,熟悉房产登记流程。(2)请学生提前熟悉案例正文(证据除外)。

2. 课中计划:(1)第一课时,请各小组汇报课前学习成果,交流房产登记流程与所需材料文件。以房产登记为例,探讨行政行为的合法要件,完成合法的房产登记行为的勾勒。引导学生对行政实体和行政程序之间的互动关系进行深入思考。(2)第二课时,各小组进行角色扮演,以本案例中各当事人为蓝本,演绎纠纷发生之后,各方对证据的收集与提交。各位代理人必须在虚拟的情景下假想拟定各种对己方有利的证据。激发学生思维,引导学生从不同角度推进案例演进。(3)第三课时,将本案例的附件,即各种证据材料目录交付各小组,请各小组成员根据上一课时中的角色分配,在这些证据中选取对己方有利的证据,并利用这些证据进行实际的控辩交锋,提高学生的现场反应能力。(4)第四课时,各小组派代表在课堂上陈述本小组意见,对本案中所涉及房产登记行为的合法性进行论证。各小组进行意见交流与沟通。(5)第五课时,围绕本案例提供的各项思考题,进行以小组为单位的课堂讨论,并在讨论中形成各种代理词的撰写要点和框架。(6)第六课时,各小组上交各类型代理人的代理词纲领,“法官”代表小组提交讨论成果。教师对各小组观点进行评析,并就本案例的各种思考题进行总结。

3. 课后计划:请各小组根据此前6课时的学习经历,提交800字左右的案例学习报告。该报告应结合本案例,拓展至对中国依法行政大局的认识。既可针对学习过程中的个人得失,也可以针对国家宏观法治建设建言献策。

▩ 思考题和实践题

1. 思考题

(1)本案张国清能否以原告身份提起房产登记诉讼?

(2)本案被告是谁?根据行政诉讼法的相关规定,被告有哪些类型?

(3)本案中有哪些第三人?第三人的诉讼地位如何?第三人如何参加诉讼?

(4)本案是否已经超过诉讼时效?如果被告主张原告的起诉已经超过诉讼时效,应该怎么办?行政诉讼的起诉时效是如何计算的?

(5)本案是否在行政诉讼的受案范围内?行政诉讼的受案范围是如何规定的?

(6)本案是否应该受理?民事与行政诉讼的交织应如何处理?

(7)行政诉讼中举证责任是如何分担的?这种特殊举证责任的价值何在?

(8)被告代理人应该如何更好地从事代理活动?

(9)行政诉讼的法律渊源有哪些?法律适用规则是什么?如何在本案中确定法律依据?

(10)如何通过行政诉讼来影响依法行政理念的践行?如何保障行政诉讼的权威?

(11)从行政诉讼的审查标准,思考其对依法行政的促进与引导,并讨论其利弊。

2. 实践题

(1)如果你是原告的代理律师,起诉前应该做哪些调查取证和准备工作?

(2)如果你是被告的代理律师,请你撰写一份答辩状。

(3)如果你是法官,请你撰写一份判决书。

■ 参考文献

1. 方世荣、石佑启:《行政法与行政诉讼法》,北京大学出版社 2011 年版。

2. 方世荣:《行政法与行政诉讼法学》,中国政法大学出版社 2010 年版。

3. 姜明安:《行政法与行政诉讼法》,北京大学出版社 2011 年版。

4. 姜明安、江红雷:《行政法与行政诉讼法教学案例》,法律出版社 2007 年版。

5. 姜明安:《行政诉讼法》,法律出版社 2007 年版。

6. 张正钊、胡锦光:《行政法与行政诉讼法》,中国人民大学出版社 2013 年版。

7. 章剑生:《行政法与行政诉讼法》,北京大学出版社 2014 年版。

8. 马怀德:《行政法与行政诉讼法》,中国政法大学出版社 2012 年版。

撰稿人｜李修琼,中南财经政法大学法学院

3 CASE 江阴市川江酒业有限公司不服无锡市江阴质量技术监督局要求办理生产许可证案*

| 摘　要 |

本案例是一起真实的行政诉讼案件，其争议的焦点围绕质量技术监督部门的口头和书面告知展开。该案所涉及的知识点包括行政诉讼的举证责任、行政诉讼的受案范围、具体行政行为的认定标准、行政赔偿的归责原则、行政程序的合法性等；所涉及的执业技能包括证据收集、事实认定、法律适用等。本案例涵盖行政诉讼的受理、审查标准和判决等。本案例对于其他类型的行政事实行为引发的行政诉讼有参考意义。

| 关键词 |

行政告知　事实行为　行政指导　具体行政行为　行政诉讼的受案范围　行政赔偿

| 教学目标 |

本案例旨在使学生对于行政事实行为在行政诉讼中的体现有直观的了解。为此，本案例重点涉及行政告知行为的性质、行政告知行为纳入行政诉讼受案范围的可能性、行政告知行为的合法性标准、行政告知行为引发的行政赔偿问题等。通过对这些问题的思考，引申出政府规制的手段等与本案相关的一系列问题。

---

* 本案例基本案情根据江阴市川江酒业有限公司不服无锡市江阴质量技术监督局要求办理生产许可证案一审判决书、二审裁定书以及媒体报道综合编写。参见江苏省江阴市人民法院(2010)澄行初字第0012号行政判决书；江苏省无锡市中级人民法院(2010)锡行终字第0072号行政裁定书；《江苏一许可证办3年无果　质监局称有自由裁量权》，载《现代快报》2009年9月17日。

教学案例主文

一、川江酒业有限公司概况

2003年年底,江阴市民瞿某看到江阴市政府取消对酒类生产、销售(批发)许可的审核后,萌生了办一家酒业公司的念头,于是在江阴市利港镇西安村投资成立了川江酒业有限公司(以下简称川江公司),并于2004年2月5日进行了工商登记注册,开始生产经营。川江公司的经营范围为蒸馏白酒的分装、销售,有工人6名。

2004年3月20日,川江公司作为乙方,和作为甲方的四川省成都市邓州曲酒厂签订了一份《委托分装生产协议书》,该协议书载明了如下主要内容:甲方委托乙方独家生产该厂"春江月"牌系列瓶装白酒。甲方提供生产许可证等相关证明企业资质的证件、原酒等生产原料,并提供生产、管理、技术等方面的支持。乙方必须按甲方要求组织分装生产,保证质量,因产品质量产生的一切问题均由乙方负责,委托生产的税金由乙方负责。乙方不得将"春江月"转让给其他生产企业。

二、质检行政处罚决定

2004年7月2日,无锡市江阴质量技术监督局(以下简称江阴质监局)在专项检查中发现原告生产的"春江月"系列瓶装白酒属不合格产品,并于同年10月29日,作出了(澄)质技监罚字(2004)第4154C号行政处罚决定,认定川江公司受四川省成都市邓州曲酒厂委托,生产"春江月"系列瓶装酒无生产许可证,经抽样检验均属不合格产品,该行为已违反了《产品质量法》第52条的规定,故依据《工业产品生产许可证管理办法》第26条、《产品质量法》第49条的规定,对该公司作出了包含如下主要内容的处罚:(1)责令停止生产不合格"春江月"纯粮酿、"春江月"老窖;(2)处以违法生产销售产品货值金额1倍的罚款1240元。该处罚决定书于同日送达,川江公司未在法定期限内主张权利，并按时缴纳了罚款。

三、一次口头告知的行政许可争议

在实施行政处罚的同时，江阴质监局执法人员向该公司口头告知了酒类生产企业应办理生产许可证，无生产许可证不能生产的情况。

2005年3月10日，川江公司向江阴质监局提交了《要求准予正常生产的报告》，该报告表明其公司是白酒分装并非酿造生产企业，不属生产许可证管理范围，要求准予生产。此后，川江公司又于同年9月5日、12月7日两次书面要求江阴质监局给予其“能否生产”的答复。江阴质监局收到川江公司申请后，于2005年8月2日、9月18日两次向无锡市质监局书面请示：川江公司生产的产品是否属全国工业产品生产许可证发证产品。无锡市质监局于2005年12月16日以锡质技监质函(2005)107号文件形式书面答复江阴质监局：根据省局口头答复，白酒分装应申领生产许可证。同年12月26日，江阴质监局根据无锡市质监局107号文件内容，以《关于白酒分装须办理全国工业产品生产许可证的函》书面答复川江公司：你公司的白酒分装应申领全国工业产品生产许可证。

2006年2月23日，川江公司向江阴质监局提交了《申领全国工业产品生产许可证的报告》，要求申领全国工业产品生产许可证。同年12月13日，川江公司同时向江阴市、无锡市、江苏省三级质监局提交了《要求出具办理全国工业产品生产许可证依据的函》，表明其在办证过程中了解到，自1999年9月1日，对新注册企业已不受理办理生产许可证的申请，其公司多次要求质监局出具经营白酒分装的企业须办许可证的依据，现要求各级质监机关给予答复；否则，其公司就认为经营白酒分装的企业属办证范围没有法律依据，行政机关要求其办证是违法要求其履行义务。2007年3月20日、3月28日，川江公司又分别向无锡市、江苏省两级质监局提交书面《申领全国工业产品生产许可证的报告》。同年3月22日，无锡市质监局复函川江公司：要求你公司书面向江苏省质监局提出申领生产许可证的申请。2007年7月5日，国家质检总局食品生产监管司就江苏省质监局《关于白酒分装属于生产许可范围的法律依据的请示》复函该局：白酒分装不属于《白酒生产许可证审查细则》(2006版)中的白酒、白酒(液态)、白酒(原酒)三种加工生产工艺,故此不允许白酒分装生产。川江公司于2007年年底获悉了此复函。2008年11月15日,川江公司向无锡市政府领导提交了《关于江阴市川江酒业有限公司被不当行政管理而倒闭的申诉》,同年11月28日,江阴质监局就此申诉以信访答复函的形式书面答复了川江公司。

四、诉讼请求

2010年4月1日,川江公司提起行政诉讼,要求确认江阴质监局责令川江公司停产停业并办理白酒生产许可证的行为违法,侵犯法律规定的川江公司的经营自主权,并要求行政赔偿43.7万元。

教学指导手册

教学对象及目标

本案例供法律硕士案例教学使用,法学本科生、宪法学与行政法学专业硕士研究生也可以参酌使用。

本案例旨在使学生对于行政事实行为在行政诉讼中的体现有直观的了解。为此,本案例重点涉及行政告知行为的性质、行政告知行为纳入行政诉讼受案范围的可能性、行政告知行为的合法性标准、行政告知行为引发的行政赔偿问题等。通过对这些问题的思考,引申出政府规制的手段等与本案相关的一系列问题。

教学内容

1. 如何认定或证明行政机关是否曾以口头告知的方式实施某种行政活动?

在绝大多数情况下,行政活动皆以书面的方式实施,证据也较易保存和认定,但有时行政机关也采取口头的方式实施行政活动。如《北京市公安局行政许可工作规定(试行)》第17条第1项规定,依法不需要取得行政许可的,应当即时口头告知申请人不予受理,并说明理由。同条第2项规定,申请事项依法不属于公安机关或者虽属于公安机关但不属于本单位职权范围的,应当口头告知申请人向有关行政机关或者有管辖权的公安机关申请。对于这种情况,在行政诉讼的证据方面应遵循较为特殊的规则,不应单纯服从"被告举证"规则约束。如果原告主张行政机关曾经实施某种口头活动,则应由原告举证,即所谓掌握"积极事实"的一方承担举证责任;如果原告主张行政机关不作为,则按照最高人民法院《关于执行〈中华人民共和国行政诉讼法〉若干问题的解释》(以下简称《行政诉讼法解释》)第27条第2项的规定,应由原告证明其提出申请。

2. 行政告知行为是否属于具体行政行为?

通常认为,"具体行政行为"是行政主体单方作出的、以具体的法律关系当中的权利义务作为调整对象、直接对外发生法律效果的行政行为。行政告知行为是否属于具体行政行为,不能一概而论。如果法律特别规定了以告知作为某种行政决定的方式,如告知不予受理行政许可申请,则告知便属于具体行政行为;如果告知并不产生法律效果,则不属于具体行政行为。本案中的告知行为并不意在产生责令被告停产的效果,客观上也不能替代任何行政处罚或强制措施,因而属于事实行为。

3. 行政告知行为是否属于行政诉讼的受案范围?

《行政诉讼法》第12条规定的行政诉讼的受案范围是"具体行政行为"以及"法律、法规规定可以提起诉讼的其他行政案件"。既然行政告知行为是一种事实行为,那么从条文结构上看,似乎应当被排除出行政诉讼的受案范围。但实际上,《行政诉讼法解释》对行政诉讼的受案范围有所拓宽。最高人民法院行政审判庭曾对《行政诉讼法解释》第1条进行过这样的阐释:"全国人大常委会在审议《行政诉讼法》草案的时候,曾经强调行政诉讼受案范围有一个逐步扩大的过程。最高人民法院在1991年制定《关于贯彻执行

〈中华人民共和国行政诉讼法〉若干问题的意见(试行)》时,考虑到当时我国行政诉讼制度发展不成熟的情况,以及各方面还不适应的背景,对行政诉讼受案范围事实上作了一定程度的限制。十多年来,我国民主政治和法制建设取得了长足的进步,公民的诉讼意识、被告行政机关的法治意识都有了很大程度的提高,人民法院审理行政案件的经验也在逐渐积累,人民法院对行政案件的承受力也在逐步加大或增强。在目前的情况下,恢复《行政诉讼法》所确定的受案范围、取消一些不适当的限制是必要的。"[1]而针对《行政诉讼法解释》第1条第1款使用"行政行为"而非"具体行政行为"的表述,最高人民法院行政审判庭则表示:"本解释所指行政行为,是指具有国家行政职权的机关、组织及其工作人员,与行使国家行政权力有关的,对公民、法人或其他组织的权益产生实际影响的行为以及相应的不作为。"之所以采取表述的转换,原因有三:"一是《行政诉讼法》第11条所列举的行政行为,不仅包括作为,也包括不作为;不仅包括单方行为,也包括双方行为;不仅包括法律行为,而且包括非法律行为。二是我国《国家赔偿法》在确定行政赔偿范围时,使用的概念是与行使行政职权有关的行为。也就是说,只要造成侵害的行为与行使国家行政管理职权有关,就属于国家行政赔偿的范围。三是随着国家管理职能的扩大,行政行为方式也将逐步增加,行政行为的内容将会越来越丰富,行政行为的内涵和外延也将随之发展。"[2]可见,将事实行为纳入行政诉讼的受案范围是可以预见的。

问题在于,《行政诉讼法解释》第1条第2款第4项将"不具有强制力的行政指导行为"排除出行政诉讼的受案范围。就本案的情况而言,质监局的书面和口头告知都带有行政指导的意味,此种行政指导是否有强制力?诚然,此种行政指导类似于一种"劝告",其本身不具有严格的法上的拘束力,并不意味着"通知停产",但如果不服从某种劝告必然会招致后续的行政处罚,则此种行政指导类似于行政机关正式规制的前阶段先行行为。行政指

---

〔1〕 最高人民法院行政审判庭编:《〈关于执行中华人民共和国行政诉讼法〉若干问题的解释释义》,中国城市出版社2000年版,第3页。

〔2〕 最高人民法院行政审判庭编:《〈关于执行中华人民共和国行政诉讼法〉若干问题的解释释义》,中国城市出版社2000年版,第5页。

导是从日本行政法上移植的概念，从日本法上的经验来看，如果不服从劝告将导致某种具有相当程度确定性的不利后果，则该劝告也可以成为行政诉讼的对象。[3]

4. 如果行政机关告知当事人应申领生产许可证，当事人因此主动暂停生产，嗣后发现并未有规范性文件设定此类行政许可，则当事人可否就停产损失主张行政赔偿？

虽然暂停生产部分源于当事人不了解相关法律规定，而按照《国家赔偿法》第5条第2项的规定，因公民、法人和其他组织自己的行为致使损害发生的，国家不承担赔偿责任，但不能就此认为当事人的此种过错构成行政赔偿的免责事由，否则因违法吊销许可证而造成的停产损失也不能获得行政赔偿，这显然是荒谬的。毋宁说，行政机关未能出具此种告知行为的法律依据（如本案的情形），由此便符合了行政赔偿的过错归责要件。但该告知行为与财产性利益的损失之间存在何种因果关系，则需要进一步探究。

5. 行政机关告知相对人履行义务时，是否应当一并告知履行义务的方式？

本案中，被告虽告知川江公司应当申请生产许可证，但并未告知其申请程序和主管部门，从便民原则角度出发，此告知存在不足之处。但这并不构成否定告知的合法性的理由，当事人可向相关部门申请行政许可，若该行政许可不属于该部门的职权范围，则其应依据《行政许可法》第32条第1款第2项告知申请人向有关机关提出申请。

课堂时间安排

本案例可以作为专门的案例教学课来进行，课堂安排3个课时，每课时45分钟。

---

〔3〕 参见［日］南博方：《行政法》（第六版），杨建顺译，中国人民大学出版社2009年版，第86页。

课堂如下设计，仅供参考。

1. 课前计划：安排学生阅读案例及相关参考文献和资料，对案件争议的焦点及相关问题进行思考。

2. 课中计划：(1)介绍教学目的，明确讨论主题。(2)分组讨论相关问题。(3)小组代表回答问题，学生讨论和分析。(4)教师进行归纳总结。

3. 课后计划：布置学生进一步思考引申性的思考题。

■ 思考题

1. 本案中，原告认为被告的告知行为侵犯了其经营自主权。经营自主权的内涵是什么？它与法人的财产权有什么关联和区别？
2. 本案涉及了原国家经贸委发布的《工商投资领域制止重复建设目录（第一批）》和全国工业产品生产许可证办公室在1998年发布的《关于批准酒类产品生产许可证》[全许办(1998)16号]。按照这两个文件的规定，对于1999年9月1日以后注册登记的白酒企业，不予受理生产许可证申请。对于此规定，在行政法上应当如何评价？
3. 该案的判决书当中提及："国家在产业结构调整时，2006年后将白酒由工业产品目录中移入食品产品目录中，由此看出对该产品生产的准入提出了更高的要求。"某一种产品属于何种性质，涉及由哪一部门负责监管、需要符合何种生产标准的问题。近年来出现的"饲料添加剂氯化钠"是不是盐业部门监管的"盐"，"毒豆芽"事件中豆芽究竟是"加工食品"还是"初级农产品"，皆引起了广泛的关注和争议。在"沈阳土产品采购供应站不服辽源市标准计量局质量监督行政处罚案"中，被告甚至主张："蜂蜜在产品分类中曾分类为农副产品。但它不仅仅是农副产品，直接食用是食品，用药则为药品，进入流通领域即为商品，销给医药工业制药即为制药工业的原辅材料或工业的再制品。"将不同产品归入不同目录的依据是什么？
4. 本案中，被告称："《工业产品生产许可证管理办法》第5条及第7条规定了国家质检总局和省级质量技术监督局的主要工作职责。省局负责受理企业生产许可证的申请和审查，国家局负责颁发生产许可证证书。"即审查的不颁发，颁发的不审查。如何从行政法的角度认识这一规定？

■ 参考文献

1. 何海波：《行政诉讼法》，法律出版社2011年版。

2. 最高人民法院行政审判庭编:《〈关于执行中华人民共和国行政诉讼法〉若干问题的解释释义》,中国城市出版社 2000 年版。
3. [日]南博方:《行政法》(第六版),杨建顺译,中国人民大学出版社 2009 年版。

撰稿人|陈鹏,厦门大学法学院助理教授

4 CASE 束秀红诉仪征市人力资源和社会保障局劳动和社会保障工伤认定行政确认案

| 摘 要 |

本案例以一起真实的工伤认定行政确认案件为蓝本，涉及工伤认定的行政程序和对《不予认定工伤决定书》不服而提起诉讼的行政诉讼程序（包括一审和二审）。此外，本案例中还涉及法定工伤情形、视同工伤情形适用范围的正确运用以及对该案证据和事实的分析判断等实体问题。本案例对于解决其他类型行政案件也具有参考意义。

| 关键词 |

工伤保险　工伤认定　行政程序　行政诉讼程序

| 教学目标 |

本案例全面地展现了我国处理工伤法律事务的行政程序和行政诉讼程序。运用本案例的教学着重让学生掌握以下方面内容：(1)工伤认定的行政程序；(2)工伤认定行政确认的诉讼程序；(3)如何分析案件争点，如何适用法律并展开法律论证；(4)基本掌握工伤认定行政决定书和行政诉讼裁判文书的制作。

教学案例主文

一、引言

(一)束秀红丈夫周长贵去世经过

周长贵系仪征申威冲压有限公司(以下简称申威公司)职工,申威公司为其缴纳工伤保险。2011 年 4 月 25 日 16 时至 24 时,周长贵上夜班并且担任值班长。当日 19 时 20 分左右,工人孟凡琪手部受伤,周长贵分别于 20 时 20 分和 23 时 45 分召开关于孟凡琪手划伤一事调查会议。当班期间,周长贵向石少星反映腰疼、身体不舒服,其他职工未发现其身体异常,但有职工证明周长贵死亡前几天开始就已经出现腰疼、身体不舒服的现象。4 月 26 日零时 15 分左右,周长贵下班回家。周长贵家人于 1 时 5 分拨打"120"电话,后由"120"将周长贵送至仪征市人民医院治疗。仪征市人民医院的病历记载的时间为 01:20,病历记载:"一小时前,患者下班后,突感胸胀、后背疼,并有腹部走动性疼痛感,无恶心、呕吐,无畏寒、发热";医生诊断为"胸痛待查,主动脉夹层可能性大",提出诊疗意见为"因病情危急,我院不能处理,予转苏北医院进一步抢救"。5 时 30 分,周长贵被送至江苏省苏北人民医院进行抢救,苏北人民医院的入院记录记载"入院时间 2011-04-26,05:30,主诉'突发胸痛伴背部放射痛 4 小时余',现病史:患者于 4 小时余无明显诱因突发胸部疼痛,疼痛较剧烈……"医生初步诊断为"胸痛待查:肺栓塞? 主动脉夹层破裂? 高血压病"。4 月 26 日 6 时左右周长贵经抢救无效死亡,死亡病因不明。

(二)束秀红向仪征市人力资源和社会保障局申请工伤认定经过

周长贵因病去世后,申威公司对周长贵上班时间是否身体不适做了调查,并认为,周长贵上班时间并未身体不适,公司不为其申报工伤。当周长贵妻子束秀红要求申威公司为其申报工伤时,申威公司作出的答复是:“家属可以以个人名义向有关部门申报,如果需要公司提供材料,我们将积极配合。”2012 年 4 月 23 日,束秀红向仪征人社局申请工伤认定,并提交了束秀红身份证及户口本复印件、工伤认定申请书、周长贵的劳动关系转移协议及周长贵与申威公司的劳动合同书、周长贵在仪征市人民医院的诊疗证明书及病历、周长贵在江苏省苏北人民医院的入院诊疗记录,并填写了工伤认定申请表、周长贵死亡殡葬证。

(三)仪征市人力资源和社会保障局对周长贵是否为工伤的认定过程

仪征人社局于 2012 年 5 月 10 日向申威公司发送了《限期举证告知书》,要求申威公司提供有效证据。在申威公司提供了相关证据后,仪征人社局对申威公司的部分员工及其他相关人员进行了调查。2012 年 6 月 21 日,仪征人社局作出仪人社工认字〔2012〕149 号《不予认定工伤决定书》,认为对照周长贵的死亡情形,不符合《工伤保险条例》第 15 条第 1 款第 1 项的规定,不认定为视同因工死亡。

二、一审扬州市江都区人民法院的审理经过

(一)原告束秀红的诉求及主要理由

束秀红不服仪征人社局作出的仪人社工认字〔2012〕149 号《不予认定工伤决定书》,于 2013 年 3 月 5 日向扬州市江都区人民法院提起行政诉讼,请求法院撤销仪人社工认字〔2012〕149 号《不予认定工伤决定书》,并责令其重新作出工伤认定决定书,由被告承担本案的诉讼费。其诉讼的主要理由是其丈夫周长贵死亡情形符合认定视同工伤的条件。因此,被告作出的不予认定工伤决定书认定事实错误、适用法律错误、内容违法。

(二)被告仪征市人力资源和社会保障局主要辩称理由

周长贵不是在工作时间和工作岗位上突发疾病,其虽在 48 小时之内死亡,但不符合视同工伤的情形,不应当认定为视同工伤。因此我局不予认定

周长贵为工伤是正确的，该认定符合法律法规及相关程序，请求法院维持我局的工伤认定决定。

（三）第三人申威公司述称

周长贵因病去世后，我们很重视，对他上班时间是否身体不适做了调查，最终认为，周长贵上班时间并未身体不适，所以未申报工伤。但是，公司也作出答复，家属可以以个人名义向有关部门申报，如果需要公司提供材料，我们将积极配合。被告作出的具体行政行为是正确的，符合法律规定，请求法院依法予以维持。

（四）原、被告向一审人民法院提交的证据材料

1. 原告提交的证据为：

（1）束秀红身份证及户口本复印件。

（2）仪人社工认字〔2012〕149 号《不予认定工伤决定书》。

（3）周长贵的劳动关系转移协议及周长贵与申威公司的劳动合同书。

（4）周长贵在仪征市人民医院的诊疗证明书及病历、周长贵在江苏省苏北人民医院的入院诊疗记录。

（5）周长贵死亡殡葬证。

（6）公证书及石少星经公证的证言，时间为 2011 年 10 月 9 日，石少星陈述周长贵 2011 年 4 月 25 日晚上 10 时许对石少星说“腰和后背很疼，胸也有点闷”。

2. 被告仪征市人力资源和社会保障局向法院提交的证据为：

（1）仪人社工认字〔2012〕149 号《不予认定工伤决定书》及送达回证。

（2）工伤认定材料接收清单。

（3）工伤认定申请书。

（4）企业职工工伤认定申报表及工伤情况呈报表。

（5）申威公司企业登记资料查询表。

（6）居民死亡殡葬证。

（7）公证书及石少星经公证的证言。

(8)周长贵在仪征市人民医院的诊疗证明书及病历。

(9)周长贵在江苏省苏北人民医院的入院诊疗记录。

(10)束秀红、周长贵身份证明。

(11)2012年5月10日发给第三人申威公司的《限期举证告知书》。

(12)申威公司向仪征人社局提供的材料,包括委托书、未申报周长贵工伤的情况说明、申威公司营业执照、备忘录、关于周长贵上班情况说明、会议纪要、劳动合同书、4月25日夜班人员名单。

(13)周长贵4月25日调查孟凡琪受伤情况笔录。

(14)仪征人社局对申威公司员工赵兵、石少星、黄东生、郑广文所做的调查笔录。包括:赵兵陈述当天(小夜班)听周长贵说最近腰不舒服、胀疼;石少星陈述周长贵当天说过身体不舒服,主要反映腰疼;黄东生陈述大概事前几天,听周长贵说这两天腰部不舒服,当天(小夜班)周长贵主持召开安全会议,没有什么异常;郑广文陈述周长贵反映腰疼最起码一个星期。

(15)仪征人社局对申威公司员工张二卫、张子全、曹广林、李凯、钱勇、朱林星、秦修伟、方华云、杜平、陈小兵等人所做的笔录,张二卫证明与周长贵交接班时未发现周长贵有异常;其余员工证明当时周长贵主持召开会议,没有生病的迹象。

(16)仪征人社局对仪征市人民医院医生余锋所做的调查笔录,证明束秀红提供的病例是其按照原始病历照抄,周长贵的死因不清楚。

(17)仪征市人民医院"120"救护车出车记录。

以上证据7、8、9、10系原告束秀红申请认定工伤时提供的,证据12、13系申威公司提供的,其余都是人社局收集的。

3. 一审法院组织质证情况

原告和第三人申威公司对被告提交的证据没有提出异议;被告除对石少星的证词提出异议认为不真实外,对其他证据均无异议;第三人申威公司对原告、被告提交的证据没有提出异议。

4. 一审法院认定的事实、判决理由及判决

一审法院经审理查明:周长贵系第三人申威公司职工,第三人为其缴纳工伤保险。2011年4月25日16时至24时,周长贵上夜班并且担任值班长。

当日19时20分左右，工人孟凡琪手部受伤，周长贵分别于20时20分和23时45分召开关于孟凡琪手划伤一事调查会议。当班期间，周长贵向石少星反映腰疼、身体不舒服，其他职工未发现其身体异常，但有职工证明周长贵死亡前几天开始就已经出现腰疼、身体不舒服的现象。4月26日零时15分左右，周长贵下班回家。周长贵家人于1时5分拨打“120”电话，1时25分由“120”将周长贵送至仪征市人民医院治疗，医生诊断为“胸痛待查，主动脉夹层可能性大”，提出诊疗意见为“因病情危急，我院不能处理，予转苏北医院进一步抢救”。5时30分，周长贵被送至苏北人民医院进行抢救，医生初步诊断为“胸痛待查：肺栓塞？主动脉夹层破裂？高血压病”。4月26日6时左右周长贵经抢救无效死亡，死亡病因不明。2012年4月23日，原告向被告申请工伤认定，被告于2012年6月21日作出不予认定工伤决定。原告不服该不予认定工伤决定，于2013年3月5日向本院提起行政诉讼，要求撤销被告作出的仪人社工认字〔2012〕149号仪征市不予认定工伤决定书。

一审法院认为，根据《工伤保险条例》第5条的规定，被告具有工伤认定的法定职责。周长贵与第三人之间劳动关系明确。根据《工伤保险条例》第15条第1款第1项的规定，在工作时间和工作岗位，突发疾病死亡或者在48小时之内经抢救无效死亡的，视同工伤。劳动和社会保障部《关于实施〈工伤保险条例〉若干问题的意见》第3条规定，条例第15条规定“职工在工作时间和工作岗位，突发疾病死亡或者在48小时之内经抢救无效死亡的，视同工伤”，这里的“突发疾病”包括各类疾病。本案中，周长贵于2011年4月25日上夜班期间出现腰疼等身体不舒服的症状，其克服病痛坚持完成工作，回家后病情加重，送往医院经抢救无效死亡，符合上述“在工作时间和工作岗位，突发疾病在48小时之内经抢救无效死亡”的要件，应当依法认定其为工伤。本案中被告所作的不予认定工伤决定书中既未具体载明周长贵工作期间就出现的身体不适以及死亡原因等情形，未作出合理说明及解释，也未对不予认定工伤的证据及理由进行具体说明，故该不予认定工伤决定认定事实不清，主要证据不足。

依照《行政诉讼法》第54条第2项第1目的规定，判决：(1)撤销被告仪征市人力资源和社会保障局仪人社工〔2012〕149号不予认定工伤决定书。

(2)责令被告仪征市人力资源和社会保障局在判决书送达之日起60日内重新作出具体行政行为。案件受理费50元,由被告负担。

三、二审法院认定的事实及庭审辩论各方的意见

一审判决后,仪征市人力资源和社会保障局不服一审判决,向扬州市中级人民法院提起上诉。扬州市中级人民法院于2013年7月16日受理后依法组成合议庭,于2013年7月30日公开开庭审理了该上诉案件。上诉审理期间的证据材料和一审的证据材料相同,诉讼当事人没有新的证据提交,二审法院也没有调查收集新证据。

(一)二审法院审理中经上诉人、被上诉人和第三人质证没有异议并被认定的案件事实

周长贵系第三人申威公司职工,第三人为其缴纳工伤保险。2011年4月25日16时至24时,周长贵上夜班并且担任值班长。当日19时20分左右,工人孟凡琪手部受伤,周长贵分别于20时20分和23时45分召开关于孟凡琪手划伤一事调查会议。周长贵下班回家后,其家人于4月26日1时5分拨打120电话,将周长贵送至仪征市人民医院治疗,其病历记载的时间为"01:20",记载:"一小时前,患者下班后,突感胸胀、后背疼,并有腹部走动性疼痛感,无恶心、呕吐,无畏寒、发热";诊断为"胸痛待查,主动脉夹层可能性大",提出诊疗意见为"因病情危急,我院不能处理,予转苏北医院进一步抢救"。5时30分,周长贵被送至苏北人民医院进行抢救,医生初步诊断为"胸痛待查:肺栓塞?主动脉夹层破裂?高血压病"。4月26日6时左右,周长贵经抢救无效死亡,死亡病因不明。2012年4月23日,束秀红向仪征人社局申请工伤认定,仪征人社局于2012年5月15日向申威公司发送了《限期举证告知书》,要求申威公司提供有效证据。在申威公司提供了相关证据后,仪征人社局对申威公司的部分员工及其他相关人员进行了调查。2012年6月21日,仪征人社局作出《不予认定工伤决定书》,认为对照周长贵的死亡情形,不符合《工伤保险条例》第15条第1款第1项的规定,不认定为视同因工死亡。束秀红不服该不予认定工伤决定,向法院提起行政诉讼,要

求撤销仪征人社局作出的仪人社工认字〔2012〕149号《仪征市不予认定工伤决定书》。

（二）二审合议庭认为本案的争议焦点

仪征人社局作出的不予认定工伤决定，证据是否充分、适用法律是否正确，即周长贵是否在工作时间和工作岗位，突发疾病，在48小时之内经抢救无效死亡。

（三）上诉人和被上诉人围绕争议焦点的辩论意见

上诉人认为：(1)被上诉人提供的石少星的证词，真实性欠缺。上诉人调查的其他相关证人，包括当时参加的参会人员、交接班的人员等和周长贵接触过的人员，除了个别人讲他最近一段时间腰痛以外，都没有证实当晚周长贵身体有什么异常。(2)从周长贵到医院就诊的情况来看，其陈述不会对医疗人员进行任何隐瞒，特别是他的身体状况已经处于紧急的状态下，肯定会把自己的真实状态告诉医生，以得到准确判断病情以达到方便治疗的效果。而其主诉记载是"一小时前，患者下班后，突感胸胀、后背疼……"因此综合本案来看，周长贵不属于在工作时间工作岗位突发疾病。根据《工伤保险条例》第15条第1款第1项的规定，只有在工作时间和工作岗位突发疾病死亡或者在48小时之内经抢救无效死亡的才能视为工伤。根据本案的事实对照相关的法律，周长贵显然不符合视同工伤的条件，上诉人作出不予认定工伤决定具有事实和法律依据，应当予以维持。

被上诉人认为：(1)从上诉人提供的证据来看，证人中既有管理人员又有普通工人，其中全部管理人员都能证实周长贵在工作期间已经发生疾病并具备了疾病发生的前提条件，另外还有多人也能证明周长贵在工作期间发生疾病。管理人员与周长贵接触的机会较多，对其发生疾病状态比较了解，其他证人均是普通的操作工，没有机会与周长贵接触。(2)从周长贵的工作特点来看，其所处的是领导岗位，尽管自己已经身患重病，但仍坚守岗位直到凌晨，并且办理了移交手续后才回家休息，回家后就向被上诉人告知了其身体状况不佳，由于疾病越来越严重，连澡都没有洗完就打"120"电话。

周长贵工作繁重且几十年都在上夜班,这也是发生疾病并导致其死亡的原因之一。(3)从疾病的特点和医疗医学角度来看,疾病具有隐蔽性、长期性、复杂性,是有前兆的,每个疾病的发生都是具备一定的条件的。疾病的发展是一个渐进的过程,可能有内因也可能有外因,结局也是不同的。周长贵作为一般人,他对疾病的认知程度是比较肤浅的,仪征医院和苏北医院的诊疗和抢救过程就能说明疾病的不确定性,如果周长贵知道不及时治疗就会威胁生命,那么他肯定会丢下工作,直接到医院诊疗。(4)从《工伤保险条例》的规定和立法目的来讲,应当以认定工伤为原则,不予认定工伤为例外,只要不是不予认定工伤的情形,就应当认定为工伤。

原审第三人同意上诉人的意见。

教学指导手册

教学对象及目标

本案例供法律硕士专业学生案例教学使用,法学本科(三、四年级)、行政法学、诉讼法学、经济法学硕士教学也可以参考使用。

本案例主要就工伤认定的条件和程序问题进行讲授,具体要解决的问题包括:(1)工伤认定的行政程序;(2)工伤认定行政确认的诉讼程序;(3)如何分析案件争点,如何适用法律并展开法律论证;(4)基本掌握工伤认定行政决定书和行政诉讼裁判文书的制作。

教学内容

1. 工伤认定的法定情形与相关资料的收集与准备(课前准备)

工伤有法定情形、视同工伤情形以及不得认定工伤的情形之规定。现实中,职工受到事故伤害或者患职业病的情形各种各样,因此,认定是否为工伤是一个极其复杂的工作和过程。这需要思考法律规定的每一种法定情形的适用范围,同时还要思考现行生效案例中的裁判原则和理由是否具有一般性还是只具有具体性,其具体性是否能被法定情形所涵摄。

2. 工伤认定的行政程序和工伤认定决定书的制作

事故发生或者职业病被确认后,工伤认定行政程序如何启动?在行政程序中,有关各方有哪些权利和义务?依法要履行哪些行为?教师在授课中应当通过提问或者讨论让学生掌握,尤其要让学生注意工伤认定行政部门调查核实事实的要求。学会制作工伤认定决定书。

3. 工伤认定行政确认的诉讼程序

4. 行政诉讼起诉状(上诉状)、行政诉讼答辩状、行政诉讼裁判文书的制作

课堂时间安排

本案例可以作为专门的案例教学课来进行,课堂安排为6个课时。课堂设计为:

1. 课前计划:要求学生阅读本案例及相关参考资料,并要求他们收集、阅读思考一些生效工伤案例,根据本案例撰写《认定工伤决定书》或者《不予认定工伤决定书》,本案例的行政诉讼起诉状、上诉状。

2. 课堂计划:(1)介绍教学目的,明确讨论主题。(2)教师针对思考题进行提问。(3)分组讨论教师确定的问题以及学生回答提问所发表的观点。(4)各小组代表发言交流小组讨论的情况以及各小组制作的本案二审判决内容及理由。(5)教师归纳总结。

3. 课后计划:各小组撰写一份有关工伤认定或工伤认定确认诉讼的调研报告。(报告要明确小组各成员完成的内容)

思考题和实践题

1. 思考题

(1)请举例说明能被法律规定情形所涵摄的生效案例中的具有特殊性的工伤、视同工伤、不得认定工伤的事实情形。

(2)如果你是工伤认定行政部门的工作人员,你如何对工伤认定申请人提供的证据材料进行调查核实?

(3)请结合本案,制作一份由工伤认定行政部门制作出具的《认定工伤决定书》或者《不予认定工伤决定书》。

(4)职工或者其近亲属认为是工伤,用人单位不认为是工伤的,由谁承担举证责任?为什么?

(5)职工或者其近亲属认为是工伤,用人单位不认为是工伤的,而用人单位又拒不举证,且社会保险行政部门又收集不到足够的证据用于认定是工伤还是不予认定是工伤,在此情况下,社会保险行政部门应当如何作出决定?请论证理由。

(6)用人单位不认为是工伤而不提出工伤认定申请的,是否要告知受伤害职工或者其近亲属以及工会组织在事故伤害发生之日或者被诊断、鉴定为职业病之日起1年内,有权提出工伤认定申请?为什么?

(7)仪征人社局在对众多员工进行事实调查时,应当怎样进行?

(8)申威公司员工赵兵、石少星、黄东生、郑广文的证词能否被采信?

(9)一审法院认定"周长贵于2011年4月25日上夜班期间出现腰疼等身体不舒服的症状,其克服病痛坚持完成工作,回家后病情加重,送往院经抢救无效死亡"的事实认定是否证据确凿、充分?为什么?

(10)一审法院判决适用法律是否正确?

(11)《工伤保险条例》第15条第1款第1项的规定:在工作时间和工作岗位,突发疾病死亡或者在48小时之内经抢救无效死亡的,视同工伤。该条能涵摄的情形可能有哪些?

(12)二审法院归纳的本案的争议焦点是否正确、全面?如果不正确,该案的争议焦点是什么?如果不全面,还应有哪些是本案的争议焦点?

(13)被上诉人认为"从工伤保险条例的规定和立法目的来讲,应当以认定工伤为原则,不予认定工伤为例外",被上诉人的这种认识是否正确,为什么?

（14）你认为本案二审判决应当是“维持原判”还是“撤销原判，驳回束秀红的诉讼请求”或者是“撤销原判，发回重审”？其理由是什么？

2. 实践题

（1）如果你代理束秀红，请根据本案例材料，制作一份起诉状。

（2）如果你代理仪征市人力资源和社会保障局，请根据本案例材料，制作一份上诉状。

（3）如果你是本案件二审合议庭法官，请根据本案例材料，制作一份二审判决书。

撰稿人｜刘俊，南京师范大学法学院教授

5 CASE 雷某诉 HN 大学博士生招生拟不录取案

| 摘　要 |

本案例以一起真实的博士生招生录取案件为蓝本,围绕博士生招生录取纠纷案件行政程序各环节展开,涉及的知识点和执业技能包括代理律师如何参与行政诉讼活动,行政诉讼证据收集、事实认定与法律适用等;本案例中法律、法规授权组织作为行政主体的特殊性,尤其是高校行使博士生招录权的高度自主性;法院进行司法审查应当着眼于高校博士生招录权行使中的哪些环节或者问题。

| 关键词 |

博士生招录案　行政诉讼　代理律师技能　合法性审查范围的认定　合理性审查范围的认定

| 教学目标 |

着重让学生把握三方面内容:(1)在侦查阶段,辩护律师接受委托后应从事哪些法律活动;(2)在证据收集整理中应当注意哪些问题,如何撰写代理词;(3)以高校博士生招录案为例,思考作为法律授权组织的高校的哪些行为是行使行政权,人民法院进行司法审查时,对高校行为进行合法性审查的范围如何认定,从而提出高校作为行政主体被诉案件人民法院合法性审查范围的思路、事实认定和法律分析之间的主要对策。

教学案例主文

一、引言

(一)HN大学概况

HN大学是2007年由省内两所办学多年的本科高校合并而成的省属综合性重点大学,是省政府与教育部、财政部共建高校。2008年12月,经国家批准为"211工程"重点建设高校。现有全日制在校生近四万人,其中硕士、博士研究生五千余人。现有学科涵盖哲学、经济学、法学、文学、理学、农学、工学、管理学、艺术学九大门类。现有2个国家级重点学科,1个国家级重点(培育)学科,16个省部级重点学科;拥有1个国家级重点实验室(培育基地),16个国家级教学质量工程项目,1个国家级实验教学示范中心,10个省部级重点实验室,4个省部级工程研究中心;设有博士后流动站1个;国家级教学团队2个,国家级特色专业8个,国家级精品课程2门,国家级双语教学示范课程1门,全国专业技术人才先进集体1个。现有一级学科博士点5个,涉及法学、理学、工学、农学4个学科门类,其中法学一级学科博士点于2011年获得批准。

(二)HN大学2014年法学博士生招生概况

为了做好2014年博士研究生招生工作,2013年11月HN大学发布了《2014年博士研究生招生简章》(以下简称《招生简章》),规定2014年拟招收博士生41名(含普通招考、硕博连读),其中法学一级学科预计招生5人。实际招生人数根据国家当年下达的计划确定。招收硕博连读研究生的名额不超过本年度国家下达招生计划的25%;招收在职攻读学位人员的名额不超过本年度国家下达招生计划的20%。《招生简章》规定,2014年招收博士生入学考试分资格考试、专业测试和面试三个阶段进行,其中资格考试的科目有公共英语(不含听力)和一级学科综合,资格考试成绩只作为是否进入下阶段测试和面试的条件。专业测试科目分专业知识和专业英语。面试主要包括专业能力、专业英语应用、综合素质等方面,其中专业能力40分,专业英语应用20分,综合素质40分。专业测试和面试成绩是拟录工作的主要依据。《招生简章》还对其他相关问题作了规定,并明确规定“以上内容若有变化,以上级文件为准,本招生简章及专业目录最终解释权归学校研招办”。此后,学校相继发布了《HN大学2014年博士研究生招生专业目录》(以下简称《专业目录》)和《HN大学2014年博士研究生招生考试工作办法》(以下简称《招生考试工作办法》)等相关文件。《专业目录》规定法学一级学科招生的专业有刑法学、民法学、商法学、民事诉讼法学和海洋法学,拟招人数5人。《招生考试工作办法》规定,博士研究生招生考试工作应当坚持公平、公正、公开的原则,坚持客观评价、择优录取、宁缺毋滥、确保质量的原则,坚持科学选拔原则,坚持全面考察、有所侧重原则,坚持以人为本,合理安排考试环节,保证考试有序规范进行,并要求考试成绩量化,或具有可比性,并对资格考试(初试)和复试作了具体规定。资格考试(初试)成绩只作为是否进入下阶段测试和面试的条件,专业测试和面试成绩是拟录取工作的主要依据。各一级学科博士点根据考生的综合成绩进行排名,并结合本学科的招生计划,按综合成绩高低顺序择优确定各学科的拟录取人选。综合成绩计算公式如下:综合成绩=专业知识成绩×30%+专业英语成绩×20%+面试成绩×50%。各一级学科博士点的拟录取名单报送学校研究生处审核,审核通过的拟录取名单在学校主页上公示10个工作日,无异议后,提请学校研究生招生工作领导小组审定,并按要求报相关部门审批。《招生考试工作办法》还公布了招生咨询及接受考生申诉联系电话和邮箱以及各学院的联系方式和人员。法学院为了做好法学一级学科博士研究生招生工作,制定了《法学院2014年博士研究生招生复试工作安排及实施细则》,并在规定时间内进行了复试阶段专业知识、专业英语两门科目的笔试。根据两门笔试科目的成绩确定了参加复试面试的考生名单。面试分为专业面试和专业英语面试两个小组,专业面试小组委员由本学院的博士生导师组成,专业英语面试委员由学院指定的另一位教授担任。面试考核的具体内容由复试工作小组负责确定，主要包括专业能力、专业英语应用、综合素质等方面，全面考察考生是否具备博士生的潜能。面试满分100分，其中专业能力40分，英语表达能力20分，综合素质40分。复试完后学院根据考生的综合成绩（综合成绩=专业知识成绩×30%+专业英语成绩×20%+面试成绩×50%）进行排名，并结合本学科的招生计划，按综合成绩高低顺序择优确定了各专业方向的排名及拟录取人选。对于调剂的考生，根据学校下达的招生计划和学科方向相近原则，按一级学科高分到低分，拟录取两名考生到海洋法学和民法学专业。李某因其复试综合成绩在所报考的海洋法学专业排名第一，被以在职攻读博士的名义拟录取在海洋法学专业。本案原告因综合成绩在所报考的刑法学专业排名第二，且无法及时与其工作单位协调落实转为全日制培养的方式，未被拟录取。

（三）原告简介

原告雷某，男，1981年出生，法律硕士毕业，系省民政厅政策法规处主任科员，公职律师，HN大学2014年刑法学博士（在职）考生。

二、案情概况

HN大学2014年博士研究生拟录取名单公示期间，本案原告向HN大学研究生处提出申诉，认为自己比拟录取名单中三个考生的综合成绩高，学校应当按照考生在法学一级学科中的排名从高分到低分择优录取。研究生处及时作出回复。回复意见有三点：一是HN大学博士研究生是以一级学科确定进入复试分数线，以一级学科下的二级学科考生成绩高低录取的（因不同二级学科复试考试科目不同，复试成绩不具有可比性）；二是HN大学博士研究生招生计划在二级学科的分配与学校学科发展方向、师资力量和资源平台密切相关。法学下设五个二级学科，其中海洋法学和民法学是学校的优势学科，具有较强的师资力量和科学研究平台，同时也响应国家海洋强国和省委省政府海洋强省的政策导向，因此在招生计划分配上会有所倾斜；三是在刑法学方向，招生计划只有1人，考生中雷某排名第二，因此不被录取。而海洋法学方向招生计划有2人，第一志愿报考海洋法学方向仅有李某

1 人,另一人属调剂,因此李某被录取。雷某不满意学校对其申诉的回复,于2014 年 6 月向 HK 市中级人民法院提起行政诉讼,请求法院判决被告依据其招生简章规定的录取依据重新公布 2014 年法学博士录取名单;判令被告录取复试综合成绩更高的在职博士考生即原告雷某(注:根据招考简章规定被告 2014 年只能录取一名在职法学博士,且简章明确规定"专业测试和面试成绩是拟录取工作的主要依据",原告雷某初试成绩第一名、复试综合成绩第五名,另一位在职考生李某综合成绩第六名,综合成绩 = 专业知识成绩 ×30% + 专业英语 ×20% + 面试成绩 ×50%);[1] 请求法院判令被告承担本案全部诉讼费用。

原告认为,根据《HN 大学 2014 年博士研究生拟录取名单公示》以及 HN 大学研究生处博士招生网上查分系统显示,原告不管是初试(初试成绩第一名)还是最后综合成绩(综合成绩第五名),都比拟录取的在职博士李某(综合成绩第六名)、全日制博士毕某(综合成绩第七名)和甑某(综合成绩第八名)分数要高,但上述三位考生均被录取,而原告未被录取。被告的拟录取结果明显违背了《招生简章》规定的"资格考试成绩只作为是否进入下一阶段测试和面试的条件,专业测试和面试成绩是拟录取工作的主要依据"的录取依据和标准,被告并没有按照考生在法学一级学科中排名的复试综合成绩从高到低录取。第一,《招生简章》规定法学院的法学博士录取 5 人,此为总量控制,没有规定每个具体专业方向的招生人数,即没有要求法学博士的每个具体专业方向都必须录取至少 1 人,录取结果是根据最终成绩决定的,存在有的专业方向录取多人,有的专业因没有人报考或者因报考考生分数低而没有招生的实际情况,目前拟录取为 7 人即为根据实际情况调整,即有的专业方向并非只录取 1 人。第二,根据《招生简章》的规定,在职招生控制在 20% 以内,法学院该年最多只能录取 1 个在职博士,但同样是招考在职法学博士,初试和复试综合成绩均比其低的在职考生李某(法学博士海洋法方向)反被录取,原告(法学博士刑法学方向)的综合成绩更高却被淘汰明显有失公平,也违背了《招生简章》中"专业测试和面试成绩是拟录取工作的主要

---

〔1〕 括号内容系原告起诉书所加,编者未作改动。

依据”的规定。第三,根据《招生简章》的规定,学校录取博士的依据是考生的综合成绩(综合成绩 = 专业知识成绩 ×30% + 专业英语 ×20% + 面试成绩 ×50%)的排名确定。即使因为在职博士名额限制,那也应该录取综合成绩更高的在职博士考生。在职考生李某因为分数更低(综合成绩74.4分,排第六名),其报考的在职法学博士(海洋法方向)根据《招生简章》的规定完全没有理由被录取,原告所报考的法学博士刑法学方向(综合成绩75.15分,排第五名)根据被告《招生简章》规定则应该录取。换言之,原告雷某应该是在职法学博士首选。即法学博士刑法方向根据招生规定和所有考生的最终综合成绩排名完全应录取2人,法学博士海洋法方向因为考生复试综合成绩排名更低,则根据《招生简章》的规定在今年不予招生,除非原告的综合成绩比另一位在职考生李某低。

原告在起诉书中对HN大学研究生处《关于2014年HN大学博士研究生拟录取名单申诉的回复》提出了五点意见:

1. 关于录取的依据。《招生简章》规定“资格考试成绩只作为是否进入下阶段测试和面试的条件,专业测试和面试成绩是拟录取工作的主要依据。”简章中未明确说录取依据是以一级学科下的二级学科考生成绩由高到低录取,而是说专业测试和面试成绩是拟录取工作的主要依据。原告的复试成绩由专业测试和面试成绩计算得出,即被告的博士录取工作主要依据考生专业测试和面试成绩的高低决定。至于复试综合成绩的可比较性问题,除了专业笔试(占30%)科目外,专业英语试卷和面试程序包括面试考官都是一样的,即有70%是相同的,法学博士复试成绩不能因为这30%不同而否认70%的相同,因此法学博士复试的综合成绩具有可比性;就算是不具有可比性,录取工作也应该按照事先公布的录取规则进行,否则就如同已经制定出台的法律因为违法者认为其有失合理性就可以随意突破了。

2. 关于招生计划分配的倾斜。对被告根据自身优势学科和发展重点而对民法和海洋法学科予以倾斜并无异议,但被告应该事先在《招生简章》中明确规定并体现在每个具体专业方向的招生计划上,而非在事后自说自话自己决定。

3. 关于各专业招生计划。被告并未在公布的《招生简章》中明确规定刑法学只招1名博士，也没有规定海洋法方向招生计划为2名。正是因为被告没有明确规定每个具体专业的招生计划，而只是公布了法学博士招生计划为5名，才导致了海洋法方向的博士仅有1人报考。[2] 退一万步说，即使被告有调剂的名额，同样是报考非海洋法方向的考生，为何不事先征求综合成绩更高的考生意见？而是在原告不知情的情况下，就调剂了另外一个非报考海洋法方向且分数比原告低的考生？

4. 关于录取工作前后录取标准不一致的问题。被告法学院负责招生的潘老师之前曾打电话称原告和李某均符合录取条件，且原告的复试成绩比李某高，法学院希望2位都能录取，但学校只给了一个在职博士名额，建议我们两个其中一位转为全日制博士，并进一步沟通了调档函事宜。这也间接说明，刑法学专业方向其实也是可以录取2人的，这完全由法学院说了算，只是法学院为了照顾到每个专业都有考生录取才临时调整具体专业方向的招生名额。当时原告的复试综合成绩更高（沟通时复试成绩尚未公布），要转为全日制博士也应该先让另一位在职考生选择转，如转不了全日制博士也应该由其承担不能录取的后果，因为其复试综合成绩排名在原告之后。根据复试综合成绩以及《招生简章》录取规则，原告就算不能转为全日制博士，最起码也可以保证录取为在职法学博士。既然之前说原告和李某符合录取条件，那么在同等条件下，如果只能二选一的话，也应该录取综合成绩更高的考生。直到5月19日，原告才突然得到法学院通知称原告转为全日制博士的事情学校不答应，且李某考生所在工作单位亦明确表示不允许其转为全日制博士，原告所报考法学专业在二级学科刑法学方向排名第二，李某因其报考的海洋法方向仅有一人报考，自然排名第一，虽然原告最后复试综合成绩比李某高，但法学院为照顾各个专业都有考生被录取，所以不能录取原告，而且连在职博士也不能录取了。

5. 关于被告法学博士录取名额。被告应该严格按照《招生简章》的规定和录取规则予以执行。法学博士只录取5人，且应该录取复试综合成绩前五

---

〔2〕 原告后来也认为是自己认识错误。实际上报考海洋法学的考生有6人，进入复试阶段的只有1人。

名的考生,然后再根据考生所报考的专业进行分配各个具体专业方向的名额。规则制定出来了就应该严格遵守,被告不能因为要照顾各个专业方向的录取均衡而违背录取规则,进而侵犯无辜考生的合法权益。作为被告法学院的录取工作,则更应率先垂范,做遵规守法典范,而不能任意践踏既定规则,漠视规则。

原告提供的证据有《招生简章》、原告的初试和复试成绩、拟录取名单(法学博士)、博士研究生拟录取名单公示、关于申诉意见的回复、准考证。

在法律依据方面,原告认为国家举办的高等学校是国家设立的公共教育机构之一,根据《教育法》第15条第1款规定,“国务院教育行政部门主管全国教育工作,统筹规划,协调管理全国的教育事业。”第28条第3项规定,学校及其他教育机构行使招收学生或者其他受教育者权利。《高等教育法》第19条第3款规定:“硕士研究生毕业或者具有同等学力的,经考试合格,由实施相应学历教育的高等学校或者经批准承担研究生教育任务的科学研究机构录取,取得博士研究生入学资格。”根据上述规定,并参照国家教育委员会《关于扩大普通高等学校录取新生工作权限的规定》,博士生招生权属于行政职权,由国家教育行政部门、招生管理部门和招生单位按照各自职责范围行使。另外,公立高等学校的博士招生行为,属于可诉的具体行政行为。根据相关法律及解释的立法意图,行政行为是指具有国家行政职权的机关、组织及其工作人员,与行使国家行政职权有关的,对公民、法人或其他组织的权益产生实际影响的行为以及相应不作为。根据《教育法》及《高等教育法》的相关规定,在博士研究生招生实际操作中,国家教育行政部门编制招生计划、制定招生简章、对招生单位执行招生计划进行审核。而报名、资格审查、发放准考证、考试命题、组织考试(包括面试)、试卷评阅以及录取,都由各招生单位负责,各博士生招生单位的录取名单经省级招生管理部门审核通过,由招生单位对外发出录取通知书后方可确定对某一考生予以录取的结果。换言之,国家教育行政部门对招生工作进行宏观管理,省级招生管理部门对招生单位的招生行为进行监督,招生单位具有高度自主权。因此,公立高等学校有权在考试阶段对不合格的考生直接作出不予录取的决定,有权在有关部门审核后录取考试合格的考生,其所享有的博士生招生权属于法律授权的组织行使行政管理权的一种行政权力。故被告 HN 大学的博士生招生行为属于法律授权的组织行使行政管理职权的一种行政权力，属于可诉的具体行政行为。此外，2000 年 3 月 10 日最高人民法院《关于执行〈中华人民共和国行政诉讼法〉若干问题的解释》第 1 条对受案范围专门作了进一步解释：公民、法人或者其他组织对具有国家行政职权的机关和组织及其工作人员的行政行为不服，依法提起行政诉讼的，属于人民法院行政诉讼的受案范围。2009 年 11 月 9 日又颁布了最高人民法院《关于依法保护行政诉讼当事人诉权的意见》规定，法律和司法解释没有明确规定的具体行政行为，应当属于人民法院行政诉讼受案范围。

综上，原告对 HN 大学法学院在法学博士录取中录取综合成绩更低的考生而舍弃综合成绩更高的考生不服，根据《招生简章》的录取规则，原告应当被录取为博士却未被录取，被告的博士生招生这一行政行为侵害了原告的合法权益。请求法院判令被告按照《招生简章》规定的录取依据和招生计划人数录取原告并根据《招生简章》录取规则（根据复试综合成绩从高到低取前五名录取，第 6 名至第 7 名的考生则由被告根据实际另行调剂，调剂不成则不予录取）重新公示录取名单。

三、律师接受委托后的工作

律师接受委托时学校已收到起诉书 6 日。由于这类案件是该省法院从未受理过的案件，因此法院很重视。原告也企图通过媒体炒作以扩大影响，给法院办案施加压力，且已有网络报道此事。代理律师办妥委托手续后，主要着手证据的收集和答辩状的撰写，同时建议学校宣传部门加强与媒体的沟通，避免媒体炒作带来的负面影响。

（一）证据的收集

为了做好本案证据收集工作，在代理律师建议下学校召开了有研究生处和法学院相关人员参加的专题会议，分管研究生工作的校领导主持会议，代理律师在会上提出了需要提供的证据及提供证据的文本、内容及时限方面的具体要求以及案件代理中需要协调处理的问题，会议明确了证据提供的人员分工及具体要求,研究生招生办主任负责提供教育部关于2014年博士研究生招生方面的文件、招生简章、招生简章的解释意见、招生计划、博士研究生报名信息、各一级学科的招生计划、2014年博士研究生招生考试工作办法、2014年博士研究生招生专业目录、国家下达给学校的博士研究生招生计划、2014年博士研究生拟录名单以及对原告申诉意见的回复,法学院负责博士生招生工作的一名副院长负责提供法学院博士研究生复试工作安排及实施细则、面试记录、进入复试的法学专业考生名单、考生复试成绩及拟录名单。同时要求法学院出具2014年法学博士研究生招生考试的情况说明。证据和相关材料要求在2天内提交。会后,代理律师除收集相关法律依据外,还收集整理了研究生处、研究生招生办以及法学院提供的证据,以及对本案具有一定参考价值的国内博士研究生招录方面的案例、国内著名高校博士研究生招生简章和招生工作方面的规定。这些材料虽然与案件没有直接关联,不能作为证据,但对第一次审理此类案件的法官无疑有一定的参考价值。由于对证据的提供有明确具体的要求,并且责任到人,所有证据都在预定期限内顺利提交。代理律师很快就根据案情整理了证据材料,列出了证据目录表和法律依据。

(二)答辩状的撰写

代理律师针对原告起诉书撰写答辩状。原告起诉书的思路较为零乱,代理律师对原告的理由和观点进行了梳理,力求在答辩状中着力解决三个问题:一是原告起诉被告博士招生拟不录取是否属于行政诉讼受案范围,即博士生招录行为是否具有行政可诉性;二是被告拟不录取原告的行为是否存在不合法的问题;三是原告的诉讼请求能否成立。被告行使博士生招生权是行政权的行使,当然属于行政诉讼的受案范围,国内已有案例。因此答辩状除了针对原告起诉书逐一答辩外,应当将重点放在第二、三个问题上。在针对起诉书逐一进行答辩的同时,重点说明原告起诉的理由不能成立。要特别强调博士研究生培养的特殊性,高校博士研究生招录行为不同于一般行政行为,要充分利用原告在起诉书中提出的高校行使博士生招生权具有高度自主性,法律法规没有对博士研究生的招生录取有明确具体的规定,学校根据考生在所报考专业方向中的复试综合成绩排名从高到低拟不录取原告的行为属于高校依法行使的办学自主权,只存在合理性问题,不存在合法性问题。原告的诉讼请求不属于司法审查解决的问题,其诉讼请求不能成立,应当驳回其诉讼请求。

代理律师及时向法院提交了答辩状和证据,并请求收件人同提供收件凭据。

(三)庭审前的准备

法院确定送达开庭时间后,代理律师应当认真分析案卷材料,研究本案中所涉及的法律专业知识、法律法规和规章依据以及相似的案例,认真拟写代理词,拟定法庭中需要向原告提出的问题。本案中,HN 大学同时还委托了法学院一名副院长作为诉讼代理人,代理律师积极与其沟通,并明确两人在庭审中的分工。

原告收到法院送达的答辩状后又向法院提交了《关于 HN 大学〈行政答辩状〉的申辩》,并补充了几份证据。申辩书近三千字,主要针对答辩状"申辩",大多数观点在起诉书中有所体现,只是反复说明同一问题,但也有部分观点是新提出的,为代理律师全面分析案件,在法庭审查中发表较为全面、深刻的代理意见提供了思路。

由于答辩状是针对起诉书中的观点逐一答辩的,因此庭审中需要重新厘清思路,不能完全被原告的思路所限制,应当善于发现原告起诉书和申辩书中的漏洞和矛盾,拟好需要向原告提出的问题,针对原告可能作出的回答再追问或者利用其对委托方有利的言辞阐述自己的代理意见,充分维护委托人的权益。代理律师设计的向原告发问的问题主要有:高校博士研究生招生权的行使与一般行政权的行使有何区别?现行法律法规和规章对高校博士研究生招生录取工作有哪些具体明确的规定?现行法律法规和规章对高校博士研究生招生录取标准或者依据有哪些具体明确的规定?目前国内高校博士研究生招生录取的标准是以考生在一级学科内的复试成绩排名为依据还是以考生在报考的二级学科的复试成绩排名为依据?如果有以考生在一级学科内的复试成绩排名为录取依据的高校,请说明是哪一所高校在什么时候招生录取的。提出这些问题是为了强调高校博士研究生招生权的行使具有高度自主权,法律法规和规章不可能作出具体明确的规定,属于高校根据博士研究生培养的规律自由裁量的行为。因此,高校博士研究生招生录取行为只要没有违反法律法规和规章的强制性规定,就不存在违法的问题,当然也就不存在合法性的问题,只存在合理性问题,而合理性不属于司法审查的范围,因而原告的诉讼请求不能成立。

(四)庭审中的代理律师工作

在行政案件庭审中,代理律师应当积极参加法庭调查和法庭辩论。法庭调查阶段,凡有向法庭提交书面材料的,在法庭调查时要特别说明具体内容的书面材料已经提交给法庭,但要有重点地归纳,有条理地利用法庭调查中的证据质证,对于原告提交的证据材料要从关联性、合法性和客观性方面进行审查,特别要注意证据的证明力和证明对象以及对被告有利的证据。要特别重视原告对被告提供的证据的质证意见,要作详细记录,及时在法庭调查阶段作出合理合法的解释。本案中,被告有一份由研究生招生办出具的《关于招生简章中“拟录取依据”的解释》的证据,原告认为属于原告起诉后临时伪造的,不具有客观真实性,不能作为证据。代理律师及时作了解释,说明研招办是招生简章规定的解释主体,所作解释是有权解释;在任何时候所作的解释都不影响其效力;这一解释是下发给各一级学科博士点掌握的,不能因为没有在网上公开或者原告当时没有看到就否定其客观真实性;被告所提供的这一证据是原件,加盖了研招办的公章,是真实的。对于被告提供的国内其他高校的博士研究生招生简章和已经判决的相似案例,原告认为与本案没有关联性,被告代理律师特别说明,提供这些材料的目的并不是要作为本案证据证明被告当时作出的不拟录取行为的合法性,只是说明以考生在报考的二级学科中的复试成绩作为拟录取的主要依据并非被告一家如此,是国内高校的一致做法。被告一直按照这一标准作为录取博士研究生的依据。对于已经判决的相似案例,只是为了说明高校博士研究生招生权的行使具有高度自主性,高校享有充分的自由裁量权,按照什么标准录取属于高校自主决定的范围,法律法规和规章都没有作出具体规定,因而不存在合法性问题,故高校博士研究生招生录取标准问题不属于合法性审查范围。同样,高校根据自己确定的录取标准作出拟不录取的决定也不存在合法性问题,不属于司法审查的范围。类似案件的判决对本案的审判无疑具有一定参考价值。针对原告提供的证据,代理律师在质证时在肯定其客观性的同时,利用这些证据中对被告更有利的证明对象。比如,关于招生简章和考试工作办法中对拟录取主要依据的规定,原告认为这一规定的意思是以考生在一级学科中的复试综合成绩作为拟录取的主要依据,不应该理解为以考生在二级学科中的复试综合成绩作为拟录取的主要依据。被告代理律师质证时特别强调,从文件规定来看,并没有明确是以考生在一级学科中的复试综合成绩作为拟录取的主要依据,当然也没有明确是以考生在二级学科中的复试综合成绩作为拟录取的主要依据。这就存在不同理解的问题。这一问题解决的方法有三种:一是由招生简章规定的解释主体作出解释,这一解释被告提供的证据中已经提交;二是按照正常人的理解,看看国内高校或者研究机构招收博士研究生的拟录取依据,被告提供了国内十余所高校的博士研究生招生简章和相关规定,统一的做法是以考生在二级学科中的复试综合成绩作为拟录取的主要依据,没有一个招生单位以考生在一级学科中的复试综合成绩作为拟录取的主要依据;三是 HN 大学以往博士研究生录取标准是什么,被告从取得博士研究生授权单位以来一直以考生在二级学科中的复试综合成绩作为拟录取的主要依据。代理律师的这一观点在法庭辩论阶段再次强调,目的是向法庭说明,被告以考生在二级学科中的复试综合成绩作为拟录取的主要依据符合《招生简章》和《考试工作办法》规定的录取标准,不仅合法而且合理。

在法庭辩论阶段,代理律师要认真听取并记录对方当事人及其代理人的辩论意见,修改或者充实自己的辩论意见。本案法庭辩论阶段,双方围绕法庭归纳的三个问题进行辩论:一是被告以考生在二级学科中的复试综合成绩作为拟录取的主要依据是否合法;二是被告作出拟不录取原告的行为是否合法;三是原告的诉讼请求能否成立。原告认为被告以考生在二级学科中的复试综合成绩作为拟录取的主要依据明显违法。一是原告的复试综合成绩高于另外三位拟录取的考生,虽然大家报考专业方向不同,但复试成绩具有可比性;二是违反了《招生简章》和《考试工作办法》的明确规定;三是被告程序上不公正,擅自增加海洋法学和民法学的招生计划,且事先没有在网上公示,没有征求分数更高的原告的意见。原告认为被告以考生在二级学科中的复试综合成绩作为拟录取的主要依据拟不录取原告的行为明显违法,理由是原告的复试综合成绩在法学一级学科中排名第五,法学博士拟录取七人,应严格按照综合成绩的高低录取,无论如何应该录取排名前七的考生。原告认为其诉讼请求属于合法性审查范围,能够成立。参照"林群英诉厦门大学博士招录案"法院判决意见,被告决定不予录取原告的行为,已于2014年5月19日通过HN大学研究生处网站公布的博士研究生拟录名单予以体现。原告的名字不在该名单之列,实际上已将原告录取为博士研究生的可能性排除在外。显然,被告HN大学不予录取原告的行为是不合法的,明显违背了其招生简章的录取规则,有失公平与公正。被告代理律师针对原告的辩论意见发表了代理词,认为一个问题或者一个行为是否涉及合法性应当以现行法律法规和规章对此是否有明确规定,在没有规定的情况下自然不涉及合法性问题,只存在合理性问题。高校博士研究生招生权的行使具有高度自主性,考试命题、招生名额的分配、录取标准和拟录取名单的确定都是高校根据自己的实际情况自主确定,目前法律法规和规章对此没有明确规定,因此高校在博士研究生招生中以什么标准作为拟录取依据属于高校办学自主权范围,不涉及合法性问题。目前国内所有博士研究生招生单位都以考生在二级学科中的复试综合成绩作为拟录取的主要依据,无一例外。这与博士研究生作为高端专业人才的培养规律有密切关系,HN大学也一直以考生在二级学科中的复试综合成绩作为拟录取的主要依据,被告负责解释招生简章的部门也作出了明确解释。因此,按照被告在《招生简章》和《考试工作办法》中规定的博士研究生录取标准,只能作出拟不录取原告的决定,不可能产生录取原告的结果。由于录取标准和招生计划的分配不涉及合法性问题,因此被告根据自主确定的录取标准作出拟不录取原告的行为也不涉及合法性问题,因而原告的诉讼请求不能成立,一审判决基本支持了被告代理人的代理意见,判决驳回原告的诉讼请求。

原告不服一审判决提起上诉。二审裁定维持原判。

教学指导手册

教学对象及目标

本案例供法律硕士案例教学使用,法学本科(大四)、宪法与行政法学硕士也可以参酌使用。

本案例主要就代理律师在行政诉讼中从事的法律活动和博士研究生招生中拟不录取纠纷案中司法审查范围的认定问题进行讲授。具体要解决的问题包括:(1)代理律师接受委托后应从事哪些法律活动;(2)代理律师如何收集整理证据、如何撰写答辩状和代理词;(3)作为法律法规授权组织的高校博士生招生不录取行为,司法审查范围如何认定,哪些方面属于合法性问题,哪些属于合理性范围。

教学内容

1. 代理律师接受行政诉讼中被告委托后应从事哪些法律活动?

律师接受行政诉讼被告委托后,必须在法院规定的时限内提交证据和答辩状。如果委托人收到起诉书后没有及时委托,则给代理律师的压力更大,有时可能只有两三天的时间准备。因而律师接受委托后,应当迅速厘清代理思路,制定可行的代理方案,根据代理方案和思路,制定证据收集方案,提出证据收集的具体要求。同时要认真撰写答辩状,及时向法院提供证据和答辩状。还要特别建议被告加强与相关媒体的沟通,防止原告或者其他人员利用案件的特殊性通过媒体炒作,给法院审理案件产生负面影响。

2. 律师代理行政主体如何收集整理证据？律师接受行政相对人委托如何收集证据？

行政诉讼证据的收集必须基于作出行政行为时所产生的证据，被告代理律师调查取证受到明显限制。但律师能否妥当行使调查取证权，直接影响到当事人的合法利益。在行政案件代理中，代理律师积极妥当地行使调查取证权，可能会及时发现行政行为实施时已经存在但行政主体容易忽视的证据。行政主体一般管理较为规范，律师在收集证据时应当要求委托人必须指定专人负责提供证据。针对法律法规授权组织委托的案件，要着重围绕所诉行为是否属于行政行为，原告诉讼请求是否符合合法性原则要求，原告要求审查的范围是否属于合法性审查的范围收集证据和撰写答辩状、准备代理词。本案中，代理律师建议委托单位召开相关部门参加的专题会议，会上提出了应当提供的证据内容和具体要求，明确责任人和提供证据的时限。同时，代理律师还主动收集了国内高校博士研究生招录权行使的案例以及国内一些著名高校博士研究生招生简章及相关规定，这些材料虽然不能作为证据，但对第一次受理高校博士研究生招录纠纷案的法官无疑有一定的参考价值。律师应在证据整理及答辩状中尽可能强调高校博士生招生权行使的高度自主性，说明博士生招录行为除非明显违反法律、法规的强制性规定，都属于合理性的问题，不涉及合法性问题。

律师代理被告后进行调查取证，如何确保不逾越法律界限，是从事行政代理工作的难点。教师在授课中，应为学生提出基本的注意要点。

3. 律师如何撰写答辩状和代理词？

律师在接受被告委托开展行政诉讼代理活动中，撰写有说服力的答辩状和一份有分量的代理词是核心的工作内容。撰写答辩状的思路有两种：一是针对原告起诉书逐一答辩；二是对起诉书的事实和理由部分进行梳理归纳，按照归纳的重点突出地进行答辩。无论采用哪种写作方法或者思路，都要对原告的证据材料进行全面、适度且合理的分析，指出不同证据材料之间存在的差异、漏洞；提出对当事人有利的证据材料；对与本案相关的法律法规和规章及司法解释进行分析，寻找对当事人有利的法律法规和司法解释上的根据，以及最高人民法院的指导性案例，证明被告行为的合法性；对被告行为的程序进行分析，说明被告程序合法；对原告诉讼请求进行分析，找出不属于合法性审查范围的依据和理由；对起诉书中的事实和理由进行分析，找出被告行为不属于合法性审查范围而属于合理性范围的根据。撰写答辩状的形式要求包括证据分析和法律分析的界限分明，条理清晰，观点明确，重点突出，层次分明，逻辑顺畅，语言平和得体，避免攻击性语言。

撰写代理词前要认真分析所有证据材料，设计向原告发问的问题及原告可能作出的回答，同时要考虑到原告在庭审时可能提出的问题，从证据和法律两个方面分析被告行为不具有可诉性，在可诉性不成问题的情况下，着重从被告行政行为的合法性、合理性角度进行分析，对原告起诉是否属于合法性问题进行辩论。代理词的形式要求包括：(1)归纳可以认定的基本事实，从证据上进行分析。(2)对被告行为是否涉及合法性以及是否合法进行分析。(3)观点要鲜明，分析要透彻，重点要突出，尤其要与被告行为的合法性直接相关，有些问题在答辩状中已经涉及，可以点到为止。有些问题答辩状中只是提及，可以在代理词中深入分析。(4)层次分明、逻辑顺畅。(5)篇幅得当、语言简练易懂。(6)法律分析要有权威的论理根据。(7)语言平和、得体，忌用攻击性语言。

4. 庭审中律师代理被告应如何发挥代理职能?

庭审是律师参加诉讼活动的重心。律师在参与法庭调查时，事先要积极准备，全面而仔细地阅读卷宗，对各项证据材料，尤其与被告行政行为合法性有关的证据材料要熟稔于心；对原告提出的证据要有明确的判断，对有利于被告的证据要适时提出。律师在法庭辩论过程中，发表意见要重点突出、说理充分，发言要遵守法庭纪律。如果律师代理原告，应当抓住被告行政行为具有可诉性、行为违法(主体越权、程序违法)，并找出违法的具体依据。

5. 如何正确认定高校博士研究生招生不录取的合法性问题?

对这类案件代理律师不仅要熟悉行政法,还要了解高校博士研究生培养的基本规律和常规做法,认识到高校博士研究生招生权的行使与一般行政权的行使存在明显的差别,前者具有高度自主权,法律法规和规章及司法解释对此没有明确具体规定,尤其是招生考试命题、录取标准的确定、各专业招生计划的分配、拟录取名单的确定都属于高校具有自由裁量权的范围,法律几乎没有规制的必要和可能,只能靠高校自主规范。因此,高校博士研究生招生录取纠纷尤其是录取标准问题由于没有法律规定,因而不涉及合法性问题,只涉及合理性问题,即是否公正合理的问题。对高校博士研究生招生拟不录取行为是否属于合法性审查范围应当以现行法律法规和规章及司法解释是否对此有明确具体的规定为前提,如果有,则涉及合法性问题,属于司法审查范围;如果没有,则不涉及合法性问题,不属于司法审查范围。

此外,通过对该案例的分析,要培养学生分析案例的法律推理能力。

课堂时间安排

本案例可以作为专门的案例教学课来进行,整个案例课的课堂安排 3 个课时,每课时 45 分钟。

课堂设计如下,仅供参考。

1. 课前计划:安排学生阅读案例及相关参考资料,对案例所涉及问题进行思考,撰写实践题答案。

2. 课中计划:(1)介绍教学目的,明确讨论主题。(2)分组讨论,回答各项思考题,讨论实践题的撰写要点。(3)小组代表提出撰写要点,学生讨论和分析。(4)教师归纳总结。

3. 课后计划:布置学生进一步思考代理律师在行政诉讼活动中的职能,以及如何发挥其职能。

思考题和实践题

1. 思考题

(1)高校接到法院送达的行政起诉书,应当如何处理?应当注意哪些问题?

(2)律师接受委托后应当着手哪些工作?

(3)高校博士生招录行为是否属于行政诉讼法及相关司法解释规定的行政诉讼受案范围?法院受理的法理依据和法律依据是什么?

(4)行政诉讼的受案范围有哪些?哪些不属于行政诉讼的受案范围?

(5)律师在行政诉讼中如何收集证据?如果你是本案代理律师,在收集整理证据时应当注意哪些问题?应当收集哪些证据?

(6)作为代理律师,如何认定高校博士研究生招录行为的合法性?高校博士研究生招生权的行使哪些属于高校自由裁量范围?

(7)原告提出的诉讼请求是否属于行政诉讼要解决的问题?原告的诉讼请求能否成立?

(8)人民法院受理行政案件的依据和标准是什么?

(9)高校在博士研究生招生录取权中哪些涉及合法性问题,哪些不涉及合法性问题?判断的标准是什么?

(10)原告、被告在行政诉讼中聘请律师,应注意哪些问题?

(11)作为法官,如何判断本案司法审查的范围?以什么为标准划分高校博士研究生招录行为的合法性与合理性?

(12)法官和原告认为被告提供的国内其他高校博士研究生招生简章和相关文件规定以及国内相似案件的判决与本案没有关联性,不能作为证据,假如你是代理律师如何解释和说明?

(13)本案原告起诉书条理较为零乱,你作为庭审法官,如何归纳本案法庭调查阶段重点调查的问题和法庭辩论阶段围绕哪些焦点问题进行辩论?

(14)作为二审代理律师,你如何撰写答辩状和代理词?着重从哪些方面作庭审前的准备?

(15)作为二审法官,你认为本案应当着重在哪些方面进行法庭调查和法庭辩论?

(16)假如你是一审、二审法官,本案应如何处理?

2. 实践题

(1)如果你是被告 HN 大学的代理律师,一审接受委托后应该做哪些工作?请根据以上案情，编写工作计划。

(2)假如你是被告HN大学的是二审的代理律师，接受委托后应当做哪些工作？结合本案案情，编写工作计划。

(3)假如你是被告HN大学的一审代理律师，请撰写答辩状和代理词。

(4)根据本案案情，作为被告代理律师应当设计哪些需要向原告发问的问题？

(5)作为被告HN大学的二审代理律师，撰写一份代理词。

■ 参考文献

1. 朱维究:《中国行政法纲要》，中国人民公安大学出版社2011年版。

2. 姜明安:《行政法与行政诉讼法》，北京大学出版社、高等教育出版社2011年版。

撰稿人 | 周孝怀，海南大学法学院教授

6 CASE 凤凰山庄27户业主诉长沙市政府收回土地使用权决定无效案

| 摘　要 |

本案例以“2010年湖南省十大最具影响力法治事件”——凤凰山庄业主诉长沙市政府案为蓝本，以凤凰山庄居民实际提起的行政诉讼为基础，在原告代理人的角度上，从办理授权委托手续到证据收集，庭审代理，综合介绍此案的基本诉讼过程。该案中，原告诉讼代理人通过收集证据、撰写相关法律文书、起诉、举证、质证、发表代理意见、进行辩论发言等环节，经长沙市中级人民法院审判，获得了相对于长沙市政府的胜诉判决。通过本案的学习，拟促使学生对行政诉讼的相关法律制度有更为准确地把握，加强对相关法律知识的理解，同时亦期待对学生行政诉讼法律实务能力的提高有所裨益。

| 关键词 |

凤凰山庄27户业主　长沙市政府　收回土地使用权

| 教学目标 |

本案例以具有较大影响力的城市居民诉市政府胜诉案件为基础，介绍案件的发生经过和基本案情。通过学生对案例的阅读、分析，指导其对案情进行梳理、归纳。在此基础上，使学生主要把握四个方面的内容：(1)如何解决行政诉讼中“告状难”的问题。(2)以凤凰山庄案情为例，学会判断并证明行政行为是否属于行政诉讼受案范围，是否具有违法性。同时在理论上能够对行政诉讼的受案范围、违法性等问题进行更深层次的讨论，加深理解。(3)诉讼代理人在行政诉讼庭前准备的主要内容。能够预先对案件事实和

证据进行法律分析,形成完整的案件解决思路。(4)在庭审阶段,如何举证、质证和发表代理意见,提高行政诉讼中的讼争能力和法律知识的运用能力。

教学案例主文

一、引言

(一)凤凰山庄小区概况

凤凰山庄小区是由广宇置业开发有限公司1999年开发建设的商品房住宅区,坐落于湘江侧畔的桃子湖旁,属于原麓山村商业文明街(俗称"堕落街")范围之内。小区内共有两栋楼房、35位业主,每户业主都拥有合法的房屋产权证书和国有土地使用权证书。业主大多系周围湖南师范大学、湖南大学和中南大学的教职工。2008年开始,长沙市政府启动建设大河西先导区规划,针对原岳麓区政府范围中包括整个"堕落街"(含凤凰山庄)在内的天马山、凤凰山周围一带区域,开展了大规模的"综合整治",也就是拆迁活动。

(二)案件所涉及主体

1. 长沙市政府

机构代码:673580097;法定代表人:张××;职务:长沙市市长;地址:岳麓大道×××号;联系电话:0731-886××××

2. 凤凰山庄小区业主

凤凰山庄共有35户居民,被"综合整治"拆迁后,有四户居民签署了拆迁协议,搬离了小区。余下的31户居民中,有四户居民因为各种原因没有参加维权诉讼。有27户居民通过提起诉讼,成为起诉长沙市政府的原告。

(三)案件简况

2009年2月2日,长沙市政府发出《关于收回长沙市岳麓区湖南大学湖南师范大学等单位国有土地使用权的决定》,收回岳麓山风景名胜区天马山景区范围内湖南大学等43家单位国有土地使用权,其中包括凤凰山庄。该决定刊登在2009年2月6日的《长沙晚报》上,但并未送达业主手中,而综合整治指挥部便开始了拆迁行动。凤凰山庄有27户业主决定依法维权,请求法院判决被告长沙市政府的"收回土地决定"对原告依法享有的土地使用权不具有效力。长沙市中级人民法院受理了这起民告官行政诉讼案。2010年3月17日,长沙市中级人民法院对此案作出判决:确认长沙市政府作出的"长政发(2009)4号"中涉及收回凤凰山庄27户居民国有土地使用权的部分无效。一审判决结束后,被告未上诉。事后,长沙市城乡规划局在其官方政务网上将凤凰山庄居民小区列入了"远期拆除"之列。

该案系当今社会热点关注"拆迁"活动过程中发生的一起彰显公民依法维权、司法独立审判的典型案例。长沙市政府在一审判决之后,能够尊重审判结果,制止违法行政,体现了维护法律权威,建设现代法治政府的决心和姿态。

二、具体案情

(一)启动拆迁

2008年的长沙,不断有新闻报道,要对河西"堕落街"等地进行整治。2009年3月,《长沙晚报》一则题为"堕落街今起进行拆迁作业　大学生请勿再去溜达"的新闻告诉社会公众,拆迁真的要开始了。而坐落在"堕落街"中的凤凰山庄35户居民,便正好也在这个拆迁的范围之中。

2009年5月18日,长沙市岳麓山风景名胜区综合治理指挥部(以下简称拆迁指挥部)以自己的名义向凤凰山庄个别居民送去"拆迁资料",其中包含拆许字(2009)第46号房屋拆迁许可证以及长沙市政府发布的长政发(2009)4号《关于收回长沙市岳麓区湖南大学湖南师范大学等单位国有土地使用权的决定》。并称凤凰山庄已被列为拆迁范围;工作人员将长政发(2009)4号《关于收回长沙市岳麓区湖南大学湖南师范大学等单位国有土地使用权的决定》张贴在凤凰山庄小区院落的大门外墙之上,但凤凰山庄业主们称对此不知情。

2009年5月22日,拆迁指挥部再次以自己的名义向凤凰山庄全体业主发出新的告知书,载有此次拆迁的目的、意义、补偿政策,同时也明确了凤凰山庄小区属于拆迁范围。

其后,拆迁指挥部的部分工作人员分工包干专项负责针对凤凰山庄业主的拆迁工作。随着工作的深入,至2009年9月,凤凰山庄先后有四位业主签署了拆迁补偿协议,搬离了凤凰山庄。

(二)长政发(2009)4号文件

长政发(2009)4号《关于收回长沙市岳麓区湖南大学湖南师范大学等单位国有土地使用权的决定》(以下简称《收地决定》)。

内容为:"为加快长沙大河西建设步伐,提升城市品位,实施城市规划,根据《中华人民共和国土地管理法》第58条规定,经研究,决定收回长沙市岳麓山风景名胜区天马山景区范围内湖南大学等43家单位共计36560.41平方米国有土地使用权,涉及单位及具体位置界址以长沙市国土资源测绘院20080927012、20080927014号地籍测绘成果为准。如不服本决定,可在60日内向上一级人民政府申请行政复议,也可在3个月内向人民法院提起行政诉讼。"

《收地决定》共一页,决定后没有附加其他说明和附件。该决定没有向小区业主们送达,但后来据工作人员称,其张贴于凤凰山庄小区院落门外墙上。

凤凰山庄余下的31户业主经过讨论,认为市政府的收回土地使用权的行为存在违法性,决定委托湖南师范大学法学院法律实践小组(后来的漾翅法律实践团队)的同学们,针对长沙市政府的该收回土地的行政行为提起诉讼。

(三)行政诉讼

长沙市凤凰山庄余下31户业主,其中有4户业主因身份、距离等原因不便担任原告。但有27户业主委托了湖南师范大学法学院的同学们作为自己的代理人。同学们在老师的指导下,开展法律实践活动,经过认真准备,于2009年8月4日开始,分别代理27户业主,先后就长沙市政府收回湖南大学、湖南师范大学国有土地所有权的决定的行政行为向长沙市中级人民法院提起了行政诉讼,并在8月31日补全相关诉讼材料。长沙市中级人民法院受理后,于2009年9月3日向被告送达了起诉状副本和应诉通知书。

被告于2009年12月25日向法院提交了答辩状和作出具体行政行为的相关证据。

被告提交的证据包括:(1)建设部《关于岳麓山风景名胜区总体规划的批复》;(2)岳麓山国家重点风景区名胜总体规划;(3)湖南省建设厅、湖南省发展和改革委员会《关于下达湖南省2009重点建设项目的通知》;(4)长沙市大河西先导区管理委员会《关于岳麓山风景名胜区天马山景区提质改造工程立项的批复》;(5)长沙市岳麓区人民政府《关于岳麓山风景名胜区核心景区天马山景区提质改造工程立项的请示》;(6)长沙市发展和改革委员会《关于岳麓山风景名胜区环境整治工程可行性研究报告(代项目建议书)的批复》;(7)中共长沙市岳麓区委、岳麓区人民政府《关于印发〈岳麓山风景名胜区天马山景区综合整治工作方案〉的通知》;(8)长沙市国土资源测绘院20080927012、20080927014测绘成果各一份;(9)长沙市岳麓山风景名胜区天马山景区拟收回国有土地使用权告知书;(10)拟收回国有土地使用权土地现场张贴通告和告知书照片;(11)长沙市人民政府《关于收回长沙市岳麓区湖南大学湖南师范大学等单位国有土地使用权决定》;(12)长沙市人民政府在《长沙晚报》上的公告。以上证据用于证明自己所做出的收地决定合法有效。

法院认为:根据《土地管理法》第58条规定,有该条第1款规定的情形之一的,由有关人民政府土地行政主管部门报经原批准用地的人民政府或者有批准权的人民政府批准,可以收回国有土地使用权。虽然法律没有对收回国有土地使用权的程序作出具体规定,但行政机关在决定收回国有土地使用权时应当遵循"正当程序"原则。行政机关作出的具体行政行为在法律上被认定为存在并对行政职权的行政主体应当对相对人作出明确的具有效果意思的表示内容外,在程序上应当按照法律规定的时间和方式向相对人进行送达，依法送达是具体行政行为成立的必备条件，未经送达则具体行政行为不成立，当然也不具有法律约束力。根据本案庭审查明的事实，原告房屋所在的凤凰山庄的国有土地使用权属于市政府做出的长政发（2009）4号《关于收回长沙市岳麓区湖南大学湖南师范大学等单位国有土地使用权的决定》中被收回的范围，该宗地土地使用权已分户登记至包括原告在内的35 户住户名下……市政府在作出长政发（2009）4 号决定前没有单独书面告知原告，也没有将长政发（2009）4 号决定直接送达给原告，该决定对原告不具有法律约束力，原告提起诉讼的理由成立，本院予以支持。

长沙市中级人民法院将本案 27 户业主起诉市政府的个案合并审理，经湖南省高级人民法院批准延期 3 个月审期。经 2010 年 1 月 21 日开庭审理，于 3 月 17 日作出判决，确认被告长沙市人民政府作出的收地决定，相对于原告无效，即对提起诉讼的 27 户业主不发生效力。

原告获得了该案的胜诉。

该案随即在全国引起了密集的关注，被评为“2010 年湖南省十大最有影响力的法治事件”。

教学指导手册

教学对象及目标

本案例供法律硕士案例教学使用，法学本科、宪法与行政法学硕士、行政诉讼法学硕士也可以参酌使用。

本案例主要就如何在行政诉讼案件中抓关键、找要害，如何对行政行为进行定性，结合案例中所呈现的现实内容，对行政行为的合法要件进行讲授。具体要解决的问题包括：（1）如何解决行政诉讼中“告状难”的问题。（2）以凤凰山庄案情为例，学会判断并证明行政行为是否属于行政诉讼受案范围，是否具有违法性。同时，在理论上能够对行政诉讼的受案范围、违法性等问题进行更深层次的讨论,从而加深理解。(3)在接受委托后,代理人如何做好行政诉讼庭前准备。学会对事实证据进行法律分析,形成完整的案件解决思路。(4)在庭审阶段,如何举证、质证、发表代理意见,提高行政诉讼案件的质量。

■ 教学内容

1. 如何克服行政诉讼中“告状难”,进行起诉和立案?

我国第十二届全国人民代表大会常务委员会第十一次会议于2014年11月1日通过了关于修订《行政诉讼法》的修正案,并已于2015年5月1日起施行。依据新修订的《行政诉讼法》,我国行政诉讼长期存在的告状难等一系列问题,将得到很大的改善。

对于所谓的“民告官”,即行政诉讼案件,首先需要明确的是行政诉讼的职能。按照我国《行政诉讼法》的规定,行政诉讼的职能在于保护公民、法人和其他组织的合法权益,维护和监督行政机关依法行使行政职权,这也是在行政诉讼中践行平等保护司法理念所要遵循的基本原则。根据新修订的《行政诉讼法》第49条的规定:“提起诉讼应当符合下列条件:(一)原告是符合本法第二十五条规定的公民、法人或者其他组织;(二)有明确的被告;(三)有具体的诉讼请求和事实根据;(四)属于人民法院受案范围和受诉人民法院管辖。”

同时,第51条第1款又规定:“人民法院在接到起诉状时对符合本法规定的起诉条件的,应当登记立案。”这里强调的登记立案,是修订后关于立案工作的重大进步,对于克服告状难有较强的针对性。

凤凰山庄案件中,代理人前往法院提起诉讼的过程经历了十余次来回奔波。在当时针对立案法官提出的行政诉讼不存在确认之诉的问题,担任代理人的同学引据最高人民法院的司法解释,据理力争,终于获得受理。

其次,就是作为行政相对人需要提高自身的法律意识和维权意识。在意识到自身合法权益受到行政行为侵害时,要敢于运用法律武器维护自身合法权益。

最后，要善于选择和信赖合适的代理人。通过代理人的专业素养和个人品质，能够及时、有效地收集证据，运用法律知识对案件进行分析。代理人应当站在行政相对人的角度上，运用专业知识维护当事人的合法权益。

2. 如何对行政诉讼受案范围进行界定？

行政诉讼受案范围是指人民法院受理行政案件、裁判行政争议的范围。对于行政诉讼受案范围的界定在理论界和实务界都有很重要的意义。行政诉讼的受案范围决定了人民法院对行政机关依法行使行政权力进行监督的范围。作为行政诉讼法学研究的重、难点的行政诉讼受案范围，在行政诉讼制度中一直占有重要地位。对于一个国家来说，行政诉讼受案范围的大小，不仅是行政法治的重要体现，而且是对其公民权利保障程度的重要衡量标杆。自《行政诉讼法》颁布以来，行政诉讼法的受案范围问题一直是理论界讨论的热点议题。行政诉讼的受案范围解决的是何种行政争议可以纳入司法审查的问题。我国的《行政诉讼法》对行政诉讼的受案范围采取的是“概括性规定—肯定性规定—否定性规定”的模式。根据我国《行政诉讼法》第2条第1款之规定：“公民、法人或者其他组织认为行政机关和行政机关工作人员的行政行为侵犯其合法权益，有权依照本法向人民法院提起诉讼。”因此，判断行政行为是否属于行政诉讼受案范围，最重要的就是判断行政机关的行为是否为行政行为，且侵犯了自己的合法权益。我国通过对《行政诉讼法》的修订，将原来的受案范围限制在具体行政行为之中，修订为行政行为；将行政机关滥用行政权力排除或者限制竞争的，违法集资、摊派费用的，没有依法支付最低生活保障待遇或社会保险待遇的等行政行为纳入了受案范围。修订之后，新的行政诉讼受案范围得以扩大，更加有利于促进依法行政和保护相对人合法权益。

3. 如何开展案件调查和整理证据？

《行政诉讼法》第32条规定：“代理诉讼的律师，有权按照规定查阅、复制本案有关材料，有权向有关组织和公民调查，收集与本案有关的证据。对涉及国家秘密、商业秘密和个人隐私的材料，应当依照法律规定保密。当事人和其他诉讼代理人有权按照规定查阅、复制本案庭审材料,但涉及国家秘密、商业秘密和个人隐私的内容除外。”

凤凰山庄一案中,代理诉讼的同学们首先共同学习了相关法律、法规,然后来到凤凰山庄挨家挨户走访和调研,在收集了与争议有关的所有文件之后,对文件开始整理。最终认定长沙市政府的收回国有土地使用权的行为不具有合法性。

行政诉讼的举证责任是由被告方承担的。但依法收集证据依旧是原告方争取胜诉的重要手段和诉讼权利。代理人通过收集与本案有关的证据,复制案卷材料,能够为诉讼顺利进行以及帮助法院查明案情,提供积极的帮助。

4. 如何理解和划分行政诉讼中的举证责任?

《行政诉讼法》第34条规定:“被告对作出的行政行为负有举证责任,应当提供作出该行政行为的证据和所依据的规范性文件。被告不提供或者无正当理由逾期提供证据,视为没有相应证据。但是,被诉行政行为涉及第三人合法权益,第三人提供证据的除外。”该条规定确认了行政诉讼的举证责任是由被告承担的,而且依法还必须按时提交证据。对这条规则在诉讼时如何运用得当,需要认真把握。修订之后的《行政诉讼法》更加强化了被告人的举证责任,同时亦赋予了原告申请调取证据的申请权等。

在凤凰山庄案件中,被告方9月3日收到了人民法院送达的起诉状等资料,但12月25日才向人民法院提交答辩状和证据等,显然超过了应当正常提交证据的时间。仅据此,其亦应当败诉。

5. 行政相对人委托诉讼代理人的授权委托手续有哪些?

考虑到本案例所针对的教学对象今后工作的方向性,课堂上宜将行政相对人委托的代理人定位为律师。

办理授权委托手续,首先,律师所属的律师事务所要与委托人签订委托代理合同,该合同内容应当载明:(1)受托人指定某律师负责处理委托人委托事务;(2)委托人委托的具体事务;(3)受托人的尽职义务和委托人的如实告知义务等;(4)代理费的数额及支付方式、支付时间等。其次,律师本人与委托人之间还须签订授权委托书,内容包括一般代理和特殊授权等。所有手续完成后,代理人应将律师事务所出具的律师事务所公函以及委托书交给人民法院备案,随后代理人便可以以被代理人名义进行相关的代理行为了。

6. 代理人如何撰写行政起诉状和代理词?

在行政诉讼的过程中,起诉状是引起行政诉讼程序的起点。其格式应当记明以下事项:(1)当事人的姓名、性别、年龄、民族、职业、工作单位、住所和联系方式;法人的名称或其他组织的名称、住所、法定代表人或主要负责人姓名、职务;(2)诉讼请求;(3)提起诉讼请求所依据的事实与理由。撰写起诉状应当注意:(1)诉讼请求的简洁、明确、合理、适度;(2)描述事实和理由时保证事实各要素的清楚、全面,尽量保持语言的文明性,并记得阐明起诉的理由。

7. 如何举证质证?

举证即提供证据并说明其证明作用,是诉讼环节中还原事实,充分证明诉讼主张的关键环节。举证需要在举证期限内向法庭提供证据、申请证人作证并提供证人名单、申请法庭调查取证、申请司法鉴定;在庭审中的举证环节,需要对每一份证据进行说明,内容包括证据的形式类别、证据的来源、证据的内容、证据所要证明的事项。

质证则是由当事人围绕证据三性,即其真实性、关联性、合法性,针对证据证明力有无以及证明力大小进行质疑、说明与辩驳。

举证、质证时应当注意语言要简练、准确,逻辑清楚,注意使用法律语言。

课堂时间安排

本案例在现实中作为"民告官"行政诉讼案件胜诉的典范,可以作为专门的案例教学课来进行,课堂安排9个课时,每课时45分钟。

课堂设计如下,仅供参考。

1.课前计划:安排学生阅读案例及相关参考资料,对整个案例所涉及的问题进行思考。

2.课中计划:(1)课时1:介绍教学目的,对学生进行分组。引导学生对案例进行阅读分析,明确案情,逐步回答所涉及的思考题。(2)课时2、3:分组讨论,对实践题的答案进行撰写,最终进行讨论和完善。(3)课时4、5、6、7:小组组合,依次按照实践题的要求,作为原告代理方展示成果,模拟庭审程序,在模拟中可邀请已展示过的小组和教师共同参与,分别担任被告方和审判方。(4)课时8、9:教师进行点评并归纳总结,引入对实践中所遇到问题更深层次的理论讨论。

3.课后计划:布置学生课后进一步思考行政诉讼案件中作为行政相对人的代理人如何维护当事人的诉权,如何证明行政机关行为的违法性。

■ 思考题和实践题

1.思考题

(1)凤凰山庄提起诉讼的有27户业主,没有提起诉讼的另外4户业主是否还可以再行起诉?

(2)本案中长沙市政府收回国有土地使用权的行为属于何种性质的行政行为?

(3)如果你是凤凰山庄的业主,你认为除了可以就长沙市政府颁布的土地征收决定提起行政诉讼维护权益外,还有什么其他途径可以纠正市政府的决定?

(4)此案中拆迁许可证的发放属于什么行政行为?

(5)凤凰山庄的业主就收地决定提起诉讼,应向哪一级法院起诉,起诉时需要提交哪些材料?

(6)人民法院应如何审查相对人提交的起诉材料?

(7)人民法院审查起诉材料之后,应作何处理?

(8)根据《土地管理法》,行政机关做出收回土地决定之前,应当履行哪些程序?长政发(2009)4号《关于收回长沙市岳麓区湖南大学湖南师范大学等单位国有土地使用权的决定》文件的合法性存在哪些问题?

2. 实践题

(1)假如你是本案凤凰山庄业主起诉时所委托的代理人,请结合本案案情,为他们撰写一份起诉状。

(2)作为本案凤凰山庄业主的代理人,哪些证据材料能证明长沙市政府的收地决定违法?请根据以上案情,编写证据清单。

(3)替凤凰山庄业主蒋××准备一套去法院起诉需要的材料。

(4)结合本案案情,对被告长沙市政府的证据材料进行质证。

(5)请根据以上案件信息,分析长沙市政府的拆迁行为有哪些违法之处?长政发(2009)4号《关于收回长沙市岳麓区湖南大学湖南师范大学等单位国有土地使用权的决定》是否无效?并为因收回土地决定提起诉讼的凤凰山庄业主撰写一份代理词。

参考文献

1. 姜明安:《行政诉讼法》,高等教育出版社、北京大学出版社2011年版。

2. 肖晗:《法律文书原理与实务》,湖南师范大学出版社2010年版。

3. 江川:《凤凰山庄业主打赢民告官案》,载《民主与法制》2010年第15期。

撰稿人|黄捷,湖南师范大学法学院教授

7 CASE 刘某诉A海洋与渔业局行政诉讼案

| 摘　要 |

本案例以一起真实的海域使用权纠纷案件为蓝本，围绕海域使用权不予续期的行政不作为行为合法性问题，展开对以行政诉讼程序为主的各知识点的讨论，涉及行政案件的受理、诉讼当事人资格的认定、行政证据的举证责任、证据的交换与运用、行政审判程序的一般问题以及行政程序与破产程序交叉中债权人的救济权等。案例内容涵盖行政法与破产法、物权法等相关实体及程序规则和多个部门法规定。本案不仅包括一般的程序和实体法知识点，还涉及深层次的法理思考问题，如海域使用权的性质问题、破产程序中如何完善债权人的程序异议权问题等。本案例对于学生理解行政诉讼主体资格的法理精神和律师代理行政不作为案件的诉讼过程、处理行政案件与破产案件交叉问题，具有典型的参考意义。

| 关键词 |

行政立案　当事人资格　海域使用权　举证责任　破产程序

| 教学目标 |

本案例集中了行政诉讼与民事诉讼中破产程序的复杂法律关系。教学目的是通过综合案例的演练，着重使学生掌握如下问题：

1. 程序方面问题：(1)在行政诉讼立案阶段，律师应重点解决的问题是：如何保障行政诉讼立案；当事人资格的确认；如何撰写起诉状；如何有效地收集证据和进行证据的交换、质证。(2)在行政诉讼审判阶段，对本案例涵盖行政诉讼的立案条件、庭审准备程序、程序的运用，破产立案程序、清算程序，律师应如何从事各项参与诉讼活动，如何质证，如何撰写代理意见。(3)在破产案件受理后，律师如何通过参与破产程序行使债权人的异议权；如何在破产清算中保护债权人的正当权益。

2. 实体方面问题：(1)海域使用权作为特许物权的特殊性和尚在续期程序的海域使用权性质的认定。(2)行政诉讼当事人直接利害关系人、间接利害关系人的识别。(3)在涉及行政确权案件与破产案件交叉中，如何解决两种程序的交叉适用问题，尤其是提出具体的案件处理思路、分析步骤、事实认定与法律分析之间的基本框架。

教学案例主文

A市某国有盐场（以下简称盐场）曾在1988年5月至1998年7月间与中国工商银行A市分行（以下简称A市分行）签订了贷款合同13笔，到期均未清偿，合计本息235000780元。2005年，A市分行将以上债权转让给中国长城资产管理公司B市办事处（以下简称长城办事处）。2007年，经生效判决确认，盐场应偿还所欠本金及利息。在判决执行过程中，长城办事处将该债权转让给刘某，B市中级人民法院（以下简称B市中级法院）裁定查封了盐场名下的海域使用权，从而进入拍卖程序。在海域使用权查封期间，2013年3月6日，A市海洋与渔业局做出关于《盐场海域使用证不予续办的函》。2014年2月13日，C市中级人民法院（以下简称C市中级法院）受理了刘某提起的A市海洋与渔业局行政不作为诉讼，请求法院撤销A市海洋与渔业局不予续办海域使用权证的行政行为。2014年2月12日，A市中级人民法院（以下简称A市中级法院）作出受理盐场破产申请的裁定。刘某债权陷入不能清偿的危险境地，由此刘某及其委托代理人开始艰难的维权之路。

一、本案涉及的相关主体

（一）原告：债权人刘某

刘某，男，43 岁，水产养殖个体业者。家住甲省 A 市普华区世纪家园社区 5 号楼 9 单元 1 号。拟经过受让债权，利用自身丰富的水产养殖经验，发展水产养殖事业。2010 年 12 月 29 日受让盐场债权的同时，享有查封海域使用权的保全利益。

（二）被告：A 市海洋与渔业局

海域使用权行政管理部门；

地址：A 市开发区福建路 7 段 6 号；

法定代表人：周志军。

（三）诉讼第三人：A 市盐场

企业法人营业执照：210996961275385；

企业类型：国有企业；

注册资本：500 万；

法人代表：郑成功；

企业经营范围：盐业生产与销售；

地址：甲省沿海城市 A 市开发区。

1949 年建厂，截至法院宣告破产之时，拥有职工 800 人（其中在职职工 105 人，其余 695 人为离退休职工），拥有海域使用权 45000 亩，其用途为海盐生产。因经营不善，截至 2002 年，盐场全面停止盐业生产，仅靠出租滩田、设备等获取的收益，维持职工的开支。对于刘某的债务没有履行清偿义务。经向法院申请，依法被申请破产。

（四）相关法院

1. B 市中级法院。依（2009）中执字第 439 号裁定，确认刘某为合法的执行申请人，即盐场的债权人。2013 年 1 月 16 日，依〔2013〕民裁字第 361

号裁定,查封了盐场名下的海域使用权和划拨用地使用权。查封期限自2013年12月24日至2015年12月23日。

2. C市中级法院。2014年2月12日,受理了A市盐场的破产申请,并完成了破产清算程序。

3. A市中级法院。2014年2月13日,受理了对刘某诉A市海洋与渔业局行政不作为案件,并依法对案件开庭审理。

二、接受不良资产包,刘某受让债权

盐场曾在1988年5月到1998年7月间,与A市分行签订了13笔贷款合同,债务到期,盐场均未清偿贷款,拖欠本息合计235000780元。2005年7月15日,A市分行将上述债权转让给长城办事处。证据显示,A市分行与盐场以自己名下的划拨使用权就13笔债权分别签订了13份抵押合同,该担保权益均未办理抵押登记。盐场拥有划拨使用权45000亩,进行抵押时并没有按规定经过相关部门批准,也没有将土地使用权利证书、海域使用权证书交付给A市分行。经A市中级法院判决,长城办事处与盐场的贷款合同和抵押合同有效,但抵押权不成立(判决书〔2009〕A民三初字第96号)。判决生效后,双方当事人均未提出上诉,也没有办理抵押登记等事宜。

判决由B市中级法院执行。在生效判决执行过程中,2010年12月29日,长城办事处通过竞标的方式与刘某签订了债权转让协议,将其就上述判决所享有的235000780元债权本息作为不良资产打包,以1.5亿元的价格转让给刘某,并依法履行了法定的审批手续、通知义务和债权证书移交程序。债权转让过程如下:长城办事处将其对盐场的债权在天津产权交易所挂牌半年,无人摘牌。长城办事处又组织有意向购买人集合竞价,最高报价为1.2亿元,长城办事处拒绝出售。刘某提出购买时,长城办事处已多次在当地省级报纸刊登债权转让公告,但公告发出后无人登记,只有刘某有购买意向。按中国人民银行《银行不良资产处置程序》的有关规定,地方政府在1个月内有优先购买权,故长城办事处发函通知该市政府、债务人所在的区政府可以优先购买,但1个月后两级政府均表示放弃购买。2010年12月29日,长城办事处与刘某完成债权转让协议签订程序,同时,转让人向受让人移交了全部债权资料的原件。按照债权转让合同约定,自受让债权之日起,债权的利息停止计算。B市中级法院做出裁定,变更刘某为执行申请人(裁定书〔2010〕沈中执字第439号)。

因经营不善和债务等方面影响制约,从2002年开始,债务人盐场全面停止盐业生产,职工放长假,而后被市政府列为市特困企业。据2013年12月2日A市审计局出具的资产负债清单显示:盐场资产约29930万元,债务约62071万元,账面记载约44236万元。但事实上,盐场仍有两大巨额资产即海域使用权与划拨用地使用权。

三、债权寄托海域使用权,法院查封待执行

(一)海域使用权的自然情况

依海域使用权登记簿记载,盐场享有的海域使用权与划拨用地使用权为同一海域范围。

1989年3月,盐场以划拨的方式取得了土地使用权45000亩,依据是甲省人民政府颁发的人民政府土地批件和国家土地管理局的批函。1997年9月2日甲省土地管理局、甲省盐务管理局发布《关于划定盐业工程设施管理范围和保护范围的通知》,A市土地管理局向盐场发放划拨土地使用证(证书号A证地字〔1997〕148号)。根据2009年相邻地块政府的征收补偿价格,参照同类地块土地使用权市场交易价格1.7万元/亩,盐场划拨土地使用权的总价值约为7.65亿元。

盐场享有的海域使用权面积45000亩(国海证NO990122562号)。该海域使用权由国家海洋局于2002年4月向盐场颁发,证书载明:用途是用于海盐生产;批准使用期限2002年4月1日至2013年4月1日;证书同时附图指示出具体的使用区域和四至。该海域使用证年检登记处缴费和年检的记录显示,自2006年4月28日至2013年,缴费和年检处于空白。使用证尾页的注意事项中载明:"4. 需要年检的海域使用许可证,必须按时进行年检,否则视为无效。"

2012年,经B市中级法院委托鉴定机构评估,盐场的海域使用权资产价

值为8.1亿元(评估报告的有效期为1年)。

(二)海域使用权的查封情况

长城办事处诉盐场贷款合同纠纷判决后,因盐场未按期履行义务,经长城办事处向B市中级法院申请,对盐场进入强制执行程序。经长城办事处申请,2013年1月16日,B市中级法院做出裁定(〔2013〕民裁字第361号),查封了盐场的海域使用权和土地使用权,查封期限为2013年2月4日至2015年2月4日。

(三)盐场特困申请缓缴费,海洋与渔业局拒续期

根据A市海洋与渔业局海域登记资料显示,2007年至2012年间,盐场未缴付海域使用金,共欠缴海域使用金和滞纳金362.55万元。鉴于经营困难和国营企业的特殊性,盐场于2013年3月6日向A市海洋与渔业局提出缓缴海域使用金的书面申请。盐场所在地的A市凌河区人民政府文件曾作出凌政《凌河区人民政府关于办理盐场海域使用权证的请示》(〔2013〕53号当时的政策规定,盐场作为国有企业归属所在区政府管理),甚至刘某也曾提出由自己来代替交付海域使用金,但凌河区政府没有同意(有录音证据)。2013年4月17日,A市海洋与渔业局向A市财政局发出《商请盐场缓缴海域使用金的函》,请财政局协助办理该项目海域使用金的缓缴事宜,由主管副市长批准。但2013年12月6日A市海洋与渔业局做出了《关于盐场海域使用权证书不予续办的函》,并于次日送达盐场。内容为:“A市盐场:根据《海域使用管理法》《海域使用权登记办法》及《甲省海域使用管理办法》相关规定,你单位的《国家海域使用许可证》已于2013年4月1日到期,经A政府办公会研究决定,对你单位海域使用权证不予续办,由A人民政府批准后予以收回。特此函告。”

2013年12月10日,A市国资委向B市中级法院发函(A证函〔2013〕114号),称盐场自2007年起就欠缴海域使用金,A市海洋与渔业局已经做出依法不予续办的决定,由A市人民政府批准后拟收回海域使用权;法院查封的海域使用权证已失效,应当解除查封,中止执行程序。B市中级法院没

有支持A市国资委解除查封的主张，继续维持了查封裁定的效力。

（四）行政立案受退阻，上告高院获指定

刘某以A市海洋与渔业局为被告、盐场为第三人，于2013年12月19日向A市开发区法院提起诉讼，请求法院撤销A市海洋与渔业局行政行为。但A市开发区法院在收到起诉状7天后，电话通知刘某不能受理案件，理由是，原告刘某不具备当事人的资格。刘某又向A市中级法院提起诉讼，也以同样的理由被驳回。A市中级法院和开发区两级法院均未作出不予立案的书面裁定。一个月后，刘某向A市所在的甲省高级人民法院提起诉讼。甲省高级人民法院下达指定管辖裁定书，指定本案由C市中级法院管辖。2014年2月13日，C市中级法院下达了受理案件通知书（〔2014〕B中行初字第00001号）。

刘某的诉讼请求为：（1）撤销被告关于盐场海域使用权证不予续办的决定，责令被告续办海域使用权证。（2）责令被告承担诉讼费用。

原告认为，被告的行为不合法。理由如下：

1. 被告不予续办海域使用权证不符合《海域使用管理法》的规定。该法第26条规定："海域使用权期限届满，海域使用人需要继续使用海域的，应当至迟于期限届满前二个月向原批准用海的人民政府申请续期。除根据公共利益或者国家安全需要收回海域使用权的外，原批准用海的人民政府应当批准续期。准予续期的，海域使用权人应当依法缴纳续期的海域使用金。"因此，原则上，海域使用期满时，被告应当为第三人的海域使用权续期，在不存在公共利益和国家安全的法定收回情形下，被告拒绝续期于法无据。

2. 被告的决定违反了法定程序。被告作为主管海域使用权的行政机关，其发放和续期海域使用证属于行政许可事项，是否续期，应当按照《行政许可法》的规定履行法定的听证程序。《行政许可法》第47条第1款规定："行政许可直接涉及申请人与他人之间重大利益关系的，行政机关在作出行政许可决定前，应当告知申请人、利害关系人享有听证的权利；申请人、利害关系人在被告知听证权利之日起五日内提出听证申请的，行政机关应当在二十日内组织听证。"本案中，原告作为债权人对于第三人的盐场海域使用权享有债权人的受偿权，在盐场被债务人查封，且第三人没有其财产清偿债权的情况下，海域使用权存续涉及自己的重大经济利益，属于行政许可的利害关系人。被告未履行听证告知义务，也没有举行听证会，直接做出了不予续期的决定，属于程序违法。

原告刘某提供的证据清单如下：

(1)2008年12月29日C市中级法院关于长城办事处确认13份债权的民事判决书(判决书〔2009〕A民三初字第96号)，原件一份。

(2)2010年2月9日长城办事处与刘某的债权转让协议原件一份。

(3)2010年1月15日B市中级法院执行裁定书(裁定书〔2009〕沈中执字第439号)，将执行人由长城办事处变更为刘某。原件一份。

(4)长城办事处资产销售公告，复印件一份。

(5)长城办事处发给市政府、区政府的函及送达通知，复印件一份。

(6)1989年甲省人民政府颁发的省人民政府土地批件〔1989〕国土函字第107号，复印件一份。

(7)1997年9月2日国家土地管理局向甲省人民政府发函《关于A盐场改扩建工程征(拨)用地的复函》，答复内容为同意A市盐场合计征(拨)用的45000亩土地，复印件一份。

(8)2002年国家海洋局颁发的海域使用许可证，载明海域使用者为“A市盐场”，海域地址、项目名称及用途，使用海域面积45,000亩。批准使用期限2002年4月1日至2013年4月1日。年检登记至2006年4月28日，复印件一份。

(9)2013年3月6日盐场《致A市海洋与渔业局关于缓缴海域使用金的申请书》，复印件一份。

(10)A市凌河区政府与刘某商请续交海域使用金的录音带一份。原件一份。

(11)2013年12月16日A市海洋与渔业局《A市海洋与渔业局关于盐场海域使用权证书不予续办的函》，原件一份。

(12)2013年1月16日B市中级法院查封裁定(〔2013〕民裁字第361号)，原件一份。

按照上述目录所示序号,被告提交的证据为:

第一,证据(3)、(8)、(11)的原件各一份,原件内容与原告出示的相同。

第二,《海洋管理法》《辽宁省海洋管理办法》。

3. 被告答辩认为:

(1)当事人主体不适格。

第一,原告主体不适格。法院应依法告知原告变更被告,原告不同意变更的,应裁定驳回起诉。

第二,被告主体不适格。A 市人民政府做出不予续办其海域使用证的决定完全合法,且依照该法律的规定有最终裁决的权力,答辩人是市政府职能部门,系依照 A 市人民政府的决定和自身职责向 A 市盐场书面函告市人民政府的决定,只是履行告知职责,而不是做出该项决定。实际做出该项决定的主体是 A 市人民政府而不是答辩人。

因此,刘某以答辩人为被告起诉答辩人依照 A 市人民政府的决定函告盐场,不属于法定的行政诉讼受案范围,贵院应依法裁定不予受理或驳回起诉。

根据《行政诉讼法》第 14 条第 4 款的规定,人民法院不受理公民、法人或者其他组织对法律规定由行政机关最终裁决的具体行政行为提起的诉讼。《A 市海洋与渔业局关于盐场海域使用权证书不予续办的函》,系答辩人依据 A 市人民政府根据《海域使用管理法》第 29 条、第 48 条的规定作出收回 A 市盐场海域使用权的决定,履行自身告知义务的行为,A 市人民政府对于不予续办盐场的海域使用证有最终裁决的权力,海域法系全国人民代表大会及其常务委员会制定、通过的规范性文件,根据《行政诉讼法》第 12 条第 4 款和最高人民法院《关于适用〈中华人民共和国行政诉讼法〉的解释》(以下简称《行政诉讼法解释》)第 1 条第 1 款的规定,贵院应裁定不予受理或驳回原告的起诉。

(2)被告行政程序合法。

答辩人的《A 市海洋与渔业局关于 A 市盐场海域使用权证书不予续办的函》,是依据依法由最终裁决效力的机关 A 市人民政府的决定向盐场作出的履行自身告知义务的行为,并非原告主张的行政许可行为,不适用《行政许可法》的规定。该告知行为与盐场的海域使用权存续情况没有因果关系（与该权利存续情况有关的是A盐场自身经限期催缴仍不履行海域使用金等行为，该行为导致A市人民政府依法作出决定收回其海域使用权的行为），因此，与原告也不存在利害关系，对原告对A盐场享有的债权没有丝毫实际影响，根据《行政诉讼法》第12条第2款和《行政诉讼法解释》第1条第6款的规定，公民、法人或者其他组织对公民、法人或者其他组织权利义务不产生实际影响的行为不服提起诉讼的，不属于人民法院行政诉讼的受案范围。原告如认为A盐场海域使用权许可证未能续办给其造成损失的，应向盐场另行提起民事诉讼（因盐场已依法破产，原告应向破产案件受理的法院起诉）。即使盐场破产，原告也依然可以通过申报破产债权按顺序受偿，贵院应依法裁定不予受理或驳回原告的起诉。

2014年3月1日，C市中级法院合议庭组织进行了预开庭，双方当事人及其代理人进行了证据交换，3月8日合议庭公开开庭审理了案件。

2014年5月7日，C市中级法院作出撤销A市海洋与渔业局行政行为的判决，责令30日内重新作出对盐场的海域使用权续期的许可。

（五）行政诉讼遇破产，刘某债权险落空

2014年2月10日，盐场以资不抵债为由，向A市中级法院提出破产申请。2014年2月12日，A市中级法院作出民事裁定，受理了盐场的破产申请[裁定书(2014)A民一破字第2-1号]。由于系2014年春节假期，A市中级法院2月7日才开始上班，当月12日法院就裁定受理案件，并于14日在最高人民法院报上发布受理通知和第一次债权人会议时间和地点的公告。公告内容如下：本院根据盐场的申请于2014年2月12日裁定受理盐场破产清算一案，并于同日指定盐场破产清算组为破产管理人。盐场的债权人应自2014年4月20日前，向盐场破产管理人申报债权，并书面说明债权数额和有无财产担保，同时提交有关证据。逾期未申报债权的，依据《企业破产法》第56条的规定处理。A市盐场的债务人或者财产持有人应当向A市盐场破产管理人清偿债务或交付财产。第一次债权人会议定于2014年5月9日上午9时在A市鼓楼大厦10楼会议室召开。债权人出席会议应向

本院提交营业执照、法定代表人身份证明、授权委托书,或个人身份证明、授权委托书等文件。落款为甲省A市中级法院。

A市中级法院于2014年2月18日又向B市中级法院发出了解除查封裁定的函,B市中级法院未予答复。2014年2月20日,刘某到A市中级法院问询案件,办案人亦拒绝复印有关破产申请材料。刘某于2014年2月19日向A市中级法院、甲省高级人民法院提出书面异议,请求中止破产程序,并撤销破产受理裁定。异议理由如下:

1. 存在诉讼中止的合法条件。(1)异议人刘某诉A市海洋与渔业局行政诉讼一案已由B市中级法院受理,裁决尚未下达。(2)《破产法》第30条规定:"破产申请受理时属于债务人的全部财产,以及破产申请受理后至破产程序终结前债务人取得的财产,为债务人财产。"债务人申请破产必须将全部财产统一回归清算,统一用于清偿债权。海域使用权是盐场的财产权益,决定债务人用于还债的破产财产范围,现在关于债权人诉A市海洋与渔业局的海域使用权证续办的行政诉讼尚未作出终审裁决,破产程序不应启动。(3)《民事诉讼法》第150条第1款第5项规定,本案必须以另一案的审理结果为依据,而另一案尚未审结的;应当中止诉讼。

2. 盐场不符合资不抵债的法定破产条件。(1)《破产法》第2条规定:"企业法人不能清偿到期债务,并且资产不足以清偿全部债务或者明显缺乏清偿能力的,依照本法规定清理债务。企业法人有前款规定情形,或者有明显丧失清偿能力可能的,可以依照本法规定进行重整。"(2)根据《民事裁定书》[(2014)A民一破字第2-1号],盐场资产总额为290256025.23元,破产债务总额为620712053.42元,但是根据2010年B市中级法院委托评估,海域使用权价值8.1亿元,如果将海域使用权纳入破产财产,足以清偿A市盐场的债务。(3)《民事裁定书》[(2014)A民一破字第2-1号]查明盐场的债务数额为620712053.42元,盐场2012年7月9日提交的、截至2011年12月31日的《资产负债清单》中债务总额为620712053.42元,此数额与海域使用权的8.1亿元资产相比,以及划拨用地使用权价值7.65亿元相比,根本不构成资不抵债。

3. 海域使用权作为物权尚存,应作为有效财产对待。根据《物权法》第

122条的规定:“依法取得的海域使用权受法律保护。”《物权法》专门在第10章将海域使用权规定为用益物权;按照《海域使用管理法》的规定,海域使用权实行行政许可制度(第6条第1款),国务院批准用海的,由国务院海洋行政主管部门登记造册;地方人民政府批准用海的,由地方人民政府登记造册(第19条),依法登记的海域使用权受法律保护(第6条)。(1)按照不动产物权变动登记的规则,A市海洋与渔业局、A市政府并没有注销盐场的海域使用权证书,海域使用权有效存在。(2)海域使用权证虽然已经到期,但盐场已提出续期的申请,A海洋与渔业局作为批准续期的行政许可机关,并没有在规定期限内作出是否续延的决定。按照《行政许可法》第50条第2款规定:“行政机关应当根据被许可人的申请,在该行政许可有效期限届满前作出是否准予延续的决定;逾期未作决定的,视为准许延续。”

对于刘某的异议申请,A市中级法院没有给予答复,按照预定的时间召开第一次债权人会议,刘某申报了债权本金和利息。经信访途径,甲省高级人民法院立案一庭的法官解释刘某的异议申请不合理的原因是:第一,按照破产法规定,债权人对程序没有异议的权利;第二,划拨用地使用权在国有企业破产时,按照2003年4月18日起施行的最高人民法院《关于破产企业国有划拨土地使用权应否列入破产财产等问题的批复》(法释〔2003〕6号)第1项的规定:“根据《中华人民共和国土地管理法》第五十八条第一款第(四)项及《城镇国有土地使用权出让和转让暂行条例》第四十七条的规定,破产企业以划拨方式取得的国有土地使用权不属于破产财产,在企业破产时,有关人民政府可以予以收回,并依法处置。纳入国家兼并破产计划的国有企业,其依法取得的国有土地使用权,应依据国务院有关文件规定办理。”盐场系国有企业,划拨用地使用权不列入破产财产。海域使用权已经到期,未予续展,由国家享有所有权和使用权,已经不能作为盐场所有的财产。

因刘某多次上访的压力,2014年5月15日,A市人民政府与刘某达成收购土地使用权和海域使用权的协议。5月15日,刘某向C市中级法院申请撤诉。C市中级法院认为,原告申请撤诉未侵害国家利益、社会公共利益和第三人利益,也无第三人提出异议,经合议庭合意,做出准许撤诉的裁定

(裁定书〔2014〕C中行初字第00001号)。本案刘某同时向破产管理人申请撤回了破产债权的申报。至此,刘某的维权之路画上了句号。

教学指导手册

教学对象及目标

本案例供法律硕士案例教学使用,法学本科(大四)、行政法学硕士研究生也可参照使用。

本案例的教学目标为:通过演练和指导学生的案例处理与操作过程,掌握行政诉讼的程序过程和相关律师业务,培养学生参与并进行行政诉讼业务的能力。涉及主题包括:(1)如何代理行政当事人提起行政诉讼?(2)如何处理以证据为核心的诉讼活动,包括证据收据、举证、证据交换、质证?(3)如何撰写行政诉讼相关法律文书?(4)如何参加庭审活动?(5)如何处理行政案件与民事案件的交叉问题?(6)以本案海域使用权行政续期行为为例,如何解决行政诉讼的原告资格认定和行政程序瑕疵对行政行为合法性的影响?尤其是处理具体案件的思路、分析步骤、事实认定和法律适用的基本框架。

教学过程中,还应提示学生开展本案附带引发的法理思考。例如,海域使用权行政许可程序中的物权法问题;行政诉讼对于破产程序的效力问题等。

教学内容

1. 在行政诉讼立案阶段如何维护原告的起诉权?

行政诉讼立案是司法解决当事人纠纷的起点,也是行政诉讼的重要问题和行政诉讼实践的疑难问题。因而行政相对人的代理律师在接受委托后,首先要确定立案的条件和准备相关的证据。(1)就一般问题而言,首先,考虑争议行政案件的处理是否存在前置的复议程序及其复议的结论性证据;其次,选择司法救济且起诉符合法定起诉权要件的,要选择受理诉讼的法院,确认行使诉权的行政诉讼原告资格、被告资格和相关的证据。(2)就本案而言,当事人不服争议的海域使用权续期行政行为,而《行政许可法》和《海域使用管理法》又没有设置前置复议程序的,当事人的代理人应考虑径行向法院起诉,并认真审查原告与被告资格和相关证据。尤其是在本案基层法院即开发区法院拒绝受理、A市法院也拒绝受理之后,如何与上级法院沟通,以推动案件受理,保护当事人的起诉权。

2. 律师如何收集证据并有效行使举证的权利?

律师代理行政诉讼除了遵守证据的一般性规则,还应从行政诉讼的特殊规则出发,收集、出示有利于当事人的证据。重点解决:

(1)律师如何保证行政诉讼证据的关联性。行政诉讼的证据是指一切用来证明案件事实情况的材料。这些证据原则上在行政程序中已产生或确定。包括书证、物证、视听资料、证人证言、当事人的陈述、鉴定结论、勘验笔录、现场笔录。

(2)律师如何代理不同的当事人行使举证权利。作为被告的行政机关作出行政行为应当遵循"先举证、后裁决"的原则,即使原告提供的证据不成立的,不免除被告对被诉具体行政行为合法性的举证责任。因此,按照行政诉讼举证责任的分配规则,被告对于所作出的行政行为负有证明行政行为合法的责任。作为被告方的代理人应当提供作出该具体行政行为的证据和所依据的规范性文件;作为原告方代理人,由于《行政诉讼法》规定,原告有举证的权利,原告代理人可以提供证明被诉具体行政行为违法的证据。

(3)律师应当注意在举证期限内行使举证权。按照《行政诉讼法》规定,被告应当在收到起诉状副本之日起10日内,提供作出被诉具体行政行为的证据和依据。被告不提供或者无正当理由逾期提供证据的,视为被诉具体行政行为没有相应的证据。原告或者第三人应当在开庭审理前或者法院指定的交换证据之日提供证据。本案中,由于案情复杂,原告代理人应注意按照法院指定的证据交换时间，获得被告方提供的证据，同时还应按照规定，贮备提供专属于原告方对某些事项承担举证责任的证据，包括：起诉时，应当提供其符合起诉条件的证据材料；在起诉被告在依申请行为的不作为案件中，原告应当提供其在行政程序中提出申请的证据。

（4）本案行政不作为行为作为诉讼的对象，主要证据为书证，因此，律师应该特别注意书证的证据能力的审查和判断。第一，提供书证的原件，原本、正本和副本均属于书证的原件。提供原件确有困难的，可以提供与原件核对无误的复印件、照片、节录本。第二，提供由有关部门保管的书证原件的复制件、影印件或者抄录件的，应当注明出处和核对印章的真实和印章机构的法定权限。第三，提供报表、图纸、会计账册是否附有说明材料。第四，被诉具体行政行为所依据的询问、陈述、谈话类笔录，应当有行政执法人员、被询问人、陈述人、谈话人签名或者盖章。

3. 律师如何撰写代理意见？

律师撰写代理意见是行政诉讼最为核心的工作之一。结合本案争点，撰写代理意见的具体内容包括：（1）对本案的原告是否具备起诉条件进行法律规则和法理的分析，根据已有的证据加以证明，并指出对方的当事人资格的观点和证据不合法。（2）整理本案当事人诉请和争议的焦点，合理确定诉讼请求。（3）提出对方当事人主张是否合法、是否具备事实依据和法律依据的意见，应从实体规则和行政程序、诉讼程序两方面剖析，并充分展开和利用自己已有的全部证据加以证明。例如，直接利害关系人的实体利益关系分析与证明，海域使用权不予续期的行政许可听证程序问题，被告行政行为的合法性和合理性分析。（4）对与本案有关的现有法律、法规及司法解释进行分析，寻找对当事人有利的法律法规和司法解释上的根据，包括最高人民法院的指导性案例，尤其注意在本案原告利害关系人确认问题中，最高人民法院关于扩大行政诉讼原告范围，保护行政相对人正当诉权的最新司法政策。（5）对被告行政行为“海域使用权证不予续办的函”的法律性质和效力加以分析，证明行政行为的可诉性。撰写律师代理意见的形式要求包括：（1）观点明确，针对案件的争点和问题，逻辑清楚；（2）证据分析与法律分析部分界限分明,言之有据;(3)层次分明,逻辑顺畅;(4)篇幅合理,语言规范简练;(5)法理分析适用通行的观点和权威的论理;(6)语言生动、得体,避免过激。

4. 律师在行政案件审理中如何发挥代理职能?

(1)对于复杂的行政案件,如果受诉法院进行预开庭程序,律师应积极参与,充分准备。其职能是:第一,确认双方当事人、代理人主体资格;第二,交换证据或证据目录,无异议的在正式开庭时可以不再质证;第三,明确案件争点,在法庭主持下经双方同意确定案件争议焦点,在正式开庭时节约诉讼资源。

(2)律师应当协助委托人行使某些诉讼权利。律师应告知其有申请回避的权利;申请延期审理的权利;法庭审理中向证人、鉴定人发问的权利;放弃或变更诉讼请求的权利,并告知委托人这些权利的具体内容,帮助委托人行使好这些权利。

在参与法庭审理阶段,律师通过积极参与法庭调查,事先积极准备,全面而仔细地阅读卷宗,针对各项证据材料提出有利于当事人的主张和相关证据,反驳对方的主张和证据,对于对方的证据瑕疵和证明效力作出有根据的判断,从而否定、抵消对方的诉请请求。律师在法庭上不仅要及时地举证,还要对证人、鉴定人适时发问,从而帮助法院查清待证明的事实,并说服法官,形成心证,支持本方的诉讼请求。

律师在法庭辩论过程中应注意发表意见要重点突出、说理充分,发言要遵守法庭纪律。

(3)结合本案,原告的代理律师应当围绕着被告行政机关实施的具体行政行为是否合法、是否履行了其应履行的法定职责,是否显失公正提出代理意见。如果行政机关实施的具体行政行为证据不足,或适用法律、法规错误,或违反了法定的程序等,代理律师应及时向人民法院提出,请求人民法院作出撤销该具体行政行为的判决。

5. 律师在本案中还有哪些需要特殊处理的问题?

现代行政行为多与国家经济管理行为相关,因此,具体行政行为经常与市场主体的财产行为相关联。本案整体事实涉及:(1)行政机关行政许可对海域使用权的物权存续的影响。(2)破产程序是否适用诉讼中止的民事诉讼一般规则? 破产程序中如何保障债权人的破产程序异议权利? (3)破产程序中国有企业划拨用地使用权收回的规定是否符合财产法原理?

■ 预期效果

通过案例研讨,掌握行政诉讼程序的一般运行内容和律师代理过程中基本的操作方法以及需特殊注意的问题。结合本案行政不作为案件的分析,提高处理复杂行政案件的分析事实、运用证据、书面表达、法庭辩论、法律思维和逻辑推理等能力,强化学生对疑难案件的综合处理能力。

■ 课堂时间安排

本案例可以作为专门的案例教学课程使用。课堂教学时间为 4 个学时,每个学时 50 分钟。建议课堂设计模式如下:

1. 课前计划:安排学生阅读案例和相关的法律规则及参考资料,对案例做书面梗概提要,概括争议焦点和案例处理的思路。明确讨论分组的方式,并确定课前研讨方式和课上主题发言代表和补充发言者。做出课前准备成绩、课后准备成绩和课堂讨论成绩的考核标准,并公示。

2. 课中计划:(1)介绍教学目的,明确讨论主题。(2)分组讨论,回答各项思考问题,讨论案例题的撰写要点。(3)小组代表提出撰写要点,学生讨论和分析。(4)教师归纳总结基本问题的个人意见和分析依据,评价学生研讨过程中的程序操作和法理分析存在的问题,布置后续完善方法和重点。(5)进一步的拓展研究。教师应提示本案法律适用的法理研究问题,指导学生针对问题进一步从制度构建方面加以分析,可以鼓励学生形成研究论文。

3. 课后计划:布置学生进一步思考行政诉讼代理人在代理行政机关和相对人行政诉讼中的职能和注意问题。思考如何发挥律师代理的作用,并从本案事实出发,关注当前国家法治建设中行政诉讼的发展趋势和律师代理行政诉讼的发展空间。

思考题和实践题

1. 思考题

(1)行政许可形成的海域使用权在物权规则上有何法律特征?是否适用物权法的一般性规定?

(2)海域使用权与划拨用地使用权的关系为何?

(3)破产程序是否适用诉讼中止的规定?如何处理债权人对于债务人提起破产申请的平衡性救济权利?

(4)最高人民法院关于划拨用地使用权在破产程序中收回的规定是否合理?

(5)受理破产申请裁定生效后,如何处理查封的财产才具有妥当性?

2. 实践题

(1)本案原告刘某作为普通债权人,只享有盐场海域使用权的查封权益,是否具备行政诉讼原告的主体资格?现行法律关于当事人直接利害关系人要件的认定如何理解?

(2)A市海洋与渔业局认为自己只是A市市政府的派出机构。本案被告是A市人民政府还是A市海洋与渔业局,法律根据为何?如何处理海域使用权证书的发证行为和海洋使用管理行为的职权和当事人间的关系?

(3)本案在被告所在地基层法院不予受理的情况下,律师应当通过何种程序和法律依据、司法解释行使起诉权?

(4)提起行政诉讼应当具备哪些条件?原告提起诉讼应当提交哪些证据材料?

(5)行政诉讼案有哪些?如何识别?本案应当属于哪一类型?

(6)行政诉讼证据的要件有哪些?被告应当提交哪些证据?原告应当提交哪些证据?

(7)本案是否需要进行预备开庭程序?原告与被告代理人在证据交换中应当履行的职责是什么?

(8)被告《海域使用权证不予续办的函》以"函"的形式出现,并没有送达原告,应如何认定该文件的性质和法律效力?该文件是否具有可诉性?

(9)被告主张被诉行为属于行政处罚的预告之行为,此后会有行政处罚的吊销行为。被告行为是否属于行政告知行为?如何加以区别?

(10)盐场从2006年起申请缓交海域使用金行为是何法律性质?

(11)如何认定本案中当事人提交的复印件的证据效力?

(12)如何认定内部文件的证明力？本案《A市海洋与渔业局对主管领导批示文件交办单(2013年请示报告交办498号)的意见》是否具有证据效力？如何认定？

(13)被告关于盐场海域使用权不予续办行为是否违背相关法律的程序规定？发生的法律效力如何？

(14)本案A市海洋与渔业局是否具备收回海域使用权的合法事由？

(15)综合本案,A市海洋与渔业局不予续办争议的海域使用权行为在行政行为目的上是否正当？依据如何？

参考文献

1. 曾哲主编:《行政诉讼案例实务教程》,中国人民大学出版社2012年版。

2. 吴达主编:《房屋所有权抵押权登记行政诉讼理论与实务》,知识产权出版社2006年版。

3. 孙宪忠主编:《中国渔业权研究》,法律出版社2006年版。

4. 陈一云主编:《证据学》,中国人民法学出版社2012年版。

5. 周佑勇:《行政法原论》,中国方正出版社2005年版。

撰稿人｜郭洁,辽宁大学法学院教授

8 CASE 前进富通混凝土有限公司不服SY市人力资源和社会保障局工伤认定决定案

| 摘　要 |

本案例以一起真实的不服工伤认定决定劳动争议案件为蓝本，涉及的知识点和执业技能内容包括行政诉讼委托代理人如何参与行政诉讼，以及行政诉讼案件的证据收集、事实认定与法律适用等。本案例在劳动争议案件的程序上包括劳动争议诉讼前置仲裁程序、劳动关系争议行政诉讼程序、工伤认定程序以及不服工伤认定决定提起的行政诉讼程序，较为全面地涵盖了劳动争议案件所涉及的法律程序。本案件在实体问题上涉及劳动关系的认定、工伤认定标准等问题。本案例是比较典型的劳动争议、工伤认定案件，对其他劳动争议以及工伤认定案件的解决具有参考意义。

| 关键词 |

劳动争议　工伤认定　行政诉讼　委托代理人办案技能　证据分析　庭审程序

| 教学目标 |

着重让学生把握以下内容：(1)劳动争议案件解决步骤、程序；(2)行政诉讼当事人的资格以及地位；(3)行政诉讼案件审理程序，尤其是法庭调查内容；(4)在行政诉讼质证过程中对证据三性的认定；(5)以本案工伤认定争议解决为例，如何解决劳动争议问题，尤其提出委托代理律师根据其委托人诉讼地位的不同，处理具体案件的思路、分析步骤、事实认定与法律分析。

教学案例主文

一、案情介绍

郭新林是前进富通混凝土有限公司(以下简称前进富通公司)职工,职务是站长。郭新林于2012年12月10日17时以后在下班途中乘坐单位通勤车时突发疾病,被单位同事发现后立即送往附近的SY市益民医院救治。郭新林于17时35分被送到SY市益民医院抢救,后因抢救无效死亡。随后郭新林的妻子认为郭新林的死亡属于工伤,于2013年12月26日向SY市人力资源和社会保障局(以下简称SY市人社局)申请了工伤认定,SY市人力资源和社会保障局于2014年2月14日作出工伤认定。前进富通公司不服SY市人力资源和社会保障局作出的工伤认定,认为郭新林的疾病死亡的情况不属于工伤,向法院提起诉讼。

二、前进富通公司与郭新林劳动关系确定情况

(一)仲裁裁决

郭新林妻子作为申请人向LN省劳动人事争议仲裁委员会申请确认郭新林与被申请人前进富通公司存在劳动关系。申请人诉称:丈夫郭新林是被申请人单位职工,2012年12月10日到被申请人单位工作,职务是站长。2012年12月10日,郭新林照常骑电动车上班,午后3时30分左右在检查筛沙现场工作时,由于工作忙碌不得休息突发心脏病,在被单位通勤车送往医院途中死亡。由于郭新林未与被申请人签订劳动合同,因此向仲裁委员会申请郭新林与被申请人存在劳动关系。

而被申请人辩称:公司与郭新林不存在劳动关系,12月8日郭新林已被申请人作出除名处罚。12月7日身为生产站站长的郭新林由于玩忽职守,公司两个搅拌站发生了严重的火灾,造成公司直接经济损失近百万元。公

司于2012年12月8日对郭新林作出除名的处罚决定，因此公司与郭新林不存在劳动关系。

事实上，郭新林于2012年2月1日至2012年3月25日在被申请人处工作，2012年3月26日离职。2012年5月1日重新入职被申请人单位。双方当事人对郭新林2012年2月10日至2012年3月25日在被申请人处工作情况无异议，在此期间郭新林与被申请人存在劳动关系。但是由于2012年12月8日被申请人对郭新林进行了除名的处罚，被申请人认为已经与郭新林解除了劳动关系，而申请人认为二者并没有解除劳动关系，因此发生争议。

经劳动人事争议仲裁委员会调查认为，根据《劳动争议调解仲裁法》的相关规定，解除劳动关系的举证责任为被申请人。但是在庭审中，被申请人没有证据证明《处罚决定》已经送达至郭新林本人，且被申请人未向郭新林出具《解除劳动合同通知书》，被申请人应承担举证不能的不利后果。因此，仲裁委员会于2013年4月26日作出辽劳人仲字〔2013〕第121号仲裁裁决书，裁决如下：2012年2月10日至2012年3月5日、2012年5月1日至2012年12月10日郭新林与被申请人存在劳动关系。

（二）法院判决

前进富通公司不服辽劳人仲字〔2013〕第121号仲裁裁决决定，以郭新林妻子毕德芳为被告，向SY市DD区人民法院起诉，请求法院判决原告与郭新林不存在劳动关系。原、被告双方出具了辽劳人仲字〔2013〕第121号仲裁裁决书、证人证言、会议纪要、处罚决定、结婚证、死亡证明等证据。

DD区人民法院认为案件的争议焦点在于前进富通混凝土有限公司与郭新林之间劳动关系终止的时间。最高人民法院《关于审理劳动争议案件适用法律若干问题的解释》第13条的规定："因用人单位作出开除、除名、辞退、解除劳动合同、减少劳动报酬、计算劳动者工作年限等决定而发生的劳动争议，用人单位负举证责任。"因此，原告应对郭新林除名的处罚决定符合法律规定以及将该处罚决定已向郭新林送达承担举证责任，但因原告未能提供证据证明其主张，因此原告对郭新林的处罚决定存在严重瑕疵，法院未予以采信。另外在庭审中原告提供 2012 年 12 月的工资表和出勤表来证明郭新林在 2012 年 12 月 8 日至 10 日期间并未到原告单位工作的事实,因该出勤表和工资表上记载的原告职工王策、李海鹏以及东军的出勤天数并不一致,互相矛盾,法院也未予以采信。而通过对证人董伟的询问得知 2012 年 12 月 10 日郭新林仍在原告单位处工作,因此法院认为原告与郭新林之间劳动关系存续至 2012 年 12 月 10 日。判决原告前进富通公司与郭新林之间从 2012 年 2 月 20 日至 2012 年 3 月 25 日以及 2012 年 5 月 1 日至 2012 年 12 月 10 日期间存在劳动关系。

三、前进富通公司不服 SY 市人社局工伤认定决定案情况

(一)工伤认定情况

郭新林妻子毕德芳于 2013 年 12 月 26 日向 SY 市人社局申请请求认定郭新林的死亡视同工伤。申请人提出其丈夫郭新林是被申请人单位职工,2012 年 12 月 10 日到被申请人单位工作,职务是站长。单位原有两个站长,郭新林是负责夜班的站长。负责白班的站长有一个月没来上班了,因此,黑、白两班都是由郭新林管理。自从白班的站长走后,郭新林是 18 时上班,经常是中午 12 点下班。2012 年 12 月 9 日郭新林改为白班。2012 年 12 月 10 日,郭新林照常骑电动车上班,午后 3 时 30 分左右在检查筛沙现场工作时,由于工作忙碌不得休息突发心脏病,在被单位通勤车送往医院途中死亡。根据《工伤保险条例》第 15 条第 1 款 1 项应视同工伤。

SY 市人社局于 2014 年 2 月 14 日作出沈人社工认字〔2014〕第 328 号工伤认定决定。其根据国务院《工伤保险条例》第 15 条第 1 款第 1 项“在工作时间和工作岗位,突发疾病死亡或者 48 小时之内经抢救无效死亡的”应当视同工伤的规定,对郭新林突发疾病死亡(经 SY 市益民医院诊断为心脏骤停)认定为工伤。

(二)案件中双方争议焦点

前进富通公司不服 SY 市人社局沈人社工认字〔2014〕第 328 号工伤认

定决定，向 SY 市 SH 区人民法院起诉，请求人民法院撤销 SY 市人社局于 2014 年 2 月 14 日作出的沈人社工认字〔2014〕第 328 号工伤认定决定，并认定郭新林死亡不构成工伤。

前进富通公司认为根据《工伤保险条例》第 14 条、第 15 条、第 17 条的规定，职工在上、下班途中，受到非本人主要责任的交通事故或者城市轨道交通、客运渡轮、火车事故伤害的应认定工伤。职工在工作时间和工作岗位，突发疾病死亡或者 48 小时之内经抢救无效死亡的，应当视同工伤。案件中郭新林虽然是在下班的途中突发疾病经抢救无效死亡，但不是受到非本人主要责任的交通事故伤害，郭新林虽然是突发疾病死亡，却不是在工作时间和工作岗位上，仅仅是发生在下班途中。因此，郭新林死亡的情形，不符合认定工伤的条件。被告 SY 市人社局认定郭新林死亡为工伤，属于事实认定不清、适用法律错误。

SY 市人社局认为对于郭新林的突发疾病死亡属于国务院《工伤保险条例》第 15 条第 1 项“在工作时间和工作岗位，突发疾病死亡或者 48 小时之内经抢救无效死亡的”应当视同工伤规定的情形，对郭新林突发疾病死亡，经 SY 市益民医院诊断为心脏骤停，因此认定为工伤。沈人社工认字〔2014〕第 328 号工伤认定决定事实清楚，适用政策得当，程序合法。

第三人郭新林妻子毕德芳认为郭新林死亡情形符合认定工亡的法定情形。

本案的争议焦点是被告 SY 市人社局作出的具体行政行为是否符合相关法律规定。

（三）案件中双方举证情况

1. 原告前进富通公司举证

（1）住院病历，证明郭新林到达医院就诊时间为 2012 年 12 月 10 日 17 时 35 分，其内容记载患者于半小时前心区不适，该证据证明郭林新并不是在被告认定的 15 时左右在工作岗位发病，郭新林发病时间为下班后 17 时 15 分左右。

（2）通勤车时刻表（共两页），证明通勤车发车时间为 17 时。

(3)司机赵明阳、保管员马静莲、工人陈礼岗出具的有关事情经过的证言,证明公司通勤车于事发当日17时准时发车,郭新林于车上发病。

(4)原告单位员工李敏出具的证言,证明公司通勤车于事发当日17时准时发车,郭新林于车上发病。

(5)保管员马静莲的证言,证明郭新林于事发当日17时自己走上通勤车并且与证人有交流,当通勤车行驶至浅水湾附近,郭新林才突感心脏不适,并由通勤车送往医院急救。

(6)珠海仕高玛江高公司售后服务人员贾大永出具的证言,证明2012年12月10日17时,其搭乘原告单位通勤车回旅社,车上有郭新林,且郭新林和贾大永打过招呼,说明郭新林上车时没有发病。

(7)曲真春出具的证言,证明郭新林事发当日喝过酒。

(8)张连富出具的证言(行政程序中未提交),证明郭新林死后家属找过张连富,承诺以事后给钱的方式要求其出具伪证,被其拒绝。

2. 被告SY市人社局举证

(1)工伤认定申请表,证明个人提出工伤申请。

(2)身份证复印件,证明个人身份。

(3)户口本复印件及结婚证复印件,证明亲属关系。

(4)企业机读档案登记资料,证明企业法人资格。

(5)工伤认定申请书,证明2012年12月10日郭新林在工作中心脏病发作,由单位通勤车送往医院抢救无效死亡。

(6)仲裁裁决书、区法院民事判决书、中级人民法院民事判决书,证明郭新林同案件原告在2012年5月1日至2012年12月10日期间存在劳动关系。

(7)证明及身份证复印件,证明2012年12月10日郭新林在工作中心脏病发作,由案件原告单位通勤车送往医院抢救无效死亡。

(8)病例材料及死亡证明,证明2012年12月10日郭新林因心脏病发作死亡。

(9)申请人提交的工伤(亡)认定材料清单,证明申请工伤提交的材料。

(10)举证通知书存根,证明举证程序。

(11)单位举证材料,证明单位提交举证以及证明2012年12月10日郭新林心脏病发作，由案件原告单位通勤车送到医院抢救无效死亡。

(12)调查笔录，证明原告2012年12月10日郭新林在工作中心脏病发作，由案件原告单位通勤车送医院抢救无效死亡。

(13)调查笔录，证明原告2012年12月10日单位通勤车将心脏病发作的郭新林送到医院抢救。

(14)工伤认定送达回证及邮寄存根，证明工伤认定送达程序。

(15)订正通知、送达回证及有机存根，证明订正及送达程序。

教学指导手册

教学对象及目标

本案例供法律硕士案例教学使用，法学本科(大三)、行政法学硕士、诉讼法学硕士也可以参酌使用。

本案例主要就委托代理律师在行政诉讼中从事的法律活动和劳动争议案件中的实体和程序问题进行讲授。具体要解决的问题包括：(1)劳动争议案件解决步骤、程序；(2)行政诉讼当事人的资格以及地位；(3)行政诉讼案件审理程序，尤其是法庭调查内容；(4)在行政诉讼质证过程中对证据三性的认定；(5)以本案工伤认定争议解决为例，如何解决劳动争议问题，尤其提出委托代理律师根据其委托人诉讼地位的不同，处理具体案件的思路、分析步骤、事实认定与法律分析。

教学内容

1. 作为一名公司的法律顾问，当公司与劳动者发生劳动争议时，应当进行哪些工作？

(1)当有劳动争议出现的迹象时，积极与劳动者进行沟通，进行协商与调解,及时平息矛盾,尽量避免劳动争议进入仲裁、诉讼阶段。

(2)对已进入仲裁、诉讼程序的劳动争议,积极保全与收集证据,查询相关法律法规、规章等法律依据,受企业委托出庭应诉,维护企业的合法权益。

2. 劳动争议案件解决步骤、过程如何?

(1)协商。劳动争议协商是指劳动争议双方当事人本着平等、合作的原则,自主协商,平等交流,在互谅互让的基础上达成协议,以达到劳动争议解决目的的一种协商过程。劳动争议的协商能够及时化解矛盾,维护劳动关系以及社会关系的稳定,降低处理劳动争议的成本,达到息讼的效果。

(2)调解。劳动争议调解是劳动争议发生后,当事人双方自愿以书面或者口头形式向调解委员会申请调解,调解委员会以国家的劳动法律、法规为依据,以民主协商的方式,使双方当事人达成协议,从而解决劳动纠纷的一种争议解决方式。

(3)仲裁。劳动争议仲裁是我国劳动争议处理体制中,诉讼之前的法定必经程序,是劳动争议仲裁机构对当事人请求解决的劳动争议,依法进行评判的准司法行为,包括对劳动争议依法审理并进行调解、裁决的一系列活动。劳动争议只有经过劳动仲裁机构的仲裁之后,如果劳动者对仲裁裁决不服的,才能够提起诉讼,而不能未经劳动仲裁直接提起诉讼。

3. 处理劳动争议的机构有哪些?

我国目前处理劳动争议的机构为:劳动争议调解组织、地方劳动争议仲裁委员会以及地方人民法院。(1)劳动争议调解组织包括企业劳动争议调解委员会、依法设立的基层人民调解组织和乡镇、街道设立的具有劳动争议调解职能的组织,其中企业劳动争议调解委员会是负责调解本企业内部劳动争议的群众性组织,调解委员会由职工代表、企业代表组成。(2)地方劳动争议仲裁委员会包括县、市、市辖区设立仲裁委员会,负责本行政区域的劳动争议。(3)劳动争议当事人对仲裁委员会的裁决不服并提起诉讼的案件,由人民法院进行受理。

4. 处理劳动争议的依据有哪些？

我国劳动争议处理的现行法律依据是《劳动争议调解仲裁法》以及《民事诉讼法》。由于劳动关系的内容比较广泛，包括工资、社会保险、福利、培训、劳动条件、工伤等方面，因此，处理劳动争议适用的规范性法律文件也很广泛，包括《劳动法》《劳动合同法》《劳动合同法实施条例》《关于职工探亲待遇的规定》《国务院关于职工工作时间的规定》，以及最高人民法院《关于审理劳动争议案件适用法律若干问题的解释》和最高人民法院《关于审理劳动争议案件适用法律若干问题的解释》(二)及(三)等相关法律法规及司法解释规定。

5. 负责工伤保险工作的行政部门是哪个？

《工伤保险条例》第5条规定，国务院社会保险行政部门负责全国的工伤保险工作。县级以上地方各级人民政府社会保险行政部门负责本行政区域内的工伤保险工作。社会保险行政部门按照国务院有关规定设立的社会保险经办机构具体承办工伤保险事务。

6. 与工伤保险工作相关的法律法规有哪些？现行法律法规对工伤认定标准是什么？结合现行法律法规规定分析在上、下班途中发生意外是否属于工伤？

(1)现行法律规定与工伤保险相关的法律法规包括《工伤保险条例》，最高人民法院《关于审理工伤保险行政案件若干问题的规定》，各省、市工伤保险条例实施办法，《企业职工工伤保险实行办法》，《职工工伤与职业病致残程度鉴定标准》，《非法用工单位伤亡人员一次性赔偿办法》，劳动部办公厅《关于处理工伤争议有关问题的复函》，劳动部办公厅《关于私人包工负责人工伤待遇支付问题的复函》，劳动部办公厅《关于职工工伤致残享受护理费条件问题的复函》，最高人民法院《关于雇工合同"工伤概不负责"是否有效的批复》，劳动部办公厅《关于因病或非因工负伤医疗期管理等若干问题的请示的复函》，《关于当事人对工伤认定不服申请行政复议问题的复函》，《关于农民工参加工伤保险有关问题的通知》，《关于劳动能力鉴定有关问题的通知》等法律依据。

(2)《工伤保险条例》第14条规定:“职工有下列情形之一的,应当认定为工伤:(一)在工作时间和工作场所内,因工作原因受到事故伤害的;(二)工作时间前后在工作场所内,从事与工作有关的预备性或者收尾性工作受到事故伤害的;(三)在工作时间和工作场所内,因履行工作职责受到暴力等意外伤害的;(四)患职业病的;(五)因工外出期间,由于工作原因受到伤害或者发生事故下落不明的;(六)在上下班途中,受到非本人主要责任的交通事故或者城市轨道交通、客运轮渡、火车事故伤害的;(七)法律、行政法规规定应当认定为工伤的其他情形。”第15条第1款规定:“职工有下列情形之一的,视同工伤:(一)在工作时间和工作岗位,突发疾病死亡或者在48小时之内经抢救无效死亡的;(二)在抢险救灾等维护国家利益、公共利益活动中受到伤害的;(三)职工原在军队服役,因战、因公负伤致残,已取得革命伤残军人证,到用人单位后旧伤复发的。”最高人民法院《关于审理工伤保险行政案件若干问题的规定》第4条规定:“社会保险行政部门认定下列情形为工伤的,人民法院应予支持:(一)职工在工作时间和工作场所内受到伤害,用人单位或者社会保险行政部门没有证据证明是非工作原因导致的;(二)职工参加用人单位组织或者受用人单位指派参加其他单位组织的活动受到伤害的;(三)在工作时间内,职工来往于多个与其工作职责相关的工作场所之间的合理区域因工受到伤害的;(四)其他与履行工作职责相关,在工作时间及合理区域内受到伤害的。”第5条规定:“社会保险行政部门认定下列情形为“因工外出期间”的,人民法院应予支持:(一)职工受用人单位指派或者因工作需要在工作场所以外从事与工作职责有关的活动期间;(二)职工受用人单位指派外出学习或者开会期间;(三)职工因工作需要的其他外出活动期间。职工因工外出期间从事与工作或者受用人单位指派外出学习、开会无关的个人活动受到伤害,社会保险行政部门不认定为工伤的,人民法院应予支持。”第6条规定:“对社会保险行政部门认定下列情形为“上下班途中”的,人民法院应予支持:(一)在合理时间内往返于工作地与住所地、经常居住地、单位宿舍的合理路线的上下班途中;(二)在合理时间内往返于工作地与配偶、父母、子女居住地的合理路线的上下班途中;(三)从事属于日常工作生活所需要的活动,且在合理时间和合理路线的上下班途中;(四)在合理时间内其他合理路线的上下班途中。"

(3)根据《工伤保险条例》第14条第6项规定在上下班途中,受到非本人主要责任的交通事故或者城市轨道交通、客运轮渡、火车事故伤害的情形属于工伤。而"上下班途中"的认定根据最高人民法院《关于审理工伤保险行政案件若干问题的规定》第6条的规定,只有在前述四种情形下受到非本人主要责任的交通事故或者城市轨道交通、客运轮渡、火车事故伤害的情形才能认定为工伤,其他情形均不能认定为工伤。

7. 当用人单位或者劳动者对工伤认定结论不服时,可以采取哪些救济手段?如果提起诉讼,应该提起哪种诉讼程序?

(1)劳动争议双方当事人如果对工伤认定结论不服,可以向社会保险行政部门的上级部门申请行政复议,也可以直接向人民法院提起诉讼。

(2)由于工伤认定结论是由社会保险行政部门做出的具体行政行为,因此劳动争议双方当事人若对工伤认定结论不服应该提起行政诉讼,将社会保险部门列为被告。

8. 由劳动工伤问题引起的劳动争议案件进入诉讼阶段时,作为劳动者的委托代理律师,该如何建议劳动者确定诉讼被告?作为公司法律顾问,该如何建议公司确定诉讼被告?

(1)劳动者如果对工伤保险部门的工伤决定不服,则应将工伤保险部门列为被告,可以将用人单位列为诉讼第三人。劳动者如果在工伤认定之后,在工伤赔偿问题上与用人单位发生纠纷,则应将用人单位或者工伤保险承担责任单位列为被告。

(2)用人单位如果对工伤保险部门的工伤决定不服,则应将工伤保险部门列为被告,可以将劳动者列为诉讼第三人。

9. 行政诉讼审理对象是什么?行政诉讼案件的审理程序有什么特点?

(1)行政诉讼的审理对象是在行政诉讼过程中法官审理和裁判的对象,

是人民法院审判权运作的客体,包括相对人与行政主体有争议的,向人民法院提起诉讼请求,要求人民法院依法审理与判决的所有与案件相关的事项,其实质就是进入诉讼程序的行政争议。

(2)行政争议的产生是由于行政相对人认为行政机关作出的行政行为侵犯了他的合法权益所产生的纠纷,而行政行为的作出要合理、合法,因此,行政争议的实质就是围绕行政机关作出行政行为是否合法以及是否合理产生的争议。人民法院对行政行为只评价合法性而不评价合理性,因此,人民法院通过行政诉讼程序对行政行为进行审查,解决行政争议就要围绕行政机关作出的行政行为的合法性展开审理工作。行政机关要依法行使行政职权,以事实为依据,以法律为准绳,依照法定程序作出行政行为。因此,人民法院在开庭审理行政案件时要围绕行政机关的职权依据、事实依据、法律依据以及法律程序这四个方面展开调查,评价行政机关行政行为的合法性。

10. 作为行政机关的委托代理律师,在举证时应当从哪些方面着手?作为行政相对人的委托代理律师,在举证时应从哪些方面着手?

(1)行政机关的委托代理律师在法庭举证时,要围绕行政机关作出行政行为的职权依据、事实依据、法律依据以及行政机关作出行政行为的程序四个方面提出相应的证据,以证明行政机关作出行政行为的合法性。

(2)行政相对人的委托代理律师在法庭举证时,要针对行政机关在作出行政行为时职权、事实认定、适用法律以及程序方面的瑕疵进行举证,以证明行政机关作出行政行为的不合法之处,提出有利于当事人合法权益的证据。

11. 在法庭审理质证过程中,委托代理人应如何围绕证据进行说明?

委托代理人在质证过程中要围绕证据的“三性”予以说明。证据的“三性”是指证据的关联性、合法性和真实性。不具有“三性”的证据材料不能作为认定事实的证据,即不具有证明效力。

(1)关联性。是指证据与待证事实之间的逻辑关系,即只有对待证事实有证明作用的材料才能成为证据。与待证事实无关的材料自然不具有证据意义和价值。

(2)合法性。是指证据的形式和取得程序必须符合法律规定,或者不侵犯他人合法权益。例如,最高人民法院《关于行政诉讼法若干问题的规定》第57条明确规定“严重违反法定程序收集的证据材料”“以偷拍、偷录、窃听等手段获取侵害他人合法权益的证据材料”“以利诱、欺诈、胁迫、暴力等不正当手段获取的证据材料”不能作为定案依据,其根源在于这些证据不具有合法性。

(3)真实性。包括证据形式上的真实和内容上的真实。其中,形式上的真实是内容真实的前提和保证,真实性的核心是内容的真实。

■ 课堂时间安排

本案例可以作为专门的案例教学课来进行,课堂安排6个课时,每课时45分钟。

1. 课前计划:安排学生查找《工伤保险条例》《行政诉讼法》、最高人民法院《关于行政诉讼证据若干问题的规定》等相关法律法规,熟悉案件相关法律规定。

2. 课中计划:(1)第1课时:介绍教学目的,明确讨论主题,与学生共同阅卷,了解案件基本情况,将学生进行角色分配,分为公司委托代理人组、劳动者委托代理人组以及人力资源与社会保障局委托代理人组。(2)第2课时:针对劳动争议案件解决步骤、过程进行分组讨论,学生回答劳动争议案件解决步骤、过程的问题,并对本案的解决步骤、过程进行评价。各组按照各自的角色在不同的程序完成实践题,提交相应的法律文书。(3)第3课时:针对行政诉讼当事人的资格以及地位、如何甄选行政诉讼被告问题进行讨论,各小组回答有关行政诉讼当事人的相关问题,并就本案的行政诉讼当事人情况进行分析讨论。(4)第4课时:针对行政诉讼案件审理程序,尤其是法庭调查内容进行讨论;各组回答关于行政诉讼案件审理程序的问题,尤其要注意行政诉讼案件在法庭调查过程中内容的特殊性。各组针对本案中法庭调查程序内容进行评价。(5)第5课时:针对在行政诉讼质证过程中对证据三性的认定进行讨论，各小组按照各自角色来讨论分析本案例中提交证据的三性，即真实性、关联性以及合法性。（6）第6课时：学生、教师总结归纳。学生按照角色分组总结本组作为委托代理律师代理原告或者被告行政诉讼案件，解决劳动争议案件所需要完成的职责以及所需注意的问题。教师对整个案件进行总结，以本案工伤认定争议解决为例，提出如何解决劳动争议的程序以及实体问题，尤其提出委托代理律师根据其委托人诉讼地位的不同，处理具体案件的思路、分析步骤、事实认定与法律分析。

3. 课后计划：布置学生进一步思考委托代理律师在行政诉讼活动中的职能，如何更好地保障当事人的合法权益。

思考题和实践题

1. 思考题

（1）郭新林的妻子毕德芳应向哪个仲裁委员会申请劳动仲裁？

（2）对于仲裁委员会的仲裁决定不服时，劳动争议双方可以向哪个法院起诉？

（3）郭新林的妻子毕德芳应向哪个部门申请劳动工伤认定？

（4）对于劳动工伤认定决定不服的，劳动争议双方可以采取哪些救济措施？分别应该如何进行？

（5）请分组评价本案的法庭审理过程，每一个阶段的目的、意义如何？

（6）本案中，诉讼各方所举证的证据三性如何？请分组评价。

（7）行政机关对于郭新林工伤的认定在适用法律上是否正确？请根据现行法律法规进行分析。如果你是委托代理律师，应该如何分析该问题？

（8）我国现行法律法规对劳动者权益保护的立法趋势如何？

（9）作为解决劳动争议案件的委托代理律师，在处理案件时应该履行哪些职责，注意哪些问题？请分组讨论。

（10）作为律师，如何在处理劳动争议案件过程中维护当事人合法权益，维护劳动者合法权益？

2. 实践题

（1）如果你是毕德芳的委托代理律师，你在接受委托后应该进行哪些工作？请撰写仲裁申请以及工伤认定申请。

(2)如果你是前进富通公司的委托代理律师，在接受委托后应该进行哪些工作？请分别针对劳动关系争议诉讼以及工伤决定不服诉讼撰写起诉书。

(3)如果你是毕德芳的委托代理律师，请针对劳动关系争议诉讼撰写答辩意见。

(4)如果你是行政机关的委托代理律师，请针对劳动工伤决定不服诉讼撰写答辩意见。

参考文献

1. 葛明涛、杜元文:《劳动争议处理流程图示与范例》,中国工人出版社2013年版。

2. 王贝贝等:《企业劳动用工事务前言与风险防范》,法律出版社2011版。

3. 刘凝:《劳动法律问题100问》,中国法制出版社2014年版。

撰稿人｜方芳，沈阳师范大学法学院讲师

9 CASE 城东公司与定安县政府土地纠纷案

| 摘 要 |

本案例是一起真实的行政诉讼案件，涵盖一审、二审、再审三种行政诉讼程序，裁判全文载于《最高人民法院公报》2015年第2期。涉及的知识点与职业技能主要包括正当程序原则的内容与价值、当事人在违反正当程序案件中如何提出诉讼请求与举证、违反正当程序原则如何适用撤销判决、违反正当程序原则如何适用确认违法判决、法院在违反正当程序原则案件中如何补救当事人的损害等方面。作为一起历经三级法院审理的典型土地纠纷行政案件，本案例具有典型的教学价值、研究价值与参照价值。

| 关键词 |

正当程序原则　举证责任　撤销判决　确认违法判决　责令采取补救措施

| 教学目标 |

着重让学生熟练掌握以下五方面的内容：(1)正当程序原则的内容与价值。(2)当事人在违反正当程序案件中如何举证？(3)违反正当程序原则如何适用撤销判决？(4)违反正当程序原则如何适用确认违法判决？(5)违反正当程序原则如何补救当事人的损害？

教学案例主文

本案例全称为定安城东建筑装修工程公司与海南省定安县人民政府、第三人中国农业银行定安支行收回国有土地使用权及撤销土地证案，裁判全文载于《最高人民法院公报》2015 年第 2 期。

再审申请人定安城东建筑装修工程公司（以下简称城东公司），再审被申请人海南省定安县人民政府（以下简称定安县政府），原审第三人中国农业银行定安支行（以下简称定安支行）。

城东公司不服定安县政府收回国有土地使用权及撤销土地证，向人民法院提起行政诉讼。2008 年，原海南中级人民法院（现为海南省第一中级人民法院）作出（2008）海南行初字第 69 号一审行政判决，城东公司不服，提起上诉。同年，海南省高级人民法院作出（2008）琼行终字第 159 号二审行政判决，城东公司仍不服，遂申请再审。2011 年，最高人民法院作出（2011）行监字第 91 号行政裁定，决定提审。2014 年 3 月 10 日，最高人民法院作出再审判决。

一、本案一审情况

（一）一审认定的事实

原海南中级人民法院经审理查明认定以下事实：

1994 年 9 月 10 日，定安县建设委员会（以下简称县建委）就定城人民北路东横街排水和路面建设工程与城东公司签订《工程承包合同》。后因县建委拖欠城东公司工程款 80.472 万元，县政府同意在该县塔岭工业开发区划出 10 亩土地作为补偿。1995 年 10 月 27 日，县政府根据城东公司递交的《关于给人民北路东横街续建工程重新调整补偿用地问题的请示》，作出定府函（1995）117 号《关于重新调整城东建筑装修工程公司补偿用地的批复》,决定在见龙路旁以每亩 8 万元的价格重新调整 10 亩土地给城东公司。

1995 年 12 月 8 日,定安县土地管理局(以下简称县土地局)给城东公司颁发第 14 号《建设用地规划许可证》。同月 27 日,县政府作出定府(1995)299 号《关于出让国有土地使用权给定安城东建筑装修工程公司的决定》,将位于塔岭开发区东北侧的 6706 平方米土地,以总价款 80.472 万元,出让给城东公司作为建设用地。随后城东公司与县土地局签订《国有土地使用权出让合同》。

1995 年 12 月 28 日,城东公司就出让所得 6706 平方米土地申请登记发证,但其填报申请土地登记时未写明土地用途,县土地局在审核过程中亦未在《地籍调查表》《土地登记审批表》等文书上载明土地用途。1996 年 1 月 22 日,县政府根据城东公司的申请和县土地局的审核,在城东公司缴纳土地登记费后,给该公司颁发了定安国用(96)字第 6 号《国有土地使用证》(以下简称第 6 号国土证)。此后,城东公司在该宗土地上开办了水泥预制厂。2001 年 11 月 9 日,城东公司以该宗土地作为抵押物向定安支行贷款,并在定安县建设与国土环境资源局(原县土地局)办理抵押登记。

2004 年 1 月 4 日,县政府以城东公司土地闲置为由,在《海南日报》发布公告,拟无偿收回城东公司第 6 号国土证项下的土地使用权,但县政府并未实施无偿收地行为。2007 年 11 月 5 日,县政府为落实塔岭规划新区城市规划用地的需要,作出定府(2007)112 号《关于有偿收回国有土地使用权的通知》(以下简称 112 号通知),决定按原登记成本价 80.6072 万元有偿收回城东公司第 6 号国土证项下的土地使用权,并于 11 月 8 日送达城东公司。同年 12 月 6 日,县建设局(原定安县建设与国土环境资源局拆分为建设局、国土环境资源局)以海南省政府 2007 年 1 月 27 日已批准将城东公司受让的 6706 平方米综合公建用地调整为行政办公用地为由,决定撤销第 14 号《建设用地规划许可证》。同年 12 月 7 日,定安县国土环境资源局(以下简称县国土资源局)就有偿收回城东公司国有土地使用权事宜通知该公司和定安支行于 12 月 11 日举行听证会,城东公司没有参加听证。

2007 年 12 月 14 日,县政府以城东公司申请土地登记证未填写土地用途、县土地局在审核过程中也未在《地籍调查登记表》《土地登记审批表》等有关文书上载明土地用途导致错误登记发证为由，告知城东公司拟撤销第6号国土证。同年12月29日，县政府作出定府(2007)150号《关于撤销定安国用(96)字第6号〈国有土地使用证〉的决定》(以下简称150号撤证决定)，撤销第6号国土证。城东公司不服该决定，向原海南省海南中级人民法院提起行政诉讼。

(二)一审判决

一审判决认为，涉讼土地是县政府于1996年为抵偿工程款而补偿给城东公司并颁证的土地。县政府为公共利益的需要，可以有偿收回涉案土地使用权。但县政府112号通知决定按原抵偿价有偿收回其土地使用权，未考虑土地增值的因素，其收地行为显然是不适当的。

县政府在作出112号通知前，没有提出有偿收回国有土地使用权的方案，并存在先决定收回后举行听证的情形，违反法定程序。鉴于本案涉讼土地现已由县政府作为行政办公用地使用，撤销112号通知将会给国家利益造成损失，故不宜判决撤销而应确认违法。

申请土地登记时应在土地登记申请书上载明土地用途，但土地登记申请书未载明土地用途并不是注销土地登记的法定事由。因此，县政府以城东公司申请土地登记时未填写土地用途为由撤销第6号国土证没有法律依据。但撤销该行为无实际意义，故应确认150号撤证决定违法。

因此，一审法院作出判决：(1)确认县政府作出的112号通知违法；(2)确认县政府作出的150号撤证决定违法；(3)责令县政府对收回城东公司国有土地使用权的损失采取补救措施。

定安县政府不服一审判决，提起上诉。

二、本案二审情况

海南省高级人民法院二审判决对一审判决认定事实予以确认，但认为城东公司自1996年1月取得争议土地后，未对该土地进行实质性的开发，只是在该土地上办了简易的水泥预制厂。2004年1月，县政府根据争议土地闲置两年以上的事实，拟无偿收回争议土地。但为使城东公司合法权益不受损害，结合本案讼争土地已经海南省人民政府批准作为县政府行政办公用地的实际情况，县政府根据相关法律，作出有偿收回涉案土地的决定，其做法已经充分维护了城东公司的合法权益。

因此，县政府作出的112号通知认定事实清楚，适用法律正确，应予维持。县政府作出的150号撤证决定是对112号通知有关事宜的完善，撤销第6号国土证并不意味着城东公司的合法权益无法得到保护，其可依据112号通知就有偿收地具体方案与县政府协商。

据此，二审法院作出判决：(1)撤销(2008)海南行初字第69号行政判决；(2)驳回城东公司的诉讼请求。

三、本案再审情况

(一)再审申请人诉称

再审申请人称，海南省高级人民法院判决的认定有悖法律与事实：(1)涉案土地在1996年是一片尚未开发的土地，属工业商业住宅综合性建设用地。申诉人进行土地平整建水泥预制厂符合规划，已进行了实质性开发和利用。(2)土地闲置两年以上不是事实。该土地抵偿给申诉人后就建了水泥预制厂从未闲置，不适用闲置土地法律规定，更不适用无偿收回，这也是被申诉人公告无偿收回后，又以公共利益为由有偿收回的原因所在。(3)县政府为自己建设办公大楼，不能认定是"公共利益"。(4)"适当补偿"要根据市场评估定价。因此，(2008)琼行终字第159号行政判决适用法律错误，请求予以撤销。

(二)再审被申请人辩称

被申请人答辩称：(1)城东公司闲置土地事实明确。按照县国土部门与城东公司签订的《国有土地出让合同》约定，城东公司应当在1997年12月20日前完成项目建设，而城东公司建设与规划不相符的水泥预制厂项目，明显违反《城市规划法》第29条的规定，构成闲置土地。(2)行政办公用地可以界定为"公共利益"。参照《国有土地上房屋征收与补偿条例》第8条规定,政府组织的市政公用等公共事业需要属于公共利益范畴。(3)有偿收回土地的补偿标准并无不当。县政府以80.6万元的价格有偿收回涉案土地使用权,此价格与当时土地价格差距不大。城东公司在长达10年的时间里未对涉案土地进行实质开发建设,属于严重闲置土地行为,本可无偿收回土地,但考虑到社会和谐,选择了有偿收回。闲置土地的增值部分不应由县政府承担,城东公司这种意图通过囤积土地待价而沽的行为也是不值得提倡的。

(三)原审第三人辩称

原审第三人答辩称:(1)涉案土地已经办理抵押登记手续,取得他项权利证书,抵押权合法有效,抵押优先受偿权应受法律保护。(2)定安支行是善意抵押权人,没有过错,若涉案土地使用权被收回,将导致抵押权消灭,显失公平,也对交易安全造成巨大风险。县政府应当基于公平原则维护银行抵押权。(3)就算县政府112号通知和150号撤证决定合法,依照《担保法》第58条、最高人民法院《关于适用〈中华人民共和国担保法〉若干问题的解释》第80条,以及《物权法》第174条之规定,定安支行也有从城东公司的土地补偿金中优先受偿的权利。(4)县政府112号通知和150号撤证决定违法,且严重损害抵押权人的合法权益,依法应予撤销。请求支持城东公司的诉讼请求,维护定安支行的主债权和抵押权。

(四)事实异议与争议焦点

除以下三项事实外,各方当事人对原审判决认定主要事实均无异议,最高人民法院予以确认。

1. 城东公司对原审判决认定其"申请土地登记发证时未填报土地用途"提出异议,认为涉案土地是县政府因欠工程款抵债而来,应当由县政府办理,未填写土地用途不是该公司的错误。县政府辩称,涉案土地当时应当属于工业用地,但确实没有申报项目、没有规划,土地证上也未注明用途,未注明用途的原因不清楚。定安支行表示,对颁证过程不清楚。

最高人民法院认为,原审判决认定"申请土地登记发证时未填报土地用途"仅仅是一个事实陈述,各方当事人对此事实并无异议,未填写的过错责任不属于本案事实认定问题。因此,对原审判决认定的该项事实予以确认。

2. 城东公司对原审判决认定其未参加听证会的事实提出异议,称其代表提前10分钟到会场,但因会议室门未开,等了约一小时离开,并认为一审县政府提交的听证会记录是伪造的。县政府辩称:举证有听证会通知书、送达回证、会议记录等证据证明,已书面通知城东公司、定安支行参加听证会。定安支行到会,城东公司未到会。定安支行表示,参加听证会的人确是该行工作人员,但对听证会记录的真实性不予表态。

最高人民法院认为,根据一审县政府所举听证会通知书、送达回证及城东公司的陈述,可以认定事先通知城东公司和定安支行参加听证会;根据听证会会议记录和听证会签到单及定安支行对到会人员身份的认可,可以证明2007年12月11日就收回土地事宜举行听证会。城东公司认为听证会记录系伪造,没有提供相应证据证明,其抗辩理由不能成立。本院对原审判决认定的该项事实予以确认。

3. 县政府对原审判决认定城东公司取得土地证后在该宗土地上办了水泥预制厂的事实提出异议,认为没有证据证明该公司在涉案土地上建了水泥预制厂。城东公司辩称,公司营业执照及拆除前的现场照片可以证明建水泥预制厂的事实。定安支行认可城东公司的意见。

最高人民法院认为,城东公司2007年营业执照经营范围主营项目栏中有“室内外装修工程”和“建筑材料销售”的内容,现场照片可见与涉案土地相邻的楼房及空地堆放大量预制水泥管,两者与城东公司及定安支行的陈述相互印证,可以认定涉案土地上建有水泥预制厂的事实。县政府否定该项事实,没有提供充分证据,本院不予支持。

本案争议焦点主要有:一是被诉112号通知中收回土地使用权决定的合法性问题;二是被诉112号通知中行政补偿决定的合法性问题;三是150号撤证决定的合法性问题。

(五)再审判决

1. 112号通知中收回土地使用权决定的合法性问题

最高人民法院认为,县政府有偿收回涉案土地使用权,具有法定职权。

但县政府在作出被诉112号通知之前,未听取当事人的陈述和申辩意见,事后通知城东公司和定安支行举行听证,违反“先听取意见后作决定”的基本程序规则。国务院国发(2004)10号《全面推进依法行政实施纲要》明确要求,行政机关实施行政管理要“程序正当”,“除涉及国家秘密和依法受到保护的商业秘密、个人隐私的外,应当公开,注意听取公民、法人和其他组织的意见;要严格遵循法定程序,依法保障行政管理相对人、利害关系人的知情权、参与权和救济权”。县政府作出112号通知前,未听取当事人意见,违反正当程序原则,本应依法撤销,但考虑到县政府办公楼已经建成并投入使用,撤销112号通知中有偿收回涉案土地使用权决定已无实际意义,且可能会损害公共利益,所以应当依法判决确认该行政行为违法。

2. 112号通知中行政补偿内容的合法性问题

最高人民法院认为,因公共利益需要使用土地而收回国有土地使用权的,对土地使用权人应当给予适当补偿。县政府根据省政府批准的总体规划要求为建设县政府办公楼需要使用涉案土地,收回城东公司的土地使用权,应当依法给予“适当补偿”。所谓“适当补偿”应当是公平合理的补偿,即按照被收回土地的性质、用途、区位等,以作出收地决定之日的市场评估价予以补偿。

县政府按土地原成本价予以补偿于法无据。城东公司以收地决定违法,涉案土地使用权至今仍属于其享有为由,主张应以最终判决时的市场评估价予以补偿,其理由不能成立。本案收地决定属于违反程序,判决确认收地决定违法并未否定其法律效力。根据《物权法》第28条规定,涉案土地使用权自收地决定生效之日已经发生物权转移的效力。考虑到涉案土地登记资料中“土地用途”栏系空白,结合当地土地交易市场情况,对涉案土地以使用年限最长、市场价值最高的“住宅用地”用途进行评估,有利于维护行政相对人的合法权益。鉴于县政府收回土地使用权行为违法,补偿价格明显不公,且收地决定作出后涉案土地升值较大,而当事人因不能以转让土地使用权方式及时偿还银行贷款,存在贷款利息损失,县政府在支付补偿款的同时,还应当支付自决定收回土地使用权之日起至实际支付全部补偿款之日的同期银行贷款利息。

3.150号撤证决定的合法性问题

管理部门申请注销土地登记,是以该公司持有的《国有土地使用证》未按《土地登记规则》第11条规定载明土地用途,土地管理部门也未按《土地登记规则》第14条规定全面审核并填写土地登记审批表,造成错误登记发证为由,作出150号撤证决定。当初未填写土地用途,并非城东公司的原因所致,本可以补正方式解决,县政府却以此为由撤销城东公司合法持有的《国有土地使用证》,属于滥用行政职权,依法应予撤销。考虑到涉案土地已经收回并建成办公楼投入使用,亦应依法确认该行政行为违法。

综上,112号通知中收地决定行为违反法定程序,被诉150号撤证决定滥用职权,应当依法判决确认违法;112号通知中行政补偿决定适用法律错误、违反法定程序,并显失公正,依法应予纠正。二审判决驳回原告诉讼请求错误,依法应予撤销。一审判决确认112号通知中行政补偿决定违法,并责令县政府对城东公司的损失采取补救措施,判决内容不具体,依法应予撤销和改判。城东公司申请再审理由部分成立,依法应予支持。原审定安支行对抵押物享有优先受偿权的主张成立,县政府在支付补偿款时应依法予以保护。

因此,经开庭审理,2014年3月10日,最高人民法院最终作出如下再审裁判结果:

(1)撤销海南省高级人民法院(2008)琼行终字第159号行政判决。

(2)维持原海南省海南中级人民法院(2008)海南行初字第69号行政判决第1项对定安县人民政府2007年11月5日作出的定府(2007)112号《关于有偿收回国有土地使用权的通知》确认违法中有关收回国有土地使用权部分的内容;维持该判决第2项对定安县人民政府2007年12月29日作出的定府(2007)150号《关于撤销定国用(96)字第6号〈国有土地使用证〉的决定》确认违法的内容。

(3)撤销原海南省海南中级人民法院(2008)海南行初字第69号行政判决第1项确认定安县人民政府2007年11月5日作出的定府(2007)112号《关于有偿收回国有土地使用权的通知》中有关"按成本价80.6072万元"对城东公司进行行政补偿部分的内容。

(4)撤销原海南省海南中级人民法院(2008)海南行初字第69号行政判决第3项责令定安县人民政府对收回城东公司国有土地使用权的损失采取补救措施的判决;责令定安县人民政府自本判决送达之日起15日内一次性向城东公司支付收回土地使用权补偿款135万元及同期银行贷款利息(贷款利息自2007年11月5日起计算,至本息实际支付完毕止)。

教学指导手册

教学目标

本案例供法律硕士案例教学使用,法学本科生、宪法学与行政法学专业硕士研究生也可以参酌使用。

本案例教学需要解决的问题主要包括:(1)正当程序原则的内容与价值。(2)当事人在违反正当程序案件中如何举证?(3)违反正当程序原则如何适用撤销判决?(4)违反正当程序原则如何适用确认违法判决?(5)违反正当程序原则如何补救当事人的损害?

本案例教学的最终目标是:为未来潜在的行政诉讼当事人、律师、法官、代理人等提供知识与技能上的储备。

教学内容

1. 什么是正当程序原则?

正当程序原则起源于英国法中古老的"自然正义"(nature justice)原则。其核心内容包括两个方面:(1)任何人不能做自己案件的法官。行政机关工作人员处理涉及与自己有利害关系的事务时,应主动回避或应当事人的申请回避。(2)对他人做出不利决定时,应当说明理由、听取陈述和申辩。正当程序原则不仅可以避免滥用职权、遏制腐败现象,而且还可以有效保护公民的合法权益克服官僚主义,避免无效行政,从而有效提高行政效率。

我国国务院颁布的《全面推进依法行政实施纲要》《国有土地上房屋征收与补偿条例》等法规已明文规定了正当程序原则,但在法律层面还缺乏明确的规定。在司法实践中,田永诉北京科技大学案、[1]彭淑华诉浙江省宁波市北仑区人民政府工伤行政复议案、[2]陈刚不服句容市规划局等城建行政命令案[3]等多个案例运用正当程序原则进行了裁判。可以预见,未来会有越来越多的法院运用正当程序原则判案。

在本案中,定安县政府明显违背了正当程序原则。定安县政府作出了112号通知,决定收回城东公司6706平方米的土地使用权,可以说对城东公司的权益造成了重大影响。然而县政府在作出如此不利决定之前,并未听取当事人的陈述和申辩意见,事后才通知城东公司和定安支行举行听证,明显违反了正当程序原则的第2项内容。因此,最高人民法院在再审判决中,明确提出定安县政府"违反正当程序原则"。

2. 违反正当程序原则如何举证?

原告如果认为被告行政机关违反正当程序,是由原告举证吗?答案是否定的。

不同于民事诉讼"谁主张,谁举证"的规则,行政诉讼实行的是举证责任倒置规则,即在行政诉讼中,一般由被告承担举证责任。对于行政诉讼原告及其代理人来说,可以提供证明行政行为违法的证据,但原告提供的证据不成立的,不免除被告的举证责任。之所以实行举证责任倒置,一方面是由于行政行为的作出应当符合"先取证、后裁决"的基本法理,另一方面是为了发挥行政主体的举证优势。

行政诉讼被告及其代理人在举证时应当注意如下问题:(1)应当在收到起诉状副本之日起15日内,向人民法院提交作出行政行为的证据和所依据的规范性文件。(2)经复议的案件,复议维持的,作出原行政行为的行政机

[1] 北京市海淀区人民法院(1998)海行初字第142号。

[2] 浙江省宁波市镇海区人民法院(2006)甬镇行初字第3号。

[3] 江苏省句容市人民法院(2010)句行初字第14号。

关和复议机关对原行政行为合法性共同承担举证责任,可以由其中一个机关实施举证行为;复议机关对复议程序的合法性承担举证责任。(3)在诉讼过程中,被告及其诉讼代理人不得自行收集证据。原告或者第三人提出了其在行政处理程序中没有提出的理由或者证据的,经人民法院准许,被告可以补充证据。(4)被告在作出行政行为时已经收集了证据,但因不可抗力等正当事由不能提供的,经人民法院准许,可以延期提供。

行政诉讼实行举证责任倒置规则,并不表明原告不用提供任何证据。除应当证明起诉符合法定条件外,原告及其代理人在下列两大类案件中还应当提供相应的证据:(1)在行政不作为案件中,原告应当提供其向被告提出申请的证据。但被告应当依职权主动履行法定职责的,或原告因正当理由不能提供证据的除外。(2)在行政赔偿、补偿案件中,原告应当对行政行为造成的损害提供证据。但因被告的原因导致原告无法举证的,由被告承担举证责任。

因此,在违反正当程序的案件中,原告及其代理人只要主张被告行政机关所实施的行政行为违法即可,不用提供具体的证据。被告行政机关应当提供行政程序合法的证据。当然,原告及其代理人可以提供被告行政机关行政程序违法的证据,但即使这些证据不成立,也不免除被告的举证责任。

在本案中,被申请人定安县政府认为城东公司没有在涉案土地上建水泥预制厂,但却没有提供相应的证据,最高人民法院根据现场照片(书证)和城东公司及定安支行的陈述(当事人陈述),认定了涉案土地上建有水泥预制厂的事实。对于是否通知了城东公司参加听证会,以及听证会是否举行,依据行政诉讼举证责任倒置规则,应由被申请人即定安县政府承担举证责任。因此,最高人民法院认为根据县政府所提供的举行听证会通知书、送达回证(书证)及城东公司的陈述(当事人陈述),认定事先通知了城东公司和定安支行参加听证会;根据听证会会议记录和听证会签到单(书证)及定安支行对到会人员身份的认可(证人证言),认定2007年12月11日就收回土地事宜举行了听证会。再审申请人城东公司认为听证会记录系伪造,但却没有提供相应证据,所以最高人民法院对其抗辩不予认可。

3. 违反正当程序原则如何适用撤销判决?

一般来说,如果行政行为违反正当程序,如没有回避,或者没有告知当事人处罚决定的内容,可能对当事人权利造成实际影响,就可能会被法院撤销。行政程序并不是工具,其并不只是实现行政目标的手段,行政程序具有自身的独立价值。撤销违反正当程序的行政行为,不仅可以保障公民、法人或其他组织的合法权益,而且还有利于树立程序正义的理念,有利于提高行政机关工作人员的程序意识,从而有效保障科学行政、民主行政。

我国2014年修改的《行政诉讼法》第70条规定:“行政行为有下列情形之一的,人民法院判决撤销或者部分撤销,并可以判决被告重新作出行政行为:……(三)违反法定程序的;……”适用此条款时,应当注意以下几点内容:(1)应当是违反外部行政程序。如果行政程序属于行政系统内部的程序,不对外部行政相对人产生直接法律效果,则司法一般不应加以干涉,应当由行政内部监督机制自行纠正。但是,如果这种内部行政程序外化了,产生了外部法律效果,如抄送给行政相对人的会议纪要程序,如果存在违法,则应予以撤销。(2)应当是违反“法定”行政程序。对于什么是“法定”程序,至今似乎还没有权威性的法律解释。有观点认为,只有法律、法规规定的程序才属于“法定”程序,这是不妥的,至少没有包括规章在内。规章属于我国的法律渊源,从我国目前的实际情况看,大多数行政程序都是规章设定的。对于此处的“法定”,或许应当从最广义的角度理解,即指我国成文法的规定。甚至还有学者认为,成文法有很多局限性,惯例、公理、法理、判例等也应当具有“法”的意义。[4] 最高人民法院行政庭法官梁凤云认为,这里的“法定程序”不仅包括法律法规规章明确规定的程序,也包括正当法律程序。[5] (3)应当对当事人权利产生实际影响。如果行政行为违反了正当程序,但对于当事人的权利没有产生实际影响,一般不应予以撤销。

---

〔4〕 章剑生:《现代行政法基本理论》,法律出版社2008年版,第626~627页。

〔5〕 参见梁凤云:《新行政诉讼法讲义》,人民法院出版社2015年版,第421页。

4. 违反正当程序原则如何适用确认违法判决？

在我国，违反正当程序原则的行政行为，并不必然被法院撤销。如果认定行政机关违反正当程序原则，法院根据个案的具体情况，除了可能作出撤销判决之外，还可能作出确认违法判决。

2014 年修改的《行政诉讼法》第 74 条第 1 款规定："行政行为有下列情形之一的，人民法院判决确认违法，但不撤销行政行为：……（二）行政行为程序轻微违法，但对原告权利不产生实际影响的；……"根据此规定，尽管行政程序可能违法，但如果只是轻微违法，并且不对当事人权利产生实际影响的，就不应当撤销。需要注意的是，即使行政行为程序轻微违法，但如果对原告权利产生了实际影响，此时应当撤销。

虽然违反法定程序，但不撤销，对此存在不同的观点。在行政诉讼一审稿审议过程中，有的常委委员提出，法定程序具有独立的价值，如果强调"对原告权利产生实际影响"，不利于行政机关程序观念的树立。[6] 此种观点有一定的道理。我国历来存在"重实体、轻程序"的观念，而且至今没有在全国层面制定统一的《行政程序法》，一律撤销违反法定程序的行政行为，确实有可能强化程序正义的理念，但却可能损害程序的效率价值。行政程序环节众多，其设立目的并不完全相同，有的程序是为了保障当事人的合法权益，有的程序是为了规范行政流程提高行政效率。[7] 因此，结合个案的具体情形，在保障公正的情况下兼顾效率，对行政行为程序轻微违法，但对原告权利不产生实际影响的，应当作出确认违法判决。

需要注意的是，对于违反正当程序原则的行政行为，本应作出撤销判决的，但由于特定情形的存在，也可能作出确认违法判决。这主要可分为以下情形：（1）违反正当程序的行政行为依法应当撤销，但撤销会给国家利益、社会公共利益造成重大损害的；（2）行政行为违法，但不具有可撤销内容的；（3）被告改变原违法行政行为，原告仍要求确认原行政行为违法的；（4）被告不履行或者拖延履行法定职责，判决履行没有意义的。

---

〔6〕 参见梁凤云：《新行政诉讼法讲义》，人民法院出版社 2015 年版，第 421 页。

〔7〕 参见梁凤云：《新行政诉讼法讲义》，人民法院出版社 2015 年版，第 421 页。

在本案中,定安县政府在作出 112 号通知决定收回涉案土地使用权时,侵犯了城东公司的陈述权、申辩权等重要程序性权利,已显然不属于程序轻微违法,“本应依法撤销,但考虑到县政府办公楼已经建成并投入使用,撤销 112 号通知中有偿收回涉案土地使用权决定已无实际意义,且可能会损害公共利益,所以应当依法判决确认该行政行为违法”。据此,收回土地使用权的 112 号通知没有被撤销,而是被确认为违法。同理,对于定安县政府 150 号撤证决定,最高人民法院认为,虽然“属于滥用行政职权,依法应予撤销。考虑到涉案土地已经收回并建成办公楼投入使用”,所以也作出了确认违法的判决。

值得注意的是,并非只要可能会给国家利益、社会公共利益造成损害,就必然不撤销违法行政行为,这种损害必须是“重大损害”。因此,法院在作出此类判决时,应对“重大损害”进行较为详细的论证,否则可能难以让当事人信服。因为确认违法判决可能会被滥用,对于本来应当依法撤销的行政行为,少数法官在个别案件中可能会假借撤销会给国家利益、社会公共利益造成“重大损害”为由而不予撤销。由于违法状态的继续存在,公民权利就可能仍然会受到侵害。因此,对于究竟什么是“重大损害”、如何判断“重大损害”、如何公正权衡“公民权利与国家利益、社会公共利益”,则需要进一步的司法解释,需要更多的案例积累,需要更深入的理论研究。行政诉讼原告及其代理人,在选择决定是提出撤销请求还是确认违法等诉讼请求时,应当结合相关事实与法律,认真研究论证撤销违法的行政行为,究竟是否会对国家利益、社会公共利益造成“重大损害”。

5. 违反正当程序原则如何补救当事人的损害?

对于违反正当程序原则的案件,法院不应当仅仅只是判决撤销或确认违法了事,而还应当从充分保护原告利益和彻底化解行政纠纷的角度出发,根据个案情形,决定是否判决被告重新作出行政行为,是否责令被告采取补救措施,或是否判决被告承担赔偿责任。

对于撤销违反正当程序的行政行为的案件,法院不应一撤了事,而是可以判决被告重新作出行政行为。对于确认违反正当程序的行政行为违法的案件,虽然其违法但却并未被撤销,这种违法状态仍然在持续,人民法院可以责令被告采取补救措施;如果给当事人造成了损害,依法判决被告承担赔偿责任。

毫无疑问,责令被告采取补救措施判决的公正适用,可以扭转违法或无效行政行为对当事人造成的不利后果,还当事人以正义,实现行政审判公正。但与此同时,不甚明确的责令采取补救措施判决,可能成为身处困境中的法院当作消解当事人怨气而又不得罪行政机关的挡箭牌。

在本案中,一审判决确认 112 号通知中行政补偿决定违法,并责令县政府对城东公司的损失采取补救措施。但最高人民法院在再审中认为,该责令采取补救措施判决"内容不具体",所以依法撤销了该判决,并明确了补救措施的内容:"责令定安县人民政府自本判决送达之日起 15 日内一次性向定安城东建筑装修工程公司支付收回土地使用权补偿款 135 万元及同期银行贷款利息(贷款利息自 2007 年 11 月 5 日起计算,至本息实际支付完毕止)。"

可以肯定的是,明确责令采取补救措施的方式、种类等具体内容,既可能防止被告行政机关采取一些无关紧要的或不公平的补救措施,也可能促使法院积极作出有实效的判决,从而有力保障当事人的合法权益。然而,由于权力分工不同,法院和行政机关各自承担着不同的公共职能。如果在每一个案件中,法院在责令被告采取补救措施时,都直接明确补救措施的具体方式、种类等内容,则可能会侵犯行政机关的专业判断权,从而可能会造成司法权僭越行政权。因此,在作出确认违反正当程序的行政行为违法的判决后,何种情形应当作出责令采取补救措施判决、何种情形应当作出抽象的责令采取补救措施判决、何种情形又应当作出明确具体的责令采取补救措施判决……需要法院结合个案的具体情形,进行认真权衡。

■ 预期效果

预计学生将熟练掌握正当程序原则的内容与价值、违反正当程序案件的举证规则、违反正当程序原则适用撤销判决的条件、违反正当程序原则适用确认违法判决的条件、违反正当程序原则适用补救措施的条件等知识点;

能够熟练掌握有效提出诉讼请求、有效答辩、有效举证等实务技巧。

课堂时间安排

本案例可以作为专门的案例教学课和模拟法庭课来进行，整个案例课的课堂安排6个课时，每课时45分钟。

课堂设计如下，仅供参考。

1. 课前计划：安排学生阅读案例及相关参考文献和资料，对案件争议的焦点及相关问题进行思考。

2. 课中计划：(1)介绍教学目的，明确讨论主题。(2)分组讨论相关问题。(3)小组代表回答问题，学生讨论和分析。(4)组织学生挑选角色，开展模拟法庭活动。(5)教师对整个案例教学过程进行归纳总结。

3. 课后计划：布置学生进一步思考引申性的思考题，鼓励学生进一步深入阅读相关文献。

思考题和实践题

1. 思考题

(1)本案中，中国农业银行定安支行为第三人。2015年5月1日生效的新《行政诉讼法》第29条第1款规定："公民、法人或者其他组织同被诉行政行为有利害关系但没有提起诉讼，或者同案件处理结果有利害关系的，可以作为第三人申请参加诉讼，或者由人民法院通知参加诉讼。"同被诉行政行为有利害关系与同案件处理结果有利害关系，两种类型的第三人有什么区别与联系？本案中，第三人中国农业银行定安支行是何种类型的第三人？

(2)在本案再审中，城东公司诉称县政府为自己建设办公大楼，不能认定是"公共利益"，而被申请人则认为，行政办公用地可以界定为"公共利益"，政府组织的市政公用等公共事业需要属于公共利益范畴。你有何看法？什么是公共利益？究竟该如何界定公共利益？

(3)对国有土地上房屋进行征收，补偿方式和标准是什么？

(4)本案中，城东公司对评估主体、程序等无异议，但对评估结果有异议。那么依据《国有土地上征收与补偿条例》,该如何处理这种异议?

(5)本案中,最高人民法院在再审中提出了行政征收的“适当补偿”标准:“所谓‘适当补偿’应当是公平合理的补偿,即按照被收回土地的性质、用途、区位等,以作出收地决定之日的市场评估价予以补偿。”请您对这种“适当补偿”标准进行评价。

(6)在本案再审中,城东公司认为听证会记录系伪造,但没有提供相应证据证明,所以最高人民法院认为其抗辩理由不能成立。那么在行政诉讼中,原告对哪些事项负有举证责任?什么是行政诉讼举证责任倒置规则?为什么行政诉讼不实行“谁主张,谁举证”的举证规则?

(7)试述行政诉讼证据的质证、认证规则。

(8)最高人民法院最终作出了确认112号通知收地决定、150号撤证决定违法的判决。确认违法判决有哪些适用情形?确认违法判决和撤销判决有何区别与联系?

(9)最高人民法院在再审判决书中认为:“一审判决确认112号通知中行政补偿决定违法,并责令县政府对城东公司的损失采取补救措施,判决内容不具体,依法应予撤销和改判。”你如何看待此观点?请问责令采取补救措施判决的适用条件是什么?该如何正确适用此判决?

(10)最高人民法院在再审判决书中认为:“当初未填写土地用途,并非城东公司的原因所致,本可以补正方式解决,县政府却以此为由撤销城东公司合法持有的《国有土地使用证》,属于滥用行政职权,依法应予撤销。”什么是滥用职权?滥用职权和超越职权有何区别?

2. 实践题

(1)作为一审原告城东公司的代理律师,请为其撰写行政起诉状。

(2)如果您是定安县政府诉讼代理人,请为其撰写行政诉讼答辩状。

(3)定安县政府不服一审判决提出上诉,作为其诉讼代理人,请为其撰写行政上诉状。

(4)在24家烟花爆竹生产企业联名状告安徽省政府案中,合肥市中级人民法院最终做出了确认安徽省人民政府作出皖政办(2013)45号“安徽省人民政府办公厅转发安徽省安全生产监督管理局等部门关于烟花爆竹生产企业整体退出意见的通知”行为违法,并责令安徽省人民政府采取相应的补救措施的判决。有观点认为,此确认违法并责令采取补救措施判决,是法院的“金蝉脱壳”之举。试分析此判决。

(5)作为再审申请人城东公司的代理人,请为其撰写行政再审申请书。

(6)请模拟本案再审的庭审现场。每位同学从再审申请人、再审申请人代理律师、被申请人、被申请人代理人、第三人、法官、书记员、法警等角色中,选取一个角色,开展模拟法庭活动。

参考文献

1. 姜明安等:《行政程序法典化研究》,法律出版社 2016 年版。
2. 应松年:《中国行政程序法立法展望》,载《中国法学》2010 年第 2 期。
3. 何海波:《司法判决中的正当程序原则》,载《法学研究》2009 年第 1 期。
4. 周佑勇:《行政法的正当程序原则》,载《中国社会科学》2004 年第 4 期。
5. 章剑生:《论利益衡量方法在行政诉讼确认违法判决中的适用》,载《法学》2004 年第 6 期。
6. 陈思融:《论行政诉讼补救判决的适用——基于 104 份行政裁判文书的统计分析》,载《中国法学》2015 年第 2 期。
7. 江必新主编:《中华人民共和国行政诉讼法及司法解释条文理解与适用》,人民法院出版社 2015 年版。
8. 耿宝建:《裁判的方法》,人民法院出版社 2016 年版。
9. 梁凤云:《新行政诉讼法讲义》,人民法院出版社 2015 年版。
10. 最高人民法院行政审判庭编:《行政诉讼文书样式》,人民法院出版社 2015 年版。

撰稿人 | 刘权,中央财经大学法学院讲师、北京大学法学博士

10 CASE 冠生园公司不服某工商行政管理分局行政处罚决定案

| 摘 要 |

本案例以一起真实的行政处罚案件为蓝本,围绕行政处罚程序和行政诉讼程序的相关环节,涉及以下知识点和职业技能内容:代理律师如何参与各阶段行政诉讼活动,被诉行政行为程序与实体合法性的质疑路径、公法基本原则的适用等。本案例涵盖起诉条件审查、被诉行政行为合法性审查、案件实体判决三个诉讼环节,涉及的实体问题主要是法不禁止即自由原则的适用,涉及的程序问题包括间接相对人的原告资格、行政行为中第三人的程序权利、诉判对应与判决形式的选择等问题。本案例对于解决行政处罚间接相对人提起的行政案件等具有参考意义。

| 关键词 |

行政处罚案　行政诉讼　间接相对人　法不禁止即自由　撤销判决

| 教学目标 |

着重让学生把握四个方面的内容:(1)如何从法律适用与程序上质疑被诉行政行为的合法性;(2)公法基本原则之一“法不禁止即自由”的理解与适用;(3)间接相对人的行政程序权利与其行政诉讼原告资格的认定;(4)全部撤销与部分撤销判决形式的选择及其与诉判对应原则的关系。

教学案例主文

一、本案当事人基本情况

原告:某市冠生园食品有限公司;

地址:某省某市某经济技术开发区江堤中路某村。

被告:某市工商行政管理局某分局;

地址:某市某区兴隆路某号。

第三人:某省新一佳商业投资有限公司某店;

地址:某市某区华厦路某号。

二、基本案情

2015年4月12日,某市工商行政管理局某分局(以下简称某工商分局)接到消费者举报称,其在新一佳商业投资有限公司某店(以下简称新一佳某店)所购买的“金禾”沙琪玛配料栏标注了“TBHQ”,违反了《食品安全法》的规定。

后某工商分局立即对此举报进行现场检查取证,并于2015年4月24日对新一佳某店立案调查。经监督检查以及依法获取证据,确认新一佳某店经销的由江西某有限公司授权某食品工业有限公司生产的20141023批次“金禾”沙琪玛和由某市冠生园食品有限公司(以下简称冠生园公司)生产的20140615批次“苦荞金品福”沙琪玛配料栏分别标有TBHQ、抗氧化剂(TBHQ)。某工商分局认为,上述食品虽然有法律允许的、加工过程中带入的抗氧化剂“TBHQ”,但不能在标签上标注,上述食品标签上在食品添加剂项下标注“TBHQ”不符合《食品安全国家标准预包装食品标签通则》(以下简称《标签通则》)的相关规定。

2015年6月6日,某工商分局向新一佳某店送达了行政处罚听证通知书,而新一佳某店在法定期限内并未提出陈述、申辩意见以及听证申请。

2015年6月13日,某工商分局依法对新一佳某店作出了行政处罚决定书。

三、本案被诉行政行为的基本内容

某市工商行政管理局某分局
行政处罚决定书

开工商案字(2015)061号

当事人:某省新一佳商业投资有限公司某店

营业场所:某市某区华厦路某号

负责人:李某

经营范围(略)

本局在监督检查中发现,当事人因涉嫌经销不符合《食品安全法》的食品,于2015年4月24日被本局立案调查。

经查明,2015年1月1日至2015年4月12日,当事人经销由江西某有限公司授权某食品工业有限公司生产的"金禾"牌沙琪玛,供货商是某市某食品贸易有限公司;某市冠生园食品有限公司生产的"苦荞金品福"牌沙琪玛,供货商是某市某食品贸易有限公司,生产批次分别是20141023、20140615,标签配料表分别标有TBHQ、抗氧化剂(TBHQ)。当事人所售食品没有直接添加抗氧化剂"TBHQ",标签上在食品添加剂项下标注"TB-HQ",不符合《食品安全国家标准预包装食品标签通则》的规定。

至本局执法人员4月12日实施现场检查之日止,当事人购进"金禾"牌沙琪玛(720克/包)299包,购进价为8.5元/包,销售价为15元/包,已销售103包;购进"苦荞金品福"牌沙琪玛(518克/包)23包,购进价为13.5元/包,销售价为27.5元/包,已销售3包。当事人经营上述食品货值金额5117.5元,从中获利711.5元。

相关证据及其证明事项(共10项证据,分别是关于当事人资格的材料、执法现场笔录、询问笔录、货品来源、销售现场照片、消费者购买发票、供货商情况说明等)(略)。

上述证据系本局依照法定程序取得,证据真实、合法,与当事人的违法行为有关联性,当事人未提出异议。本局采信以上证据作为定案证据。根据以上查明的事实,本局于2015年6月6日向当事人送达开工商听字[2015]0000570号《某市工商行政管理局某分局行政处罚听证告知书》,在法定期限内当事人未提出陈述、申辩意见和听证申请。

本局认为:当事人所售食品的标签未按国家强制标准《食品安全国家标准预包装食品标签通则》(GB7718—2011)第4.1.3.1.4条规定标明食品添加剂,属于《中华人民共和国食品安全法》第四十八条第三款"食品和食品添加剂与其标签、说明书所载明的内容不符的,不得上市销售。"和《流通环节食品安全监督管理办法》第九条第(十一)项"食品的标签、说明书不符合《中华人民共和国食品安全法》第四十八条第三款规定的食品"所指经销预包装食品标签不符合食品安全标准的违法行为。

本案当事人违法经营食品货值金额虽然不大,但作为国内知名度大和有多年从事连锁经营经验的卖场,更应对食品安全国家标准加强注意,综合以上自由裁量因素,可对本案当事人的违法行为实施处罚。

《流通环节食品安全监督管理办法》第五十六条规定:"违反本办法第九条第一款第(七)、(九)、(十一)、(十二)项,第二十条第一款的规定的,没收违法所得、违法经营的食品和用于违法经营的工具、设备等物品;违法经营的食品货值金额不足一万元的,并处二千元以上五万元以下罚款;货值金额一万元以上的,并处货值金额二倍以上五倍以下罚款;情节严重的,责令停产停业,直至吊销许可证。"本局决定责令当事人改正违法行为,并处罚如下:

一、没收违法所得711.5元;

二、处罚款29288.5元;

合计30000元。

当事人在收到本处罚决定之日起15日内,应到交通银行某市北大桥支行(账户:某省财政国库管理局非税收入汇缴结算户,账号:43161300001816007

××××)缴纳罚款。逾期不缴纳,每日按罚款数额的3%加处罚款,并请人民法院强制执行。

如不服本处罚决定,可在收到本处罚决定之日起60日内向某市工商行政管理局或某区人民政府申请复议,也可依法在6个月内直接向某区人民法院提起诉讼,当事人对行政处罚决定不服申请复议或者提起行政诉讼的,行政处罚不停止执行。

本次处罚决定将依照《某省工商行政管理局市场主体违法行为记录公开办法》予以公示。

某市工商行政管理局某分局

二〇一五年六月十三日

四、原告起诉状的基本内容

(一)诉讼请求

请求撤销某工商分局开工商案字(2015)061号处罚决定书中对"苦荞金品福"沙琪玛违规标注的认定。

(二)主要事实和理由

1. 本案中生产批次为20140615的"苦荞金品福"沙琪玛为合格产品。

2. 生产过程中,原告虽然没有直接添加抗氧化剂"TBHQ",但因生产工艺有油炸工序,生产使用的植物油含有抗氧化剂,且符合《国家食品添加剂使用标准》GB2760—2011规定的带入原则,(GB7718—2011)第4.1.3.1.4条规定"若符合GB2760—2011规定的带入原则且在最终产品中不起工艺作用,不需标示"。而"若符合GB2760—2011规定的带入原则且在最终产品中不起工艺作用,不需标示"的实际意义,应该是法律对该类食品加工工序中存在食品添加剂的一种宽容原则,规定中"不需标示"并不说明原告的产品标示了就属违法。由于生产工艺中的带入原则因素,"苦荞金品福"沙琪玛实实在在存在"TBHQ",原告在食品添加剂项下明确标注"TBHQ",是对消费者和社会负责任的一种态度，是对《标签通则》相关规定的遵守，不违反《标签通则》的规定。

3. 原告公司生产的"苦荞金品福"沙琪玛上的食品标签，严格按照国家强制标准《标签通则》的规定执行，食品和食品添加剂与其标签、说明书所载明的内容客观、真实，没有违反《食品安全法》第48条第3款和《办法》第9条第11项的规定。

4. 被告某工商分局没有听取原告冠生园公司的意见，剥夺了产品当事人法律赋予的听证举证权利。

5. 在调查阶段，被告某工商分局责令第三人新一佳某店放弃听证、复议权利，迫使第三人撤销复议申请。

6. 第三人新一佳某店实际进购原告公司生产的"苦荞金品福"沙琪玛仅23包，总价值310.25元，实际销售3包，销售价格为27.50元/包，销售金额仅82.50元。

7. 因"开工商案字(2015)061号"处罚决定给原告冠生园公司的某经销商造成了2万元以上的直接经济损失，同时使原告公司品牌形象受到极大损害。

（三）原告提供的主要证据目录

1. 某工商分局工商案字[2015]061号行政处罚决定书。

2. 某质监局经济技术开发分局给冠生园公司某市代理商的关于"苦荞金品福"沙琪玛为合格产品的回函。

3. "苦荞金品福"沙琪玛质量检测报告。

4. 冠生园公司该市代理商要求新一佳某店申请复议的请求函。

5. 新一佳发给冠生园公司某市代理商关于某区工商分局沙琪玛罚款事宜公函。

五、被告答辩状基本内容

(一)答辩事实与理由

1. 被告某工商分局作出的行政处罚所认定的事实清楚,证据确凿,程序合法。2015 年 4 月 12 日,被告接到消费者举报称,其在新一佳某店所购买的“金禾”沙琪玛配料栏标注了“TBHQ”,违反了《食品安全法》的规定。后被告立即对此举报进行现场检查取证,并于 2015 年 4 月 24 日对新一佳某店立案调查。经监督检查以及依法获取证据,确认新一佳某店经销的由江西某谷物有限公司授权某皇室食品工业有限公司生产的 20141023 批次“金禾”沙琪玛和由冠生园公司生产的 20140615 批次“苦荞金品福”沙琪玛配料栏分别标有 TBHQ、抗氧化剂(TBHQ)。因上述食品没有直接添加抗氧化剂“TBHQ”,而标签上在食品添加剂项下却标注了“TBHQ”,故被告认定上述两家公司生产的食品不符合《标签通则》的规定。2015 年 6 月 6 日,被告某工商分局向第三人新一佳某店送达了行政处罚听证通知书,而第三人新一佳某店在法定期限内并未提出陈述、申辩意见以及听证申请。2015 年 6 月 13 日,被告依法作出了行政处罚决定书。

2. 被告某工商分局作出的行政处罚于法有据、理由充分。“苦荞金品福”沙琪玛中的抗氧化剂由生产使用的植物油带入,属非直接使用的添加剂,依《标签通则》(GB7718—2011)B.4.1 一般原则:“直接使用的食品添加剂应在食品添加剂中标注。非直接使用的食品添加剂不在食品添加剂中标注。”“苦荞金品福”沙琪玛在配料栏中标注 TBHQ 的行为违反了此食品安全国家标准。因此,被告依据《食品安全法》第 48 条和《办法》第 9 条、第 56 条之规定作出的行政处罚适用法律正确。

3. 被告某工商分局行政处罚行为合法正确,没有侵犯原告的合法权益。被告在查清事实的基础上,严格依照法律履行职责,依法进行处罚,没有对原告进行非法侵害。因此,被告不承担原告的经济损失和品牌形象、声誉受损的责任。

被告请求法院依法驳回原告的诉讼请求,保证行政执法活动依法正常进行。

（二）被告提供的主要证据目录

1. 现场检查笔录1份；

2. 检查后询问笔录1份；

3. 被处罚人提供的购销凭证12份；

4. 涉案商品被摆在经营现场的照片2张；

5. 举报人购买涉案商品发票1张；

6. 相关供货商提供的、关于涉案商品中存有带入的“TBHQ”的情况说明2份。

教学指导手册

教学对象及目标

本案例供法律硕士案例教学使用，法学本科（大四）、行政法与行政诉讼法法学硕士也可以参酌使用。

本案例以真实发生的行政处罚诉讼案为例，结合被诉行政行为的具体内容、原被告双方的起诉或答辩文书，重点理解和掌握行政诉讼案件的特点，具体要解决的问题包括：(1)行政诉讼中如何围绕被诉行政行为的合法性进行质疑或辩驳？(2)如何理解与适用“法不禁止即自由”这一公法的基本原则？(3)如何把握间接相对人的行政诉讼原告资格？(4)如何把握行政处罚过程中第三人的程序权利？(5)诉判对应原则是否适用于行政诉讼，本案如何选择适用全部撤销或部分撤销判决？

教学内容

1. 行政诉讼中如何围绕被诉行政行为的合法性进行质疑或辩驳？

与民事诉讼、刑事诉讼不同的是，行政诉讼中双方争议的核心在于，被诉行政行为是否合法,或者是否合理。而被诉行政行为是否合法或是否合理又涉及很多方面,根据《行政诉讼法》第70条的规定,涉及以下六个方面:一是主要证据是否不足;二是适用法律、法规是否错误;三是是否违反法定程序;四是是否超越职权;五是是否滥用职权;六是是否明显不当。被诉行政行为是否合法主要涉及前四个方面,后两个方面主要关涉合理性问题。在行政诉讼过程中,质疑或维护被诉行政行为的合法性主要从前四个方面展开,即作出被诉行政行为的机关是否具有相应的职权,被诉行政行为对事实的认定证据是否充分、对法律法规的适用是否正确,被诉行政行为是否遵循了法定程序。

本案中被诉行政处罚行为的主要问题在于两个方面:一是法律法规的适用问题,即冠生园公司在"苦荞金品福"牌沙琪玛配料栏中标注TBHQ,是否违反《食品安全法》第48条第3款和《办法》第9条第11项的规定。而要认定是否违反这两项规定的关键又在于:如何理解《国家食品添加剂使用标准》GB2760—2011第4.1.3.1.4条规定的"若符合GB2760—2011规定的带入原则且在最终产品中不起工艺作用,不需标示"。原被告双方在这一关键问题上持截然不同的观点。二是被诉行政行为是否遵循了法定程序问题。"重实体,轻程序"是我国行政机关多年来的通病,行政行为程序违法常常是现实中行政机关败诉的主要原因。因此,是否违反法定程序也常常成为行政诉讼中双方辩论的焦点。

2. 如何理解与适用"法不禁止即自由"原则?

"法不禁止即自由"原则在本案中体现为,冠生园公司在商品上标注"TBHQ"是否违法?

《标签通则》(GB7718—2011)第4.1.3.1.4条规定,"加入量小于食品总量25%的复合配料中含有的食品添加剂,若符合GB2760规定的带入原则且在最终产品中不起工艺作用,不需标示"。同时,该通则附录B.4.1一般原则中明确:直接使用的食品添加剂应在食品添加剂中标注,非直接使用的食品添加剂不在食品添加剂中标注。冠生园公司生产的20140615批次"苦荞金品福"沙琪玛在生产过程中并未直接添加抗氧化剂,而是因为油炸植物油的带入原因导致食品中含有抗氧化剂,且含量并未超过法定的限额。冠生园公司称,《标签通则》中规定的“若符合 GB2760 规定的带入原则且在最终产品中不起工艺作用,不需标示”,其中的“不需标示”不等于“不能标示”,而且明确标注“TBHQ”有利于保障消费者的知情权。

究竟可不可以标示出来?“不需标示”仍标示是否违法?此处其实与公法上“法不禁止即自由”原则相关。“法不禁止即自由”是指凡是法律没有禁止的,老百姓做了都是不违法的,这个自由是说老百姓的自由,而不是政府行为的自由。本案中冠生园公司不将“TBHQ”标注出来是符合法律规定的,为保障消费者知情权标注出来了也不构成违法。“不需标示”不等于“不能标示”,根据“法不禁止即自由”原则,冠生园公司的标注行为是该公司的一种自由,是应该允许的;同时也是对消费者与社会的一种负责任的态度。

3. 冠生园公司是否具有原告资格?

法谚“没有原告就没有法官”道出了原告在诉讼程序中的作用。但并非任何人都可以成为诉讼程序的原告,起诉人是否具有原告资格是行政诉讼首先要明确的问题。

诉讼中的原告是指具有原告资格的主体为维护自己的合法权益向人民法院提起诉讼,从而开启诉讼程序的人。我国《行政诉讼法》第 25 条第 1 款对原告给予了明确规定:“行政行为的相对人以及其他与行政行为有利害关系的公民、法人或者其他组织,有权提起诉讼。”第 49 条规定了行政诉讼的起诉条件:“……(一)原告是符合本法第二十五条规定的公民、法人或者其他组织;(二)有明确的被告;(三)有具体的诉讼请求和事实根据;(四)属于人民法院受案范围和受诉人民法院管辖。”从上述两条规定可见,只有行政行为的相对人以及其他与行政行为有利害关系的公民、法人或者其他组织才能够向法院起诉,即具有原告资格。与被诉行政行为是否存在利害关系,是确定公民、法人或者其他组织能否成为行政诉讼原告的关键。

本案中某工商分局作出的行政处罚的相对人为新一佳某店,即新一佳某店为通常意义上的行政相对人,并非冠生园公司。但是根据起诉人可以为“其他与行政行为有利害关系的公民、法人或者其他组织”的这一规定,冠生园公司作为行政处罚涉及的问题食品 20140615 批次“苦荞金品福”沙琪玛的生产公司,处罚决定与冠生园公司的品牌形象、产品声誉以及其某经销商的正当权益息息相关,两者之间存在利害关系,所以冠生园公司具有原告资格。

4. 本案被告在行政处罚行为中是否有义务听取冠生园公司的陈述与申辩?

原告冠生园公司在起诉状中称,被告某工商分局没有听取原告冠生园公司的意见,剥夺了法律赋予产品当事人的听证、举证权利。这里便牵扯出有关行政处罚第三人的相关问题,如何谓行政处罚的第三人?冠生园公司是否是本案的行政处罚第三人?如果冠生园公司作为行政处罚的第三人,其是否应该享有陈述和申辩的权利?

借鉴行政诉讼第三人与行政复议第三人的界定方法,结合行政处罚的自身特点,有学者将行政处罚第三人定义为,除作出行政处罚的行政主体和将被处罚的行政相对人之外的,与行政处罚行为可能或已经具有利害关系的,在行政处罚过程中经申请或经立案的行政机关通知而参与行政处罚程序的公民、法人或其他组织。[1] 明确行政处罚第三人的地位,实则为了便利纠纷的正确处理,保障第三人的合法权益。法律应赋予行政处罚第三人参与行政处罚程序的权利。

本案被告在当初针对新一佳某店进行行政处罚时,究竟有无听取冠生园公司的陈述与申辩的义务呢?根据上述对行政处罚第三人的探讨,为了正确、完整、清楚地查明事实真相,保障行政处罚的程序与实体的公正性,维护当事人的合法权益与社会秩序,促进社会持续稳定发展,某工商分局应当听取冠生园公司的陈述与申辩,特别是在冠生园公司已经主动申请要求举证与听证的情况下。

---

〔1〕 林孝文、范小云:《行政处罚第三人研究——对一个行政处罚案件的展开》,载《行政与法》2006年第4期。

5. 本案如何选择适用全部撤销或部分撤销判决?

行政诉讼中原告的诉讼请求与法院判决之间的关系(以下简称诉判关系)是一个值得研究的问题。一般观点认为,行政诉讼与民事诉讼一样,原告的诉讼请求对法院判决具有制约作用,即原告的诉讼请求与法院的判决具有一致性,它是由司法的被动性、处分原则、正当法律程序等所决定的。这一观点及其理论基础具有一定的局限性,忽视了行政诉讼的特殊性。有学者提出,行政诉讼中的诉判关系应当以主观公权利救济和客观法秩序维护两条主线进行重新认识。从主观公权利救济的角度看,主观公权利、行政诉权、诉讼请求、法院判决的关系,从逻辑上总保持着相当程度的一致性和连贯性。而从客观法秩序维护的角度看,行政行为的违法性与有效性决定了行政诉讼诉判并非完全一致。因此,行政诉讼诉判关系是一致性与非一致性的统一。[2]

根据前述分析,本案中冠生园公司将因用植物油油炸带入的抗氧化剂在商品标签上标注出来的行为并不构成违法,被诉行政行为适用法律法规错误,因这一错误使得整个行政处罚决定变得不合法。但原告仅请求撤销某工商分局开工商案字(2015)061 号处罚决定书中对"苦荞金品福"沙琪玛违规标注的认定,并没有请求撤销整个处罚决定。法院应当如何判决?

撤销判决可分为全部撤销、部分撤销、判决撤销同时责令被告重新作出行政行为三种判决形式。三种判决形式如何选择适用,《行政诉讼法》并未明确,仅最高人民法院副院长江必新主编的《中华人民共和国行政诉讼法理解适用与实务指南》中有所说明:(1)全部撤销判决适用于整个行政行为全部违法或行政行为部分违法但行政行为不可分的情况;(2)部分撤销判决适用于行政行为部分违法、部分合法,且行政行为可分,法院只作出撤销违法部分的判决的情况;(3)撤销同时责令被告重新作出行政行为判决适用于违法行政行为撤销后尚需被告对行政行为所涉及事项作出处理的情形。[3] 根据上述说明,本案判决不应局限于原告的部分撤销诉求,应该全部撤销被诉

---

[2] 邓刚宏:《我国行政诉讼诉判关系的新认识》,载《中国法学》2012 年第 5 期。

[3] 江必新:《中华人民共和国行政诉讼法理解适用与实务指南》,中国法制出版社 2015 年版,第 329 页。

行政处罚决定。

预期效果

通过本案例的教学，学生能够学会如下方面的内容：一是如何从法律规范适用与行政程序等方面判断被诉行政行为的合法性；二是正确理解公法基本原则之一“法不禁止即自由”，并运用该原则来判断公民、法人和其他组织行为的合法性；三是准确理解间接行政相对人的行政程序权利及其行政诉讼原告资格；四是明确法官对全部撤销与部分撤销判决形式的选择及其与诉判对应原则的关系。

教学计划

本案例可以作为专门的案例教学课进行讲授，整个案例可安排 3 个课时，每课时 45 分钟。

课堂时间安排

1. 课前计划：安排学生阅读案例及相关参考资料，熟悉整个案例流程，对案例中提出的问题进行思考。

2. 课中计划：介绍教学目的，明确讨论主题。分组讨论问题及解决对策，告知发言要求。小组代表发言，提出解决方案，并对其他小组提出的方案进行评述。教师进行引导性分析，并做最后归纳总结。

3. 课后计划：布置学生课后进一步细化了解行政处罚与行政诉讼的特点和难点，了解实践中所涉及的相关法律法规。

思考题

1. 如何理解“法不禁止即自由”“法无授权即禁止（不可为）”两个公法原则的含义与

关系?

2. 如何应对《行政处罚法》关于行政处罚第三人权益保障规定的缺失?
3. 行政诉讼三种撤销判决的适用条件分别是什么?如何把握该类判决与确认判决的关系?
4. 本案中,如果冠生园公司一并提出行政赔偿请求,诉讼程序、举证责任、判决形式等方面与一般行政诉讼有哪些差异?
5. 本案中,被诉行政行为所处罚的对象,即新一佳某店是否具有独立的法律人格?能否成为行政相对人?

参考文献

1. 江必新:《中华人民共和国行政诉讼法理解适用与实务指南》,中国法制出版社 2015 年版。
2. 姜明安主编:《行政法与行政诉讼法》(第五版),北京大学出版社 2011 年版。
3. 邓刚宏:《我国行政诉讼诉判关系的新认识》,载《中国法学》2012 年第 5 期。
4. 林孝文、范小云:《行政处罚第三人研究——对一个行政处罚案件的展开》,载《行政与法》2006 年第 4 期。

撰稿人｜黄先雄,法学博士,中南大学法学院教授、博士生导师

11 CASE 黄才诉北宁经济技术开发区管理委员会房屋行政强制拆除纠纷案

| 摘　要 |

行政强拆类案件在我国当前行政诉讼案件中占比很大，影响广泛，关系人民群众的切身利益，是社会关注的焦点、热点。本案例以一起真实的行政强制拆迁案件为蓝本，不仅涉及行政强制拆迁类案件司法审判中的事实认定问题、适用法律问题、证据的收集及整理技巧问题，而且涉及行政强制执行程序问题、行政赔偿的范围和举证责任问题。案例内容涵盖《城乡规划法》《土地管理法》《行政诉讼法》《行政强制法》《行政处罚法》《国家赔偿法》等诸多相关实体和程序法律规则。本案例综合性强，具有典型性，具有重要的实训价值，对解决其他行政强拆类案件具有重要参考意义。

| 关键词 |

行政诉讼　行政强制　行政处罚　违法建筑　行政赔偿

| 教学目标 |

本案例属于行政强制拆迁典型案件，综合性强，可以培养和提高法律硕士生的行政法综合知识和理论素养，锻炼学生的实训操作综合能力。通过本案例的教学和实践操作，使学生掌握行政强制拆迁类案件涉及的专业知识点和职业技能，具体包括如下内容：(1)《城乡规划法》《土地管理法》《行政诉讼法》《行政强制法》《行政处罚法》《国家赔偿法》等相关实体和程序法律规则。(2)行政强制拆迁类案件司法审判中的事实认定和法律适用。(3)行政拆迁类案件证据的收集及整理技巧。(4)行政强制执行程序的法律规定和实务。(5)行政赔偿的范围和举证责任。

教学案例主文

原告黄才是北宁市江南区洪福镇罗村九组村民,承租了华涛及其他村民位于洪福镇罗村九组官统山上的农用承包地,建造养殖场,从事生猪养殖。该养殖场位于北宁市邕吴公路以西,占地约三亩。场内有三栋砖木结构房屋及附属设施,总建筑面积972平方米。2013年3月21日,北宁经济技术开发区管理委员会(以下简称管委会)作出北经管(规监)拆告字(2013)第218号《限期拆除告知书》,称:养殖场违反了《城乡规划法》第40条的规定,拟对其作出限期拆除的处罚,业主们在收到通知后3日内有陈述、申辩和申请复核的权利。4月16日,管委会以养殖场违反《城乡规划法》,属于违法建筑为由,将养殖场进行了强制拆除。随后,黄才以该强制拆除行为违法及对其造成经济损失为由,向北宁市中级人民法院提起行政诉讼,法院进行了审理,并做出了相应的判决。原告不服,向广西壮族自治区高级人民法院提起上诉,二审法院驳回上诉,维持原判。原告仍不服,向最高人民法院提起再审,最高人民法院以不符合再审情形为由驳回了再审申请。

法院经审理查明,2012年12月6日,管委会对原告黄才发出《综合行政执法检查通知书》[北经管(规监)检通字(2012)第891号],要求黄才到管委会城市管理综合行政执法大队接受检查。2013年1月16日,管委会城市管理综合行政执法大队对北宁市那洪街道罗村等范围内占地建筑畜禽养殖场进行现场勘查,并制作了现场勘验笔录。同年3月21日,管委会作出北经管(规监)拆告字(2013)第218号《限期拆除告知书》,称:养殖场违反了《城乡规划法》第40条的规定,拟对其作出限期拆除的处罚,业主在收到通知后3日内有陈述、申辩和申请复核的权利。3月27日,管委会作出《限期拆除决定书》[北经管(规监)拆决字(2013)第39号],认定养殖场属于违法建筑,要求黄才在收到该决定之日起3日内自行拆除,并告知其依法享有申请行政复议和提起行政诉讼的权利。3月28日,管委会又作出《关于在那洪街道罗村范围内依法开展2013年畜禽养殖污染专项整治行动的通告》,认定北宁市那洪街道罗村等范围内占地建设的畜禽养殖场属于违法建设和违法养殖经营,且其排污不达标,再次要求相关养殖场业主限期拆除。4月16日,管委会将黄才位于北宁市江南区那洪街道罗村九组官统山农用地建造的养殖场进行了强制拆除。

法院还查明,涉案的北宁市江南区那洪街道属于北宁经济技术开发区辖区范围。根据《北宁经济技术开发区条例》第6条第9项,北宁市规划管理局、北宁市国土资源局、北宁市政府分别与被告签订的三份授权书以及北发(2001)54号、55号文等文件的规定,被告管委会具有对本案原告所建养殖场作出被诉强制拆除行为的主体资格和法定职权。黄才租用那洪街道罗村九组村民的承包地,建造养殖场用于畜禽养殖,其权利义务受到本案被诉的强制拆除行为的影响,具有提起本案行政诉讼的主体资格。本案被诉的行政强制拆除行为系被告于2013年4月16日作出,原告于2013年5月24日向人民法院提起行政诉讼,符合提起行政诉讼的法定期限。

原告黄才诉称,管委会违法强制拆除原告的养殖场,事实认定不清,法律适用错误,程序违法,是违法行政行为,给原告造成了重大经济损失,请求法院依法判决确认被告于2013年4月16日强行拆除原告养殖场建筑物的行为违法,并判决被告赔偿原告经济损失100万元,承担本案的全部诉讼费用。理由是:

1. 原告利用农村承包地从事生猪养殖,建筑养殖设施,是依法行使土地承包经营权的行为,建设养殖设施合法。被告根据《城乡规划法》认定原告的养殖场没有取得建设工程规划许可证等证件进行建设,系违法建筑,没有任何法律依据。原因有三:

(1)农民对于承包的土地具有自主经营权。根据《农业法》第10条、《物权法》第125条和《农村土地承包法》第16条的规定,原告与村民签订《土地租赁合同》,在村民自有承包地上建设生猪养殖场的行为,属于合法地行使自主经营权行为。

(2)原告对养殖场所、设备及生猪依法享有合法的财产所有权。养殖用地属于农业用地,土地承包人可以自主决定将耕地用于养殖业。建造养殖用房不属于改变土地用途的行为，占用基本农田以外的耕地从事养殖业不需要按照建设用地或者临时用地进行审批。原告建造的生猪养殖场是农民家庭经营的小规模养殖，属于农业设施，不属于《关于完善设施农用地管理有关问题的通知》调整的范围，不需要按该通知规定办理审批手续。

（3）《城乡规划法》调整的范围限于城市及乡镇规划区内，原告养殖场所在的土地是农村集体所有的山地，不属于城市、乡镇规划范围，因此被告根据《城乡规划法》认定原告的养殖场没有取得建设工程规划许可证等证件进行建设，系违法建筑，没有任何法律依据。

原告提出了4项证据：（1）土地出租合同，证明涉案建筑是租赁洪福镇罗村九组村民华涛的土地所建造；（2）常住人口登记卡和身份证复印件，证明土地出租人华涛的身份情况；（3）森林、林木、林地状况登记表，证明华涛及其他村民对出租给原告黄才的土地享有合法的使用权；（4）村民签名表，证明华涛所在的罗村九组村民一致签名同意华涛及其他村民将土地出租给原告黄才。

2. 被告行政强制拆除程序违法。按照《行政处罚法》第42条第1款“行政机关作出责令停产停业、吊销许可证或者执照、较大数额罚款等行政处罚决定之前，应当告知当事人有要求举行听证的权利；当事人要求听证的，行政机关应当组织听证……”的规定，被告在强制拆除前，应组织听证，被告没有组织听证。

即使养殖场是违法建筑，根据《行政强制法》第44条“对违法的建筑物、构筑物、设施等需要强制拆除的，应当由行政机关予以公告，限期当事人自行拆除。当事人在法定期限内不申请行政复议或者提起行政诉讼，又不拆除的，行政机关可以依法强制拆除”的规定，原告也有提起行政复议和行政诉讼的权利。本案被告在2013年3月27日发出限期拆除决定书之后，于同年4月16日即对涉案养殖场进行了强制拆除，其强制拆除行为尚在原告提起行政复议或者提起行政诉讼的法定期限之内，违反了法定程序。被告在强制拆除的过程中，没有依法通知原告在场，没有对原告的合法财产进行证据保全，没有制作物品清单。被告认为，原告排污不达标，但是事实上从未向原告送达过有关检测报告。因此，被告程序违法，属于违法行为。

3. 被告在拆除养殖场过程中将原告养殖场内的猪砸死十几头，损坏场内财产，属于侵犯公民合法财产所有权的侵权行为。原告出示了41张照片，证明原告的养殖场被拆除前、后的状况。二审时又申请证人谭某出庭作证并提供了强拆现场录像视频，用以证明管委会在强拆时没有把养殖场里的生猪、鸡、产床、电风扇、喂料槽、拉料车等财产转移，给原告造成了直接经济损失的事实。并且原告认为，被告向法庭提供的视频录像没有提供制作说明，没有注明光碟中照片、视频资料的原始出处，不符合法律规定。

被告辩称，原告的诉讼请求及赔偿要求没有法律依据，涉案养殖场属于违法建筑，被告作出的行为认定事实清楚，证据确凿，适用法律正确，程序合法，是合法的具体行政行为，请求法院判决驳回原告的诉讼请求。理由如下：

1. 原告所建的养殖场属于违法建筑，依法应当予以拆除。原因有三：

（1）本案被强制拆除的养殖场所在土地属于《城乡规划法》的调整范围。

《土地管理法》第22条第3款规定："在城市规划区内、村庄和集镇规划区内，城市和村庄、集镇建设用地应当符合城市规划、村庄和集镇规划。"《城乡规划法》第2条规定："制定和实施城乡规划，在规划区内进行建设活动，必须遵守本法。本法所称城乡规划，包括城镇体系规划、城市规划、镇规划、乡规划和村庄规划。城市规划、镇规划分为总体规划和详细规划。详细规划分为控制性详细规划和修建性详细规划。本法所称规划区，是指城市、镇和村庄的建成区以及因城乡建设和发展需要，必须实行规划控制的区域。规划区的具体范围由有关人民政府在组织编制的城市总体规划、镇总体规划、乡规划和村庄规划中，根据城乡经济社会发展水平和统筹城乡发展的需要划定。"《北宁市城市总体规划（2011—2020）》中划定的"城市规划区为：北宁市市区，即市属六城区所辖行政范围"。本案被强制拆除的养殖场位于北宁市江南区那洪街道罗村九组，在上述北宁市的城市规划区以内，属于《城乡规划法》的调整范围。

（2）原告所建的养殖场并不属于设施农用地，属于建设用地，应事先取得规划许可证。

原告主张原告的养殖场约有生猪一百头，不属于规模化养殖，不属于设施农用地,不适用国土资源部《关于完善设施农用地管理有关问题的通知》[国土资发(2010)155号]关于设施农用地的审批规定,被告没有意见。被告认为原告的土地应该根据《城乡规划法》按照建设用地进行管理,而建设用地需要事先取得规划许可证。《城乡规划法》第40条第1款规定:“在城市、镇规划区内进行建筑物、构筑物、道路、管线和其他工程建设的,建设单位或者个人应当向城市、县人民政府城乡规划主管部门或者省、自治区、直辖市人民政府确定的镇人民政府申请办理建设工程规划许可证。”原告租用北宁市江南区那洪街道罗村九组村民农用林地建造养殖场,从事畜禽养殖,应当依法办理建设工程规划许可证。原告私自建造养殖场,没有履行任何报批、审核手续。因此,原告的涉案养殖场属于违法建筑物。

根据《城乡规划法》第64条“未取得建设工程规划许可证或者未按照建设工程规划许可证的规定进行建设的,由县级以上地方人民政府城乡规划主管部门责令停止建设;尚可采取改正措施消除对规划实施的影响的,限期改正,处建设工程造价百分之五以上百分之十以下的罚款;无法采取改正措施消除影响的,限期拆除,不能拆除的,没收实物或者违法收入,可以并处建设工程造价百分之十以下的罚款”和第68条“城乡规划主管部门作出责令停止建设或者限期拆除的决定后,当事人不停止建设或者逾期不拆除的,建设工程所在地县级以上地方人民政府可以责成有关部门采取查封施工现场、强制拆除等措施”的规定,被告对涉案养殖场进行强制拆除,于法有据,属于合法行政行为。

(3)原告所建养殖场严重污染了周边环境,给当地村民的生产生活带来了极大困扰,拆除该养殖场势在必行。

原告没有按照《建设部门环境保护分类管理目录》规定填报环境影响登记表。《环境保护法》第26条规定,建设项目中防止污染的设施必须与主体工程同时施工、同时投产使用,并经有关部门验收合格后,建设项目才能投入生产或使用。《大气污染防治法》第80条规定,企业事业单位和其他生产经营者在生产经营活动中产生恶臭气体的,应当科学选址,设置合理的防护距离,并安装净化装置或者采取其他措施,防止排放恶臭气体。原告所建养殖场向周边大量排放恶臭气体,没有任何防止污染设施,给周围环境造成了严重污染。被告根据《大气污染防治法》第117条的规定对之予以拆除合情合法。

被告提供了行政执法检查通知书[北经管(规监)检通字(2012)第891号]及其送达现场取证照片、现场勘查笔录、立案审批表、违法建设处理意见书等,证明原告的养殖场涉嫌违法;罗村村民及村委会的报告各一份、那洪街道办事处《关于解决那洪街道办罗村七、八、十一组水田、鱼塘被污染情况的函》,证明原告的养殖场对周边环境造成了严重污染;报纸报道的资料、《罗村九队进士坟、官统、老窑一带租地无序养猪污染环境生态修复项目可行性研究报告》等,证明原告养殖场严重污染环境,对涉案养殖场进行环境治理势在必行。

2. 被告采取的执法行为程序合法。

根据《行政强制法》第44条的规定,被告针对原告的违法建设行为,曾经于2012年12月6日向原告发出了文号为[北经管(规监)检通字(2012)第891号]的《综合行政执法检查通知书》,要求原告接受检查,但原告迟迟不做答复。在拆除原告违法建筑之前,已经进行了现场勘验、立案审查、发出公告、限期当事人自行拆除、通知当事人到场等程序,拆除过程中,大部分业主都根据事前通知到达了拆除现场。《行政强制法》第36条规定,当事人收到催告书后有权进行陈述和申辩。行政机关应当充分听取当事人的意见,对当事人提出的事实、理由和证据,应当进行记录、复核。当事人提出的事实、理由或者证据成立的,行政机关应当采纳。并未规定听证程序是必经程序。因此,管委会在强制拆除原告违法建筑前没有举行听证程序不违法。

被告提供了限期拆除告知书[北经管(规监)拆告字(2013)第218号]及其回执、限期拆除决定书[北经管(规监)拆决字(2013)第39号]及其回执、《关于在那洪街道罗村范围内依法开展2013年畜禽养殖污染专项整治行动的通告》、文书送达现场取证照片,证明管委会依法履行了拆除行为的告知、送达、限期拆除和污染治理通告等法定程序,程序合法。

3. 被拆除的建筑物本身违法,其建筑及装修材料灭失的损失不应当得到赔偿,原告提出的赔偿请求没有法律依据。

根据《国家赔偿法》第2条第1款关于"国家机关和国家机关工作人员行使职权,有本法规定的侵犯公民、法人和其他组织合法权益的情形,造成损害的,受害人有依照本法取得国家赔偿的权利"的规定,只有当公民的合法权益受到行政机关违法行使职权的侵犯,其损失才能得到国家赔偿。黄才建造的养殖场是违法建筑,不属于合法权益,不属于法律保护范围,无权依照《国家赔偿法》请求赔偿。另外,被告在拆除原告的违法建筑之前,已经履行了相应的告知、财产搬离等程序,被告强制拆除前已经通知当事人到场,有部分当事人在拆除时到达了现场,拆除违法建筑之前已经协助原告安全转移了相关财物。原告所诉损失是由于不配合被告正当执法行为所致。

被告提供了拆除现场的视频和照片资料光碟,用以证明强制拆除时程序合法,没有对原告的合法权益造成损害。另外,被告对原告提供的证据提出了异议。被告认为,原告在一审期间提交的照片没有拍摄时间,不能证明照片是当天拍摄。二审申请出庭作证的证人谭某的证言没有其他证据佐证。在二审提供的视频中没有发现有黄才的牲畜被砸死、砸伤的情况,不能证明黄才的牲畜受到损失。

本案控辩双方的主要争议焦点有三个:(1)涉案养殖场是否属于违法建筑?本案是否应该适用《城乡规划法》?(2)管委会的行政强制执行程序是否合法?(3)本案原告是否应该获得行政赔偿?

教学指导手册

教学目标

目前,行政强拆类案件在我国行政诉讼案件中占比很大,影响广泛,关系人民群众的切身利益,是当前社会关注的热点、焦点。此案例综合性强,具有典型性,不仅涉及事实认定问题、适用法律问题,而且涉及行政强制执行程序问题、行政强制拆迁类案件证据的收集及整理技巧问题、行政赔偿的范围和举证责任问题。通过该案例的教学和实践操作,目的是使学生熟悉行政拆迁类案件的事实认定、证据规则、法律适用等相关知识和技能,加深学生对《城乡规划法》《土地管理法》等实体法和《行政强制法》《行政处罚法》《行政诉讼法》《国家赔偿法》等程序法的理解和掌握，培养和提高法律硕士生的行政法综合知识和理论素养，锻炼学生的实训操作综合能力。

教学内容

1.《城乡规划法》《土地管理法》的主要内容。

2.《行政强制法》《行政处罚法》关于行政程序的规定。

3.《行政诉讼法》及相关司法解释对行政案件诉讼程序的规定及行政诉讼证据的规定。

4.《国家赔偿法》及相关司法解释关于赔偿范围、赔偿程序、举证责任等的规定。

5. 行政强制拆迁类案件证据的收集、筛选、举证、质证、询问证人和法庭辩论等的要点和技巧。

预期效果

通过该案例的教学和实践操作，了解行政强制拆迁类案件涉及的复杂行政法理论和实务，熟悉《城乡规划法》《土地管理法》等实体法以及《行政强制法》《行政处罚法》《行政诉讼法》《国家赔偿法》以及最高人民法院《关于行政诉讼证据若干问题的规定》等程序法规则的内容和具体法律适用，掌握拆迁类案件证据的收集、筛选、举证、质证、询问证人和法庭辩论等的要点和技巧，提高法律文书写作水平。

教学计划

1. 案情介绍。指导教师将案件基本情况介绍给学生，并进行案情分析。

2. 组织讨论。要求学生根据案件基本事实、双方的论点和提供的相关证据，分析其缺陷和不足，提出自己的建议，寻找并论证本案适用的实体法及程序法依据。

3. 角色分配,模拟庭审。要求学生认真观摩,在庭审后,针对各方的表现进行评析,指出问题,提出完善建议。

4. 教师评议。指导教师评议案例模拟中出现的证据收集和采信问题、事实认定问题、法律适用问题,指出其不足,有针对性地传授强拆类案件的职业技巧和实务经验。

■ 课堂时间安排

课堂时间共安排4课时。

1. 案情介绍及讨论分析(1课时)。

2. 角色分配,模拟庭审,互相针对各自的表现进行译析(2课时)。

3. 指导教师评议(1课时)。

■ 思考题

1. 涉案养殖场是否属于非法建筑?本案是否应该适用《城乡规划法》?

2. 行政强制拆除行为的性质及本案程序合法性分析。

3. 本案原告是否应该获得赔偿?

4. 根据案例制作一份相关法律文书。

■ 参考文献

1. 姜明安:《行政法与行政诉讼法》(第六版),北京大学出版社2015年版。

2. 何海波:《行政诉讼法》,法律出版社2011年版。

3. 丁晓华:《强制拆除违法建筑行为定性与规范——基于对〈行政强制法〉第44条的解读》,载《法学》2012年第10期。

4. 江必新:《行政强制司法审查若干问题研究》,载《时代法学》2012年第5期。

撰稿人｜何翠凤,教授,山东财经大学法学院

12 CASE 新疆瑞成房地产开发有限公司税务争议案

| 摘　要 |

本案例以一起真实的税务行政诉讼案件为蓝本，围绕该案件在税务争议中涉及的知识点，针对税务机关核定计税依据、告知申请回避的权利、上级行政机关复函的效力、税款入库期限等问题进行实例分析，并且针对税收征管实践中存在的征税权与纳税人权利平衡、正当法律程序、税收通告的效力等问题进行解析。本案例涵盖税收实体和税收程序两个部分，涉及纳税义务的确定、税收征管中的纳税人权利等方面。本案例对于各类型的涉税争议在司法领域中应当如何贯彻税收法定和保护纳税人权利理念，具有参考意义。

| 关键词 |

纳税人权利　税务行政诉讼　税收法定原则

| 教学目标 |

着重引导学生把握如下内容：(1)在税务处理和处罚过程中，税务机关应当履行哪些义务以维护纳税人的合法权利以及如何履行这些义务；(2)在纳税义务的确定过程中，税务机关调整计税依据的核定权应当受到何种法律上的限制；(3)国家税务总局对下级税务机关的复函以及税务机关内部的文书制式是否具有当然的法律效力；(4)面对征管实践中的“压库”问题，对纳税人的行为应当如何认定，需要什么证据的支持；(5)人民法院在审理涉税案件时应当如何处理税法的规定与税务机关征管措施之间的关系。

教学案例主文

一、案件概况

新疆维吾尔自治区地方税务局(以下简称地税局)在税务检查过程中发现新疆瑞成房地产开发有限责任公司(以下简称瑞成公司)涉嫌多个税种的逃避纳税义务行为。其中在一宗房产交易中,以明显低于市场价格销售住宅给离退休职工。涉嫌逃避缴纳营业税124712.94元。此外,在纳税义务的履行上,还存在迟延纳税的情形。于是地税局对其作出了补缴税款并处以罚款的处理和处罚决定。瑞成公司认为,地税局在行政处理和处罚过程中未能告知其申请回避的权利,而且对于其低价销售住宅的营业额进行核定没有法律依据,是越权行为,于是提起诉讼。一审法院支持了瑞成公司的请求,撤销了地税局的处理和处罚决定。地税局不服提起上诉。二审法院在指出地税局在税收征管程序中存在的瑕疵的同时,认为地税局处理和处罚程序是合法的,但是对于其调整营业税计税依据行为的合法性则不予认定,维持了一审判决的主文。该案件在纳税义务的确定以及税务处理和处罚程序中存在一些值得从法律层面进行检视的问题,特别是在"落实税收法定原则"的改革背景下,税务机关征管权力与纳税人权利的关系方面更具有深入思考的价值。

二、案件起因

2011年2月18日,国家税务总局下发了国税发(2011)24号《国家税务总局关于开展2011年税收专项检查工作的通知》。2011年3月21日,地税局下发了新地税发(2011)81号《关于开展2011年税收专项检查工作的通知》。地税局据此于2011年7月1日对瑞成公司立案进行税务稽查。2011年7月19日,地税局向瑞成公司发出了税务检查通知书,该通知书告知瑞成公司税务局将对2009年1月1日至2010年12月31日期间涉税情况进行检查。该通知书未告知瑞成公司享有申请回避的权利。2011 年 7 月 20 日，地税局向瑞成公司送达了该通知书并开始进行税务检查,2011 年 9 月 15 日检查完毕。2011 年 10 月 8 日,地税局检查部门将案卷移交给了地税局的审理部门。2011 年 12 月 30 日,地税局作出《税务行政处罚告知书》,2011 年 12 月 31 日,地税局将该处罚告知书送达瑞成公司。2012 年 6 月 29 日,地税局对瑞成公司作出《税务行政处理决定书》,要求瑞成公司对少缴税款进行补缴。瑞成公司收到该处理决定后对少缴税款补缴完毕。2012 年 10 月 31 日,地税局对瑞成公司作出新地税稽罚(2012)12 号税务行政处罚决定,对瑞成公司少缴 2009—2010 年营业税、城建税、印花税、房产税、土地使用税、土地增值税(查补数),合计 1610002.80 元,处以少缴款 1 倍的罚款计 1610002.80 元。对瑞成房产公司应扣未扣个人所得税 102565.72 元(其中,2009 年 60921.00 元,2010 年 41644.72 元)处以 1 倍的罚款 102565.72 元。以上应缴款项共计 1712568.52 元。2012 年 11 月 7 日,地税局将该处罚决定送达瑞成公司。瑞成公司不服,遂向法院提起诉讼。

三、一审判决

地税局稽查局是新疆税务稽查工作的行政主管部门,依法行使行政处罚权是其法定职责。《税收征收管理法实施细则》第 8 条规定:“税务人员在核定应纳税额、调整税收定额、进行税务检查、实施税务行政处罚、办理税务行政复议时,与纳税人、扣缴义务人或者其法定代表人、直接责任人有下列关系之一的,应当回避:(一)夫妻关系;(二)直系血亲关系;(三)三代以内旁系血亲关系;(四)近姻亲关系;(五)可能影响公正执法的其他利害关系。”本案中,地税局在向瑞成公司发出税务检查通知书时未告知瑞成公司享有申请回避的权利,违反法定程序。地税局在无价格认定行政职权的情况下,以瑞成公司在 2010 年以低于市场价格销售给某投资发展有限公司离退休职工住宅为由,直接以同期市场价格对瑞成公司进行调整补缴营业税,调整金额 2494258.77 元,并据此认定瑞成公司少缴营业税 124712.94 元,属越权行政。故其认定瑞成公司以低于市场价格销售的事实不清,主要证据不足。综上,瑞成公司要求撤销地税局作出的新地税稽罚(2012)12 号税务行政处罚决定的诉讼请求成立,应予支持。依照《行政诉讼法》第54条第2项之规定,法院判决撤销地税局稽查局2012年10月31日作出的新地税稽罚(2012)12号税务行政处罚决定的具体行政行为。

四、二审过程与判决

二审法院在一审法院认定事实的基础上,又查明以下事实:

1. 瑞成公司的税务登记机关为乌鲁木齐市沙依巴克区地税局。本案上诉人地税局在对瑞成公司进行税务检查时,乌鲁木齐市沙依巴克区地税局于2011年9月19日出具证明,该证明载明:我分局管户瑞成公司因我局原因造成税款2329213.50元未及时入库。

2. 二审庭审中,2013年9月16日,上诉人地税局以新地税发(2013)221号文,向国家税务局递交关于《新疆自治区税务局执法时是否要告知纳税人申请回避权等问题》函文,该文载明:(1)关于申请回避是否是税务机关在实施检查过程中的法定告知程序?(2)关于税务核定营业额是否属于越权执法的问题。同年11月4日,国家税务总局办公厅以税总办函(2013)783号文,就上诉人地税局在函文中请示的相关问题予以答复。其主要内容为:第一,关于回避问题的规定,目前,现行法律法规尚未将告知申请回避权作为税务机关执法必定的法定程序,且在税务机关统一适用的各种执法文书中,均没有告知回避的内容。第二,关于税务机关核定营业额是否属于超越执法权的问题。《税收征收管理法》第35条第1款第6项规定,纳税人申报的计税依据明显偏低,又无正当理由的,税务机关有权核定其应纳税额。《营业税暂行条例》第4条、第5条规定,营业税以营业额为计税依据,营业额为纳税人收取的全部价款和价外费用;第7条规定,纳税人提供应税劳务的,由主管税务机关核定其营业额。《营业税暂行条例实施细则》第20条规定,纳税人有条例第7条所称价格明显偏低并无正当理由或者本细则第5条所列视同发生应税行为而无营业额的,税务机关可以确定其营业额。根据上述规定,价格是计算营业税计税依据即营业额的基础,税务机关只有认定价格偏低,才能认定营业额是否偏低,并确定是否适用核定、是否征收营业税。据此,税务机关认定价格偏低,核定营业额等行为不属于越权执法。

3.2013年11月28日，上诉人税务局以新地税发(2013)287号文，向国家税务总局递交《关于征收营业税核定营业额有关问题》函文，该文载明："我区在税务稽查过程中，发现某房产开发公司销售给原拥有土地使用权单位职工(含特定关系人)的部分商品的价格，与向其他社会个人销售同类商品房的价格相差较大，税务机关依法核定了其营业额征收营业税。纳税人认为，低价销售的商品房，虽销售价格明显低于市场价格，但其是依据房屋原拥有土地使用权单位的主管部门的批复定价的，应属正当理由，税务机关不应按核定的营业额征收营业税。我们认为，该房地产开发公司低价将商品房销售给原拥有土地使用权单位职工的行为，应属关联企业间违反独立交易原则所进行的交易。因此，该房地产开发公司以原拥有土地使用权单位的主管部门的批复为依据低价销售商品房，不属于正当理由……"2013年12月24日，国家税务局办公厅以税总办函(2013)884号文，给上诉人税务局复函，该文载明："你局《关于征收营业税核定营业额有关问题的请示》收悉。经研究，意见如下：纳税人将同类商品房销售给关联企业职工或与该纳税人有特定关系的自然人，价格明显低于销售给其他无关联关系的购房者的价格的，属于《中华人民共和国营业税暂行条例》第七条所称价格明显偏低并无正当理由的情形，主管税务机关可以按照《中华人民共和国营业税暂行条例实施细则》第二十条的规定核定其营业额。"

4.某投资发展有限责任公司的前身系自治区供销社下属的全民所有制企业新疆某储运工贸公司。2002年，该公司改制为新疆某商贸有限责任公司，公司股权结构为自治区供销社、职工持股会及民营资本共同持股。后公司更名为某投资发展有限责任公司。2004年3月，自治区供销社决定由下属控股公司新疆某果业有限责任公司(后更名为新疆某集团有限公司)投资控股新疆某商贸有限责任公司，瑞成公司为新疆某集团有限公司下属控股公司。

5.2010年2月11日，新疆某集团有限公司下发新果集发(2010)06号关于《对新疆某投资发展有限公司离退休职工要求集资建房等问题的反馈意见》，该文与本案相关联的主要内容为："因某投资发展有限公司不符合现行集资建房的政策规定，经公司董事会研究，按照现行房屋均价每平方米优惠

600元对某投资发展有限公司离退休职工优惠售房。”2010年3月12日，自治区供销合作社给新疆某集团有限公司下发新供联发(2012)132号《关于新疆某投资发展有限公司离退休职工申请购房的报告》的批复，该文件主要内容为：虽某投资发展有限公司离退休职工不符合集资建房条件，但考虑到某投资发展有限公司老职工收入低、住房条件差、生活困难多，考虑到他们工作多年，为供销合作事业做出过贡献的实际情况，本着切实解决信访突出问题，维护社会大局稳定的原则，同意你公司关于某投资发展有限公司离退休职工申请购房的请求，售房价格在2009年12月价格的基础上优惠20%向某投资发展有限公司离退休职工售房。

6.2010年3月12日，瑞成公司召开董事会会议，并形成决议，全体董事同意新疆某投资发展有限公司离退休职工购房，销售价格在2009年12月销售价格的基础上优惠20%。

以上事实有地税局作出的《行政处罚决定书》，原审法院的预立案审批表，上诉人地税局向国家税务总局办公厅的请示函及复函，一、二审庭审笔录及当事人陈述在卷为证。

综上所述，二审法院认为，地税局作为国家税收征管机关除依法征收税款之外，通过税收征管服务，创造良序的税企关系，促进企业健康、可持续的发展，是税务机关的另一项重要职责。纵观本案地税局作出的《税务行政处罚决定书》，其将瑞成公司低于市场价格销售给退休老职工的房屋，简单地定性为“无正当理由，明显低于市场价格”，属认定事实不清，主要证据不足。原审法院判决主文正确，应予维持。上诉人地税局的上诉理由不能成立，应予驳回。

五、模块一：税务机关在税务检查、处理以及处罚过程中是否应当告知纳税人享有申请回避的权利？如果没有履行上述告知义务，将会导致何种法律后果？

当事人的证据、事实、理由以及法院的认定：

2011年7月19日，税务局向瑞成公司发出了税务检查通知书，该通知书告知瑞成公司地税局将对2009年1月1日至2010年12月31日涉税情况进行检查。该通知书未告知瑞成公司享有申请回避的权利。

一审法院认为,地税局在向瑞成公司发出税务检查通知书时未告知瑞成公司享有申请回避的权利,违反法定程序。

地税局在上诉理由中指出,申请回避非税务机关的法定告知程序。地税局在对瑞成公司稽查过程中,也未发现稽查人员有回避的情形,且瑞成公司也未提出回避申请,故在实施税务稽查过程中,未违反法定程序。同时,地税局提交了国家税务总局办公厅以税总办函(2013)783号文,其就上诉人地税局在函文中请示的相关问题予以了答复。其主要内容为:关于回避问题的规定,目前,现行法律法规尚未将告知申请回避权作为税务机关执法必定的法定程序,且在税务机关统一适用的各种执法文书中,均没有告知回避的内容。

二审法院认为,行政机关向行政管理相对人告知申请回避权是行政机关的告知义务,而行政管理相对人享有被告知申请回避权的权利。上诉人地税局虽未履行该告知义务,但也未发现上诉人地税局的行政执法人员存在应当回避的情形,故上诉人地税局在该案执法过程中存在程序瑕疵,但对于相对人的申请回避权并无实质性的影响。原审法院认定上诉人地税局未告知瑞成公司享有申请回避的权利违反法定程序欠妥,应予以纠正。

对于本部分需要在教师的指导下完成以下任务:

1. 现行法律对于行政程序中关于回避的规定是什么?

2. 应当如何在形式和内容上评价国家税务总局办公厅复函?

3. 地税局未告知瑞成公司享有申请回避的权利在法律程序上如何定性以及产生何种法律后果?

六、模块二:税务机关在征收营业税时认为实际价格明显偏低并无正当理由而需要核定营业额是否具有正当性?在行使核定权时需要受到何种限制?

相关法律依据与理由:

瑞成公司认为,地税局认定2010年以低于市场价格销售给某投资发展有限公司离退休职工住宅,应按同期市场价格进行调整补缴营业税,调整金额 2494258.77 元,少缴营业税 124712.94 元存有异议,称其在经营过程中,对企业的商品价格进行调整是企业自主经营的权利,税务局以价格明显偏低对瑞成公司进行处罚没有依据。

地税局认为,在实施税务检查的过程中核定的是营业额,而非价格,营业额与价格相关联,但并非同一概念。原审法院混淆了核定营业额与核定价格两个概念,以价格非税务部门认定的职权为由认定地税局越权错误。

一审法院认为,地税局在无价格认定行政职权的情况下,以瑞成公司在 2010 年以低于市场价格销售给某投资发展有限公司离退休职工住宅为由,直接以同期市场价格对瑞成公司进行调整补缴营业税,调整金额 2494258.77 元,并据此认定瑞成公司少缴营业税 124712.94 元,属越权行政。故其认定瑞成公司以低于市场价格销售的事实不清,主要证据不足。

在二审中,地税局出示国家税务总局办公厅以税总办函(2013)783 和 884 号文对该问题的答复称,价格是计算营业税计税依据营业额的基础,税务机关只有认定价格偏低,才能认定营业额是否偏低并确定是否适用核定、是否征收。据此,税务机关认定价格偏低、核定营业额等行为不属于越权执法;纳税人将同类商品房销售给关联企业职工或与该纳税人有特定关系的自然人,价格明显低于销售给其他无关联关系的购房者的价格的,属于《营业税暂行条例》第 7 条所称价格明显偏低并无正当理由的情形,主管税务机关可以按照《营业税暂行条例实施细则》第 20 条的规定核定其营业额。

但瑞成公司对上述两份请示函文及其国家税务总局办公厅的两份复函均不认可,认为该行文只是其税务部门的内部答复非法律规定,对外不具法律效力。并且,其与某投资发展有限公司均为新疆某集团有限公司下属控股公司。某投资发展有限公司企业改制后,离退休职工收入低,住房条件差,且集体上访,造成了不良的社会影响。相关部门及领导均要求瑞成公司慎重并妥善处理此事。2010 年,上级主管单位新疆维吾尔自治区供销社(以下简称自治区供销社)提出给这些退休的上访老职工享受优惠售房政策,其在接到上级主管单位自治区供销社的同意批复后,在其开发的蓝天森林花苑项目中,按照当时市场销售价下浮 20% 的价格,对这些老职工优惠售房。此举应为化解纠纷之善举,且瑞成公司在收到《税务处理决定书》后,又补缴了营业税124712.94元,但是地税局却对此又以“无正当理由,明显低于市场价”售房为由,对瑞成公司再次处以124712.94元的罚款,此举显失公平。地税局作为行政机关无权就其售于生活困难的老职工的房屋是否明显低于市场价作出评价,原审认定其超越职权并无不当。

二审法院认定,瑞成公司应其上级主管部门要求,为解决企业老职工住房困难,化解信访突出问题,经上级主管部门批准、瑞成公司董事会研究决定给老职工售房价格让利20%的证据确凿,事实清楚。上述法律规定,虽规定纳税人申报计税依据明显偏低,又无正当理由的,税务机关有权核定其应纳税额,但法律法规对“计税依据明显偏低”没有具体标准,对“无正当理由”亦无没有明确的界定。况且某投资发展有限公司前身为供销社运输公司,作为改制的国有企业,离退休职工收入低,住房条件长期得不到改善,在某投资有限公司退休职工多次到新疆维吾尔自治区人民政府和自治区供销社上访,要求改善住房条件的情况下,瑞成公司降低企业收入以低于同期销售价格20%向某投资发展有限公司离退休职工优惠售房并无不当,此举应视为瑞成公司解决老国企退休职工住房困难,防止群体事件发生,化解社会矛盾的善意之举。地税局简单地将此认定为“明显低于市场价格,无正当理由”,并以此为由对瑞成公司处以124712.94元营业税罚款显属错误。

本部分需要在教师的指导下完成以下任务:

1. 纳税人在经营中的商品销售价格与计税依据、营业额之间是何种关系?

2. 在“价格明显偏低又无正当理由”的情况下,税务机关行使核定权要受到何种法律上的限制?

3. 税法中“无正当理由”的规定应当如何解释和完善?

4. 如何评价国家税务总局就该问题的复函?

5. 税收法定原则与税务机关的征管权力应当如何协调?

七、模块三:税收征管实践中,由于税务机关“压库”导致的未按期申报应当如何认定和处理?

二审中,被上诉人提出了新问题:

瑞成公司在二审中提出了其在一审中原本已经认可的处罚,即其主观上不存在偷逃2010年度营业税款1067318.28元及附加税的故意，之所以未足额缴纳上述税款，是因为瑞成公司正常申报时，其所属的税务登记部门乌鲁木齐市沙依巴克区地税局称其当年征税任务已完成，为了"压库"，让瑞成公司在次年即2011年再申报缴纳。对此，有乌鲁木齐市沙依巴克区地税局的证明为证。上诉人地税局于此事实而不顾，在明知瑞成公司已补缴该税款的情况下，再次对其处以1067318.28元的营业税及附加税的罚款明显属认定事实错误。

二审法院也查明，瑞成公司的税务登记机关为乌鲁木齐市沙依巴克区地税局。本案上诉人地税局在对瑞成公司税务检查时，乌鲁木齐市沙依巴克区地税局于2011年9月19日出具证明，该证明载明："我分局管户瑞成房地产开发公司因我局原因造成税款2329213.50元未及时入库。"

本案例中，最值得表扬的是乌鲁木齐市沙依巴克区地税局，虽然"压库"，但是敢于出具书面证明。现实中，许多"压库"的税务局，不会给纳税人出具任何书面证明，遇到问题坚决不承认"压库"。如果没有书面证明，稽查都是照收滞纳金和罚款。但是本案管理局勇敢地出具了证明，这就属于税务机关的责任，至少不应该征收滞纳金。

本部分在教师的授课和指导下需要完成以下任务：

1. 实践中的"压库"是如何产生的？其原因何在？现行法律对此有何规定？

2. 在"压库"的情况下，对纳税人的行为应如何认定？

3. 如果纳税人无法举证证明"压库"存在，那么其行为是逃税还是不申报纳税？二者有何区别？

教学指导手册

教学对象及目标

本案例供法律硕士案例教学使用，法学本科、刑法学硕士、刑事诉讼法学硕士也可以参酌使用。

本案例主要就税务机关、纳税人及其代理人在税收征管中进行纳税义务的确定、处理和处罚活动以及涉税行为的认定问题进行讲授。具体要解决的问题包括:(1)在税务处理和处罚过程中,税务机关应当履行哪些义务以维护纳税人的合法权利以及如何履行这些义务?(2)在纳税义务的确定过程中,税务机关调整计税依据的核定权应当受到何种法律上的限制?(3)国家税务总局对下级税务机关的复函以及税务机关内部的文书制式是否具有当然的法律效力?(4)面对征管实践中的“压库”问题,对纳税人的行为应当如何认定?需要什么证据的支持?(5)人民法院在审理涉税案件时应当如何处理税法的规定与税务机关征管权之间的关系?

■ 教学内容

1. 在税务检查、处理以及处罚过程中,税务机关是否应当告知纳税人享有申请回避的权利?如果没有告知,将产生何种法律后果?

由于税务检查、处理以及处罚均属于行政程序,根据我国《行政处罚法》的规定,税务机关应当履行告知义务,其中包括纳税人享有的申请回避的权利。《行政处罚法》第31条规定,行政机关在作出行政处罚决定之前,应当告知当事人作出行政处罚决定的事实、理由及依据,并告知当事人依法享有的权利。《税收征收管理法》第12条规定,税务人员征收税款和查处税收违法案件,与纳税人、扣缴义务人或者税收违法案件有利害关系的,应当回避。《税收征收管理法实施细则》第8条规定,税务人员在核定应纳税额、调整税收定额、进行税务检查、实施税务行政处罚、办理税务行政复议时,与纳税人、扣缴义务人或者其法定代理人、直接责任人有下列关系之一的,应当回避:(1)夫妻关系;(2)直系血亲关系;(3)三代以内旁系血亲关系;(4)近姻亲关系;(5)可能影响公正执法的其他利害关系。从上述法律规定不难看出,行政机关向行政管理相对人告知申请回避权是行政机关的告知义务,而行政管理相对人享有被告知申请回避权的权利。实践中,如果税务机关虽未履行该告知义务,但也未发现税务机关的行政执法人员存在应当回避的情形时,可以认为税务机关在该案执法过程中存在程序瑕疵,但不宜一概认为未告知纳税人享有申请回避的权利违反法定程序。

2. 在纳税义务的确定过程中,税务机关调整计税依据的核定权应当受到何种法律上的限制?

《税收征管法》第35条第1款第6项规定"纳税人申报的计税依据明显偏低,又无正当理由的",税务机关有权核定其应纳税额。《营业税暂行条例》第7条规定:"纳税人提供应税劳务、转让无形资产或者销售不动产的价格明显过低并无正当理由的,由主管税务机关核定其营业额。"《营业税暂行条例实施细则》第20条规定:"纳税人有条例第七条所称价格明显偏低并无正当理由或者本细则第五条所列视同发生应税行为而无营业额的,按下列顺序确定营业额:(一)按纳税人最近时期发生同类应税行为的平均价格核定;(二)按其他纳税人最近时期发生同类应税行为的平均价格核定;(三)按下列公式核定:营业额=营业成本或者工程成本×(1+成本利润率)÷(1-营业额税率)。公式中的成本利润率,由省、自治区、直辖市税务局确定。"

上述法律规定,虽规定纳税人申报计税依据明显偏低,又无正当理由的,税务机关有权核定其应纳税额,但法律法规对"计税依据明显偏低"没有具体标准,对"无正当理由"也没有明确的界定。税务机关作为国家税收征管机关除依法征收税款之外,通过税收征管服务,创造良序的税企关系,促进企业健康、可持续地发展,是税务机关的另一项重要职责。所以对于"正当理由"的理解需要考虑现实情况,不得随意行使核定权。

3. 国家税务总局对下级税务机关的复函以及税务机关内部的文书制式是否具有当然的法律效力?

根据《行政诉讼法》的规定,人民法院审理行政案件,以法律和行政法规、地方性法规为依据。本案中,税务局向法院递交的国家税务总局办公厅税总办函(2013)783号及税总办函(2013)884号复函,非人民法院审理行政案件所应适用的法律依据,也非人民法院审理行政案件所参照的规章,且税务局向其上级主管部门的请示内容并未客观、全部地反映案件事实,故该两份复函不能作为定案的依据。在行政诉讼中,被告经常会出示上级机关的有关文件作为其行为合法的依据,面对此类问题,教师在授课中,应为学生提示政策文件与法律之间的区别,以及法院审理案件的依据。

4. 面对征管实践中的"压库"问题,对纳税人不申报或迟延缴纳税款的行为应当如何认定,需要什么证据的支持?

实践中的"压库"是指税务机关在已经完成本年度税收任务的情况下,为了降低来年税收任务的压力而要求纳税人暂不申报和缴纳本应在当年申报和缴纳的税款,而在来年再申报和缴纳。这种行为是典型的"任务治税"而非"依法治税",无论从实质上还是形式上都是违反税法规定的,是由于税务机关的业绩考核与内部管理强加给其不合理的税收任务导致的。这种内部管理权侵犯外部行政权的现状必须得到纠正方能解决"压库"问题。因此,对于纳税人因"压库"而导致的不申报或者迟延缴纳税款的行为应当由税务机关来承担责任,而不能处罚纳税人。当然,纳税人必须有明确可靠的证据(如税务机关的书面文件等)证明这一点。

5. 人民法院在审理涉税案件时应当如何处理税法的规定与税务机关征管权之间的关系?

人民法院审理涉税案件在本质上是对税务机关在税收征管过程中行为合法性的审查。根据税收法定的原则,税务机关无权对本应由法律规定的问题行使征管权来干涉和解决,这是保护纳税人财产权的基本要求。如果税收征管权不当侵入纳税人私人财产权的领域,那么法院应当通过司法审判予以纠正。尽管我国目前的税收征管实践与税收法定的要求还有很大的差距,但是"落实税收法定原则"已经成为全社会的共识,司法实践也应当在其职责范围内推动这一原则的实现。该问题的理论性较强,教师在讲授过程中不应该拘泥于当前的税法实践,而要有一定的理论前沿性和现实超越性。

6. 如何认识本案在法律实践和法学教学与研究上的价值?

税收司法在我国当前的司法领域还是一个尚待开垦的荒地,其原因是多方面的。从制度障碍上来说,《税收征管法》第 88 条的规定,为纳税人权利救济设置了“双重前置”的程序。即纳税人和税务机关就纳税发生争议的,须先缴纳税款方能申请复议,对复议不服的,才能向人民法院起诉。在这一过程中,纳税人的权利没有得到应有的保障。国家税权与纳税人权利处于极不平衡的状态。税法亟待从国家立场转向纳税人立场,以纳税人权利保障为税法的首要宗旨。本案通过司法途径纠正了税务机关不当的税务处理和处罚,维护了纳税人的合法权益,是一件体现法治进步的案例。

在法学教学与研究方面,本案例的价值在于通过对该案例的教学指导,纠正学生在以往案例分析中脱离法律条文,仅凭感觉和生活常识做判断的不良习惯。培养学生在分析案例的过程中依据法律条文来理解和运用法律的能力,尤其是对法律条文进行全方位、多角度解释的能力,逻辑推理能力和实务操作能力等。

■ 预期效果

通过对案例的分析研究并模拟相关活动,以角色代入的方式,使学生能够熟练掌握税收征管程序中的各个流程,引领学生经历案件由立案到审判全过程,将程序问题、证据问题和实体处理问题融入其中,着重锻炼学生的实际操作能力和解决具体问题的能力。其中着重达到以下效果:(1)能够熟练掌握税法的基本规定。(2)能够作为纳税人的代理人制订自己的工作计划,熟悉税收征管与诉讼各个阶段的工作。(3)能够抓住案件办理过程中的关键环节来维护其合法权益。(4)能够对相关的税收实体法和程序法规定结合实际案件做正确的理解。

■ 教学计划

教学计划安排如下:

1. 课前计划:安排学生阅读案例及相关参考资料,对案例所涉及的问题进行指导,要求学生自行思考,撰写思考要点。

2. 课中计划:(1)介绍教学目的,明确讨论主题。(2)分组讨论,回答各项思考题,讨论实践题的撰写要点。(3)小组代表提出撰写要点,学生讨论和分析。(4)教师进行引导分析并归纳总结。

3. 课后计划:布置学生进一步思考国家、税务机关以及纳税人之间的关系,税务机关应当如何发挥其职能;思考税务机关应当如何行使自己的职权才能有效实现法律的根本目的;要求学生对实践题进行撰写,教师进行课后批改,检验教学成果。

课堂时间安排

本案例可以作为专门的案例教学课来进行,课堂安排 6 个课时,每课时 45 分钟。计划每个模块用时两课时或根据实际情况进行调整。

思考题和实践题

1. 思考题

(1)根据《税收征收管理法》的规定,税务机关在税务检查过程中需要在哪些方面维护纳税人的权益?

(2)根据现行《行政处罚法》和相关法律法规,在税务行政处罚过程中,税务机关应当履行哪些义务以保障纳税人的权利?

(3)根据现行《税收征收管理法》和相关法律法规,如果税务机关没有履行相应的义务,可能会导致何种法律后果?

(4)《税收征收管理法》以及相关法律法规对于税务检查中的回避是如何规定的?

(5)根据现行《税收征收管理法》和相关法律法规,在纳税义务的确定过程中,税务机关有哪些职权?

(6)根据现行《税收征收管理法》和相关法律法规,税务机关在何种情形下可以核定应纳税额?

(7)根据现行《税收征收管理法》和相关法律法规,税务机关核定应纳税额需要受到何种法律上的限制?

(8)根据现行《税收征收管理法》和相关法律法规,纳税人与税务机关就纳税发生争议可以采取何种救济途径?

(9)根据本案,国家税务总局对下级机关的复函在行政诉讼中具有何种效力?

(10)根据本案的情况,瑞成公司在税务检查过程中应当注意保存哪些方面的证据?

(11)在本案一审阶段,瑞成公司为何没有提出其对于因“压库”而未申报缴纳税款的原因以及责任在于当地税务机关的主张?

(12)瑞成公司以低于市场价 20% 的优惠出售住宅给关联企业的行为是否属于转移定价? 为什么?

2. 实践题

(1)如果你是瑞成公司的代理律师,就本案争议的处理有何建议? 请根据以上案情,编写工作计划。

(2)如果你是税务机关的稽查人员,在税务检查、处理和处罚过程中应当注意哪些法律风险?

(3)结合本案案情,以税务机关稽查人员的身份罗列税务稽查法律风险要点。

(4)根据本案案情,为纳税人撰写应对税务稽查的工作手册。

(5)根据本案案情及证据,为税务机关撰写税务稽查工作规范手册。

参考文献

1. [法]伯纳德·萨拉尼:《税收经济学》,陈新平等译,中国人民大学出版社 2005 年版。

2. [美]B. 盖伊·彼得斯:《税收政治学》,郭为桂、黄宁莺译,江苏人民出版社 2008 年版。

3. [德]卡尔·拉伦茨:《法学方法论》,陈爱娥译,商务印书馆 2003 年版。

4. [日]金子宏:《日本税法》,战宪斌、郑林根等译,法律出版社 2004 年版。

5. 陈清秀:《税法总论》(第二版),台湾翰盧图书出版公司 2011 年版。

6. 张守文:《财税法疏议》,北京大学出版社 2005 年版。

7. 刘剑文:《走向财税法治——信念与追求》,法律出版社 2009 年版。

8. 刘剑文、熊伟:《税法基础理论》,北京大学出版社 2004 年版。

9. 刘剑文:《追寻财税法的真谛》,法律出版社 2009 年版。

10. 熊伟主编:《税法解释与判例评注》,法律出版社 2013 年版。

11. 袁森庚:《税务行政执法理论与实务》,经济科学出版社 2008 年版。

撰稿人 | 李大庆,河北经贸大学法学院讲师,法学博士

13 CASE 钟华诉北京市工商行政管理局通州分局不作为案

| 摘　要 |

行政作为与行政不作为两者之间的关系在行政诉讼中一直存在争议。本案例围绕行政诉讼中行政机关不作为案件展开,围绕行政诉讼代理律师如何参与行政诉讼的各阶段活动,行政机关不作为案件的证据收集、事实认定与法律适用等进行分析,探讨了可诉性不作为的特点及在实践中如何认定等问题。本案例涵盖行政诉讼证据收集、证据提供、法庭审理等诉讼环节,涉及的实体问题包括行政机关可诉性不作为的表现形式,行政机关的法定职责及其来源等;涉及的证据和事实问题包括行政机关的举证责任、行政不作为的本质特征及其认定等问题。本案例在行政不作为案例处理中具有典型意义,是最高人民法院首次通报的行政不作为十大案例之一。

| 关键词 |

行政不作为　行政诉讼代理律师技能　举证责任

| 教学目标 |

通过本案例的教学,使学生重点掌握如下内容:(1)行政不作为案件中原被告应该如何提供证据及举证责任的分配;(2)行政诉讼代理律师在行政诉讼各阶段应如何从事各项法律活动,如何起诉、收集各种证据、应诉及撰写各类法律文书;(3)行政机关及诉讼代理人如何应诉,在行政诉讼中应如何举证、质证及行政机关可诉性不作为的特征及认定标准;(4)以《工商行政管理机关行政处罚程序规定》第15条为例进行规范分析,探讨行政机关作为与不作为的法律界限。

教学案例主文

2015 年 1 月 15 日，最高人民法院首次向社会通报了行政不作为十大案例，这是推动贯彻落实《中共中央关于全面推进依法治国若干重大问题的决定》中提出的“行政机关要坚持法定职责必须为、法无授权不可为，勇于负责、敢于担当，坚决纠正不作为、乱作为，坚决克服懒政、怠政，坚决惩处失职、渎职”的有力举措，其中“钟华诉北京市工商行政管理局通州分局行政不作为案”在社会上引起较强反响，备受关注。[1] 案件争议的焦点是，工商行政管理部门对不属于本部门办理职能事项是否负有应当移送有关部门办理的法定职责。最高人民法院将其作为行政不作为典型案例进行公开发布的意义在于，通过裁判方式明确了行政机关对不属于本机关办理职责事项，如果有关规范性文件规定其负有应移送有权机关办理的法定职责，应及时移送，否则即构成行政不作为。该案对于类似行政不作为案件的分析和处理具有示范指导价值。

一、原告钟华的维权经历

2013 年 12 月 26 日，原告钟华通过挂号信向北京市工商行政管理局通州分局（以下简称通州工商分局）举报，称北京家乐福商业有限公司通州店（以下简称通州家乐福）销售的“北大荒富硒米”涉嫌违法，不符合《预包装食品营养标签通则》（以下简称《标签通则》）的规定，属不符合食品安全标准的违法产品，要求通州工商分局责令通州家乐福退还其货款并进行赔偿，依法作出行政处罚。根据 2013 年 1 月 1 日起强制实施的国家食品安全标准 GB28050《标签通则》的规定，预包装食品应当在标签上强制标示四种营养成分和能量（“4 + 1”）含量值及其占营养素参考值（NRV）百分比，“4”是指

〔1〕 参见王逸吟：《最高法首次通报行政不作为十大案例》，载《光明日报》2015 年 1 月 16 日。

核心营养素,即蛋白质、脂肪、碳水化合物、钠,“1”是指能量。如食品配料含有或生产过程中使用了氢化和(或)部分氢化油脂,应当标示反式脂肪(酸)含量。凡标注“高含”“富含”某种矿物质营养素(如硒)的食品,该矿物质的含量必须达到“营养素参考量”(NRV)的一定剂量,固体食品要求达到NRV的30%以上,液体食品要达到15%以上。[2] 原告钟华认为,通州家乐福销售的“北大荒富硒米”没有达到《标签通则》的相关要求,属于不符合食品安全标准的违法产品。据此,要求通州工商分局对通州家乐福超市进行查处。

2013年12月27日,通州工商分局接到钟华的申诉(举报)信,称其在通州家乐福购买的“北大荒富硒米”不符合《标签通则》的规定,要求通州工商分局责令通州家乐福退还其货款并进行赔偿,依法作出行政处罚。2013年12月30日,通州工商分局作出《关于您来信一事的答复》(以下简称《答复》),在《答复》中称依据《北京市人民政府办公厅关于印发食品药品监督管理局主要职责内设机构和人员编制规定的通知》(以下简称《通知》)的有关规定,认为其对流通环节食品没有法定的监管职责。同时,依据食安办(2013)13号《国务院食品安全办国家工商总局国家质检总局国家食品药品监管总局关于进一步做好机构改革期间食品和化妆品监管工作的通知》(以下简称《监管工作通知》)第5条的规定,由于目前北京市相关文件未明确此类案件的管辖权,通州工商分局认为其无法确定案件管辖,且依据国家工商总局第28号令《工商行政管理机关行政处罚程序规定》(以下简称《规定》)的相关内容,通州工商分局并无法定义务移送其他行政机关,认为钟华反映的“北大荒富硒米”食品安全问题目前不属于其职能范围。因此,通州工商分局认为其对钟华作出的《答复》时限符合法定程序且内容适当,其作出《答复》的行政行为恰恰是依法履行了法定职责的体现,不存在行政不作为。

2014年1月8日,钟华向通州工商分局的上级行政机关北京市工商行政管理局提出复议申请。2014年4月2日,北京市工商行政管理局作出《京工商复[2014]27号行政复议决定书》,维持通州工商分局对钟华作出的《答复》。钟华对北京市工商行政管理局作出的行政复议决定书表示不服,以通

---

〔2〕 郭剑烽:《富硒大米硒含量多少合格?》,载《新民晚报》2012年12月15日。

州工商分局为被告向北京市通州区人民法院提起行政诉讼，请求确认通州工商分局处理举报案件程序违法并责令其履行移送职责。[3] 2014年5月4日，北京市通州区人民法院受理了钟华要求通州工商局履行法定职责的行政诉讼请求。2014年5月29日，北京市通州区人民法院依法组成合议庭公开开庭审理本案，原告钟华及其委托代理人王娴（钟华之母），被告通州工商分局的委托代理人李海峰、韩亚卫到庭参加诉讼。[4]

2014年7月22日，北京市通州区人民法院作出（2014）通行初字第76号判决，认为根据食安办（2013）13号《监管工作通知》《通知》等有关规范性文件的规定，目前北京市流通环节的食品安全监管职责由北京市食品药品监督管理局承担。虽然通州工商分局并没有法定职责对流通环节的食品安全进行监管，但其在接到原告钟华举报时应该能够确定该案件的主管机关。根据《规定》第15条第1款的规定，工商行政管理机关发现所查处的案件属于其他行政机关管辖的，应当依法移送其他有关行政机关。因此，当工商机关发现所查处案件不属于自己管辖时，负有移送其他机关的法定职责，该条中并未明确规定案件的移送需以该案属工商机关查处范围且启动相应调查核实程序为必要条件。换言之，通州工商分局认为钟华所举报事项不属于其管辖时，负有移送至有关主管机关的法定义务。此外，通州工商分局提出的“需向标准发放部门核实确定原告钟华反映问题是否违法”的主张，北京

---

〔3〕 值得注意的是，经2014年11月1日第十二届全国人民代表大会常务委员会第十一次会议修正、自2015年5月1日起施行的《行政诉讼法》第18条第1款规定：“行政案件由最初作出行政行为的行政机关所在地人民法院管辖。经复议的案件，也可以由复议机关所在地人民法院管辖。”第26条第1、2款规定：“公民、法人或者其他组织直接向人民法院提起诉讼的，作出行政行为的行政机关是被告。经复议的案件，复议机关决定维持原行政行为的，作出原行政行为的行政机关和复议机关是共同被告……”2015年通过的最高人民法院《关于适用〈中华人民共和国行政诉讼法〉若干问题的解释》第7条规定：“复议机关决定维持原行政行为的，作出原行政行为的行政机关和复议机关是共同被告。原告只起诉作出原行政行为的行政机关或者复议机关的，人民法院应当告知原告追加被告。原告不同意追加的，人民法院应当将另一机关列为共同被告。”若适用修订后的《行政诉讼法》，本案原告钟华应将通州工商分局和北京市工商行政管理局作为行政诉讼中的共同被告。

〔4〕 修订后的《行政诉讼法》第3条第3款规定：“被诉行政机关负责人应当出庭应诉。不能出庭的，应当委托行政机关相应的工作人员出庭。”这一规定正式确立了行政机关负责人出庭应诉制度，有利于纠正行政不作为现象，推动法治政府建设。本案中通州工商分局的委托代理人李海峰、韩亚卫是通州工商分局干部。

市通州区人民法院认为钟华所反映问题为购买的商品不符合《标签通则》，属于案件查处中的具体事实认定，不能作为北京市工商行政管理局通州工商分局不履行法定移送职责的依据。因此，北京市通州区人民法院一审依据《行政诉讼法》第 54 条第 3 项、最高人民法院《关于执行〈中华人民共和国行政诉讼法〉若干问题的解释》第 56 条第 4 项之规定，判决通州工商分局在 15 个工作日内就原告钟华举报事项履行移送职责；驳回原告钟华的其他诉讼请求。[5]

2014 年 9 月 10 日，北京市第三中级人民法院依法组成合议庭，公开开庭审理上诉人通州工商分局因履行法定职责，不服北京市通州区人民法院(2014)通行初字第 76 号行政判决案。上诉人通州工商分局委托代理人李海锋、韩亚卫，被上诉人钟华之委托代理人王娴到庭参加诉讼。北京市第三中级人民法院审理后认为，食安办(2013)13 号《监管工作通知》第 5 项规定，自通知下发之日起，有关食品生产、流通环节和化妆品生产监管方面的投诉、举报、信访等事项由国家食品药品监管总局承担，各省、自治区、直辖市的该类工作，按照各地机构改革进展情况，随职责划转进行交接。同时，《监管工作通知》明确，北京市食品药品监督管理局是负责本市食品(含食品添加剂)、药品(含中药、民族药)、医疗器械、保健食品、化妆品监督管理的市政府直属机构，挂北京市食品药品安全委员会办公室牌子。据此，有关食品生产、流通环节的监督管理职责由食品药品监督管理部门承担，通州工商分局作为工商行政管理部门已无上述监管职责。

北京市第三中级人民法院经审查后认为，钟华向通州工商分局申诉(举报)其在通州某超市购买的某牌大米外包装标注的硒含量不符合《标签通则》规定，属不符合食品安全标准的违法产品。虽然通州工商分局对钟华作出《答复》称依据该局调查，钟华反映的食品安全问题目前不属于该局职能范围，但根据《规定》第 15 条第 1 款的规定，工商行政管理机关发现所查处

---

[5] 本案适用的是 1989 年通过的《行政诉讼法》及 1999 年通过的最高人民法院《关于执行〈中华人民共和国行政诉讼法〉若干问题的解释》。2014 年修订后的《行政诉讼法》对相关问题的规定已经进行了修改，如修订后的《行政诉讼法》第 72 条规定：“人民法院经过审理，查明被告不履行法定职责的，判决被告在一定期限内履行。”

的案件属于其他行政机关管辖的,应当依法移送其他有关机关。因此,通州工商分局在发现所查处案件属于其他行政机关管辖时,负有移送其他有关机关的法定职责。据此,北京市第三中级人民法院认为,通州工商分局没有履行移送的法定职责,一审法院依据《行政诉讼法》第54条第3项、最高人民法院《关于执行〈中华人民共和国行政诉讼法〉若干问题的解释》第56条第4项之规定,判决通州工商分局在15个工作日内就钟华举报事项履行移送职责并驳回钟华的其他诉讼请求正确,应予维持。依照《行政诉讼法》第61条第1项的规定,北京市第三中级人民法院作为二审法院判决驳回了通州工商分局的上诉,维持了北京市通州区人民法院作出的一审判决。[6]

二、被告通州工商分局的抗辩理由

2014年5月29日,通州工商分局作为被告在北京市通州区人民法院开庭审理的质证过程中,提出对原告钟华提供的证据真实性无异议,但对其证明效力有异议。通州工商分局认为,原告钟华所提供的证据不能证明其未履行法定职责,反而能够证明其依法作出了行政行为。据其描述,在2013年12月27日接到原告钟华举报,在举报信中原告钟华称其在通州家乐福购买的“北大荒富硒米”不符合《标签通则》的规定,属不符合食品安全标准的违法产品,因此要求通州工商分局责令通州家乐福退还其货款并进行赔偿,依法作出行政处罚。2013年12月30日,通州工商分局向钟华作出《答复》,认为其对流通环节食品无法定监管职责。其法律依据是,根据《通知》(京政办发[2013]54号)中“一、职能转变(一)划入的职责”第一点的规定,将市政府食品安全监督协调办公室的职责、市药监局的职责、市质监局的生产环节食品安全监管职责、市工商局的流通环节食品安全监管职责、市卫生局的餐饮服务环节食品安全监管职责,划入市食品药品监管局。通州工商分局认为流通环节食品监管职责由北京市食品药品监督管理局承担,其并没有流通环节食品监管职责,因此其依法履行了法定职责,对原告钟华的《答复》是恰

---

[6] 修订后的《行政诉讼法》第89条第1项规定,人民法院审理上诉案件,原判决、裁定认定事实清楚,适用法律、法规正确的,判决或者裁定驳回上诉,维持原判决、裁定。

当的。

被告通州工商分局认为，依据食安办(2013)13号《监管工作通知》第5条之规定，自通知下发之日起，有关食品生产、流通环节和化妆品生产监管方面的投诉、举报、信访等事项由国家食品药品监管总局承担。各省、自治区、直辖市的该类工作，按照各地机构改革进展情况，随职责划转进行交接。通州工商分局认为依据该条款的规定，可以证明食品举报工作由国家食品药品监管总局承担，各省市按照改革进展随职责划转进行交接；由于目前北京市相关文件尚未明确此类案件的管辖权，故其无法确定案件管辖。而且依据《规定》的相关规定，通州工商分局并无法定义务移送其他行政机关，《规定》第15条第1款规定："工商行政管理机关发现所查处的案件属于其他行政机关管辖的，应当依法移送其他有关机关。"第17条规定："工商行政管理机关应当自收到投诉、申诉、举报、其他机关移送、上级机关交办的材料之日起七个工作日内予以核查，并决定是否立案；特殊情况下，可以延长至十五个工作日内决定是否立案。"该条款可以证明通州工商分局立案的法定职责和立案时限是依法履行法定职责的体现。同时，依据《北京市工商行政管理局行政处罚程序实施办法》第20条的规定，北京市工商行政管理局负有处理具名投诉举报的法定职责。

在北京市通州区人民法院于2014年7月22日作出(2014)通行初字第76号判决书后，被告通州工商分局对此表示不服，向北京市第三中级人民法院提出上诉请求。在上诉书中，通州工商分局认为一审法院认定事实不清，法律释义不当，片面解释了《规定》第15条，认为该条只是规定了对于工商机关立案后发现无管辖权或发现违法犯罪行为时如何处理，而并非针对仅仅是线索层面的情况，工商机关在发现所举报的线索无管辖权时应采取告知当事人向有关机关举报的处理方式。其主要理由是：(1)法律没有明文规定工商机关在发现所举报的线索无管辖权时，应当向有关机关移送。(2)法律没有授权工商机关在发现所举报的线索无管辖权时有权向其他机关移送案件，即法无明文规定不许可。(3)发现所举报的线索无管辖权时就必须向其他有关机关移送，这种做法不具有可行性：首先，上诉人的人力、物力、财力无法办到；其次，线索的真实性存疑；最后，这种做法是在鼓励当事人不正当维权。(4)发现所举报的线索无管辖权时告知当事人到有权机关反映,符合相关行政惯例。(5)《规定》第15条第2款规定,工商行政管理机关发现违法行为涉嫌犯罪的,应当依照有关规定将案件移送司法机关,但本案钟华所提供线索并不涉及犯罪问题,故不属于上诉人依法移送的法定事由。根据上述理由,通州工商分局作为上诉人请求二审法院在查明事实的基础上撤销一审判决并依法改判,一审、二审案件诉讼费均由钟华承担。

三、案件的争议焦点

综合原告钟华和被告通州工商分局的诉辩意见,本案争议焦点主要集中在两个方面:一是钟华所反映的问题为购买的商品不符合《标签通则》的规定,上述问题是否属于《标签通则》明确规定范围及是否违法,属于案件查处中的具体事实认定还是属于案件线索;二是工商部门对不属于本部门职能事项是否负有应当移送有关部门办理的法定职责。这两个方面其实都是围绕对《规定》第15条第1款规定的“工商行政管理机关发现所查处的案件属于其他行政机关管辖的,应当依法移送其他有关行政机关”而展开的,即“通州工商分局对不属于其管辖范围的事项是否负有法定移送职责”的问题。

(一)原告钟华的申诉(举报)信是“案件”还是“案件线索”

原告钟华在行政起诉状中提出,其于2013年12月26日通过挂号信向通州工商分局举报通州家乐福销售的“北大荒富硒米”涉嫌违法,要求通州工商分局查处。2013年12月30日,通州工商分局作出《答复》,称根据调查,钟华反映的食品安全问题目前不属于该局职能范围。钟华认为,根据《规定》第15条第1款之规定,工商行政管理机关发现所查处的案件属于其他行政机关管辖的,应当依法移送其他有关机关。通州工商分局并未履行上述法定职责,其行为已构成违法,故诉至北京市通州区人民法院请求确认通州工商分局处理举报案件程序违法并责令其履行移送职责。

通州工商分局辩称,2013年12月27日,接到原告钟华举报关于其在通州家乐福购买的“北大荒富硒米”不符合《标签通则》的规定,属不符合食品安全标准的违法产品后,于2013年12月30日依据《通知》的有关规定,确定其并无流通环节食品监管职责,故向钟华作出《答复》,《答复》答复时限符合法定程序且内容适当。此外,依据食安办(2013)13号《监管工作通知》第5条之规定,由于目前北京市相关文件未明确此类案件的管辖权,因此其无法确定案件管辖,且依据《规定》的相关规定,其并无法定义务移送其他行政机关。鉴于《规定》第15条第1款所规定的“工商行政管理机关发现所查处的案件属于其他行政机关管辖的,应当依法移送其他有关行政机关”中,明确规定的是“所查处的案件”,但对于原告钟华的申诉(举报)信而言,并没有进行立案查处。换言之,《规定》第15条的规定是对工商机关查处案件进行移送的要求。在本案中,通州工商分局调查后认为当事人反映的食品安全问题不属于其职能范围,未对当事人的投诉举报立案,因此当事人的投诉举报只能作为案件线索,而不能作为查处的案件。因此,该条款是对案件移送的要求,对案件线索的处理不适用该条款。

被告通州工商分局在答辩时指出,《规定》中的“案件”一词有其特定含义,并非工商机关接到任何一份投诉、举报或申诉材料就可以构成一个案件,这一点从《规定》第3章第1节对“行政处罚的一般程序”的“立案”环节的规定可以看出,立案是一个规范的系统过程,收到消费者的申诉信(或检举信)并不表明已经立案,立案程序本身具有复杂性,包括几个具体的环节。《规定》第17条规定:“工商行政管理机关应当自收到投诉、申诉、举报、其他机关移送、上级机关交办的材料之日起七个工作日内予以核查,并决定是否立案;特殊情况下,可以延长至十五个工作日内决定是否立案。”第18条规定:“立案应当填写立案审批表,同时附上相关材料(投诉材料、申诉材料、举报材料、上级机关交办或者有关部门移送的材料、当事人提供的材料、监督检查报告、已核查获取的证据等),由县级以上工商行政管理机关负责人批准,办案机关负责人指定两名以上办案人员负责调查处理。”第19条规定:“对于不予立案的投诉、举报、申诉,经工商行政管理机关负责人批准后,由办案机构将结果告知具名的投诉人、申诉人、举报人。工商行政管理机关应当将不予立案的相关情况作书面记录留存。”从这些规定可以看出,行政机关收到的“投诉材料、申诉材料、举报材料、上级机关交办或者其他机关移送的材料”的性质是“材料”,而非“案件”,或者只能称其为案件的线索材料,并非一件独立的案件，其最终是否能够形成一件案件，需要经过工商行政管理部门启动调查程序进行核查后方能确定。这意味着，《规定》第 15 条第 1 款规定的“所查处的案件”应当是指经核查符合立案条件，经过批准立案后，进入正式立案调查处理程序的案件；而对工商行政管理机关接到的投诉、申诉、举报等材料，其性质只是“材料”或“案件线索”而已，并非案件，因而不属于《规定》第 15 条第 1 款所规定的移送职责的范畴。也就是说，《规定》第 15 条的规定是对案件移送的要求，对案件线索的处理不应适用该条款。

北京市通州区人民法院在审理中认为，《规定》第 15 条第 1 款规定，工商行政管理机关发现所查处的案件属于其他行政机关管辖的，应当依法移送其他有关行政机关。依据该规定，当工商机关发现所查处案件不属于自己管辖时，负有移送其他机关的法定职责，该条并未明确规定案件的移送需以该案属工商机关查处范围且启动相应调查核实程序为必要条件。在本案中，通州工商分局认为钟华所举报事项不属于其管辖时，应当移送至有关主管机关，因此对通州工商分局关于“其已无法定职权对原告反映问题启动调查核实程序故不负有移送职责”的主张不予支持。关于通州工商分局提出的“需向标准发放部门核实确定原告钟华反映问题是否违法”的主张，北京市通州区人民法院认为钟华所反映问题为购买的商品不符合《标签通则》的规定，上述问题是否属于《标签通则》明确规定范围及是否违法，属于案件查处中的具体事实认定部分，不能作为通州工商分局不履行法定移送职责的抗辩理由。

（二）被告通州工商分局的《答复》行为是“作为”还是“不作为”

原告钟华认为，被告通州工商分局接到自己的申诉信后，是知晓所查处的案件属于其他行政机关管辖的，应当依法移送其他有关机关。而通州工商分局并未履行上述法定职责，其行为已构成违法。被告通州工商分局则认为，自己已经履行了法定职责，并不存在不作为的情形。在质证过程中，被告通州工商分局对所有证据的真实性无异议，但是认为原告提供的证据不能证明其未履行法定职责，反而证明其已经依法作出了行政行为。那么被告通州工商分局是否负有不属于自身管辖的案件的法定移送义务呢？如果有,那么在本案中,通州工商分局的行为就是不作为;反之,则是依法履行了其应有职责。

从《规定》的内容来看,全文涉及“移送”的规定共有 11 处。前 5 处出现在第 2 章“管辖”中,分别为第 11 条和第 15 条。第 11 条规定,“工商行政管理机关发现所查处的案件不属于自己管辖时,应当将案件移送有管辖权的工商行政管理机关。受移送的工商行政管理机关对管辖权有异议的,应当报请共同上一级工商行政管理机关指定管辖,不得再自行移送。”第 15 条有两处关于“移送”的规定,分别以两款进行规定:“工商行政管理机关发现所查处的案件属于其他行政机关管辖的,应当依法移送其他有关机关。工商行政管理机关发现违法行为涉嫌犯罪的,应当依照有关规定将案件移送司法机关。”这 5 处都是对工商行政管理机关管辖权的规定,要求工商行政管理机关对于超出自身管辖权范围的案件负有分别移送其他工商机关、其他有权机关或司法机关的职责和义务。换言之,工商行政管理机关发现案件不属于自身管辖的,应依法移送其他有权机关。这里具体解决的是职能管辖问题,即依据行政机关的职能在实施行政处罚上的分工和权限。没有管辖权而实施行政处罚,所作的行政处罚决定归于无效。

第 6 处至第 11 处关于“移送”的规定体现在第 3 章“行政处罚的一般程序”中。第 3 章第 2 节“调查取证”第 45 条是对案件调查程序终结后案件处理方式的规定:“案件调查终结,或者办案机构认为应当终止调查的,按照下列方式处理:(一)认为违法事实成立,应当予以行政处罚的,写出调查终结报告,草拟行政处罚建议书,连同案卷交由核审机构核审。调查终结报告应当包括当事人的基本情况、违法事实、相关证据及其证明事项、案件性质、自由裁量理由、处罚依据、处罚建议等。(二)认为违法事实不成立,应当予以销案的;或者违法行为轻微,没有造成危害后果,不予行政处罚的;或者案件不属于本机关管辖应当移交其他行政机关管辖的;或者涉嫌犯罪,应当移送司法机关的,写出调查终结报告,说明拟作处理的理由,报工商行政管理机关负责人批准后根据不同情况分别处理。”第 3 节“核审”第 50 条第 7 款关于核审机构对案件核审完毕后提出的处理意见规定,“对超出管辖权的案件,建议办案机构按有关规定移送”。

第 3 章第 4 节"决定"第 54 条是关于一般案件决定程序的规定,该条规定:"工商行政管理机关负责人经对案件调查终结报告、核审意见或者听证报告,当事人的陈述、申辩意见,拟作出的行政处罚决定进行审查,根据不同情况分别作出给予行政处罚、销案、不予行政处罚、移送其他机关等处理决定。"第 58 条是对基于投诉举报而启动的案件在作出处理决定后对当事人和投诉举报人的告知,该条规定:"工商行政管理机关对投诉、举报、申诉所涉及的违法嫌疑人作出行政处罚、不予行政处罚、销案、移送其他机关等处理决定的,应当将处理结果告知被调查人和具名投诉人、申诉人、举报人。"第 59 条是对于涉嫌犯罪案件的移送规定,该条规定:"已作出行政处罚决定的案件,涉嫌犯罪的,工商行政管理机关应当依相关规定及时移送司法机关。"也就是说,《规定》第 3 章"行政处罚的一般程序"的四个小节之中,除了第一节"立案"之外,其他三节"调查取证"、"核审"和"决定"都出现了关于移送的规定。这表明,《规定》在制定时对移送问题非常重视,充分考虑了在一般程序案件中移送的处理方式。因此,《规定》从调查终结阶段开始,就对"移送"进行了较为清晰完整的规定。在调查终结程序中,办案机构需要考虑案件是否存在不具有管辖权而需要移送的情形;在核审阶段,核审机构需要考虑案件是否具有管辖权,并对超越管辖权的案件提出移送的建议;在决定阶段,移送是对于超越管辖权案件的正式处理方式,并需要将此作为案件处理结果告知当事人和投诉举报人。

质言之,在案件进入立案调查程序后,《规定》要求相关机构在每一个环节上都应当考虑与管辖权相关的移送问题,并将移送作为正式结案方式之一。但是《规定》在第 3 章第 1 节"立案"程序中未作出任何有关"移送"的规定,如何理解该条的立法意图? 根据《规定》在立案环节的规定,工商机关在接到案件线索时需要进行核查,如果符合立案条件,则予以立案,如果不符合立案条件,则不予立案,并将不予立案的结果告知具名的投诉举报人。按照这种理解,《规定》可能并不认为工商机关在该阶段就负有移送案件线索的职责,如果在案件线索核查阶段发现该事项不属于本机关管辖权范围,工商机关只需作出不予受理决定并告知具名投诉举报人即可。这也是被告通州工商分局的答辩理由。

(三)通州工商分局对不属于其管辖范围的事项是否负有法定移送职责

最高人民法院在通报本案例时指出,本案典型意义在于"通过裁判方式明确了行政机关对不属于本机关办理职责事项,如果有关规范性文件规定应移送有权机关办理的,应当及时移送。在行政管理领域,行政机关的职责既有分工也有交叉,法定职责来源既可能是本行政领域的法律、法规、规章和规范性文件,也可能是其他行政管理领域的法律规范,甚至可能是行政管理需要和行政惯例。有关食品生产、流通环节的监督管理职责由工商机关改由食品药品监督管理部门承担,但职责调整的初始阶段,人民群众未必都很清楚,工商机关发现群众对于食品安全问题的举报事项属于其他行政机关管辖的,应当移送相关主管机关,不能一推了之。积极移送也是一种法定职责"。〔7〕

有学者认为,结合其他政府执法部门的相关规定,对案件线索是否移送应当取决于规章的明文规定。〔8〕 在对目前制定专门的举报处理办法的中央部委的相关规章进行比较的基础上,认为当前中央部委制定的相关八部规章中对"所接到的举报不属于本部门管辖权限的处理方式"共有三种:

第一种,不予受理。国家电监会 2006 年制定的《电力监管机构举报处理规定》第 9 条规定:"举报有下列情形之一的,电力监管机构不予受理:(一)举报事项不属于电力监管机构职责范围的……"除此之外,该规定未对不属于电力监管机构职责的举报作出任何进一步处理规定。根据该规定,电力监管机构对不属于本机构职责的举报直接不予受理即可,不需要作任何进一步处理。采取同类处理方式的还有国家外汇管理局 2000 年制定的《举报信(电、访)受理操作规程》,国家发改委 2014 年制定的《价格违法行为举报处理规定》,住房城乡建设部 2014 年制定的《住房城乡建设领域违法违规行为举报管理办法》,国家证监会 2014 年制定的《证券期货违法违规行为举报工作暂行规定》。

---

〔7〕 参见人民法院报编辑部:《人民法院关于行政不作为十大案例》,载《人民法院报》2015 年 1 月 16 日。

〔8〕 参见李朔、杨利敏:《对〈工商行政管理机关行政处罚程序规定〉第十五条移送条款的理解》,载《中国工商报》2015 年 3 月 5 日。

第二种,不予受理的同时告知举报人向有关机关提出。环境保护部2010年制定的《环保举报热线工作管理办法》第8条第1款第2项规定“对不属于环境保护主管部门处理的举报事项不予受理,但应当告知举报人依法向有关机关提出”。该条规定在明确环保部门对不属于本部门管辖事项不予受理的同时,增加了一项义务,即告知举报人向有关机关提出。

第三种,移交有关部门处理。文化部2012年制定的《文化市场举报办理规范》第16条第3项规定“对需要移交其他职能部门处理的举报,应当安排举报办理机构或者人员填制《文化市场举报移送单》,在二个工作日内移交其他职能部门”。该规定明确要求文化行政机关对于不属于本机关管辖的举报,应将相关举报材料移送有关职能部门。采取类似做法的还有公安部1990年制定的《举报中心工作试行办法》。

从上述三种不同做法可以看出,行政机关对于不属于本部门管辖范围的举报事项并非天然负有移送其他部门的职责,是否负有该项职责取决于规章的明确规定,如果规章对此未作规定,行政机关对不属于本部门管辖权限的举报不予立案即可。也就是说,只有在第三种情况下,即规章明文规定对不属于本机关管辖范围的举报事项需要移送,相关行政机关才负有移送举报事项的职责。

该学者认为,行政机关对案件线索是否负有移送义务应当取决于规章的明文规定,并结合有关行政部门在相关规定上的变化进行了论证,例如,住房城乡建设部《住房城乡建设领域违法违规行为举报管理办法》的前身是建设部2002年制定的《建设领域违法违规行为举报管理办法》,该管理办法第9条第1款第2项明确规定“举报的内容属同级政府其他部门管辖的,转交同级政府有关部门处理”。在《住房城乡建设领域违法违规行为举报管理办法》中,住房城乡建设部取消了该项规定,代之以第8条第1项——对不属于住房城乡建设主管部门职责范围的举报,相关部门不予受理,登记后予以存档。从新旧管理办法的对比可以看出,新管理办法并不是遗漏了有关移送举报材料的规定,而是取消了先前对移送举报事项的职责要求,不再将此作为建设部门处理举报件时的法定职责。如果投诉举报事项在核查阶段即能明确不属于工商机关职权范围,而属于其他机关的权限,行政程序此时尚未启动,国家并未为此付出调查成本,不存在需要通过移送来解决本部门无管辖权和节约国家行政成本的问题。在此情况下,告知相对人工商行政管理部门因无管辖权不予立案,由相对人自行对举报事项作出处理,是一种合理的做法。该学者还建议,国家工商总局应在适当的时机对《规定》第15条的含义进行明确,或对《规定》中关于立案阶段的规定作出进一步细化,对立案受理的条件予以明确,并增加规定对于不属于本部门管辖权范围的投诉举报,工商机关可以裁量处理,以示与法定职责的区别。[9]

四、原被告双方提交的主要证据

(一)原告钟华提交的主要证据

原告钟华为支持其主张,主要向法院提交了以下证据:

1. 钟华的申诉(举报)信,证明钟华向通州工商分局提出了申请。

2.《答复》,证明通州工商分局作出的行政行为。

3. 购物小票复印件,证明钟华与该案件有利害关系。

4. 京工商复[2014]27 号行政复议决定书,证明此案经过了行政复议。

5. 钟华身份证复印件,证明钟华的身份信息。

(二)被告通州工商分局提交的主要证据及法律依据

被告通州工商分局为证明自己履行了法定职责,并不存在不作为的情形,向法院提交的主要证据有:

1.《答复》及国内挂号信函,证明通州工商分局依法履行了法定职责,答复恰当。

2. 行政复议申请、复议决定书,证明钟华主张通州工商分局对其举报应予移送,不是其法定职责,北京市工商行政管理局对此举报的复议不予支持。

3. 食安办(2013)13 号《监管工作通知》第 5 条,证明食品举报工作由国

---

〔9〕 参见李朔、杨利敏:《对〈工商行政管理机关行政处罚程序规定〉第十五条移送条款的理解》,载《中国工商报》2015 年 3 月 5 日。

家食品药品监管总局承担,各省市按照改革进展随职责划转进行交接。

4.《规定》第15条第1款,证明工商行政管理机关发现所查处的案件属于其他行政机关管辖的,才应当依法移送其他有关机关。

5.《规定》第17条,证明工商机关立案的法定职责和立案时限。

6.《通知》"一、职能转变"的第1条,证明流通环节食品监管职责由北京市食品药品监督管理局承担,投诉举报职责未明确。

7.《北京市工商行政管理局行政处罚程序实施办法》第20条,证明北京市工商行政管理局处理具名投诉举报的法定职责。

(三)通州工商分局的上诉请求

通州工商分局不服一审判决,向北京市第三中级人民法院提出上诉请求:一审法院认定事实不清,法律释义不当,片面解释了《规定》第15条,认为该条只是规定了对于工商机关立案后发现无管辖权或发现违法犯罪行为时如何处理,而并非针对仅仅是线索层面情况,工商机关在发现所举报的线索无管辖权时应采取告知当事人向有关机关举报的处理方式。

1. 法律没有明文规定工商机关在发现所举报的线索无管辖权时应当向有关机关移送。

2. 法律没有授权工商机关在发现所举报的线索无管辖权时有权向其他机关移送案件,即法无明文规定不许可。

3. 发现所举报的线索无管辖权时就必须向其他有关机关移送,这种做法不具有可行性,首先,上诉人的人力、物力、财力无法办到;其次,线索的真实性存疑;最后,这种做法是在鼓励当事人不正当维权。

4. 发现所举报的线索无管辖权时告知当事人到有权机关反映,符合相关行政惯例。

5.《规定》第15条第2款规定,工商行政管理机关发现违法行为涉嫌犯罪的,应当依照有关规定将案件移送司法机关,但本案钟华所提供线索并不涉及犯罪问题,故不属于上诉人依法移送的法定事由。

教学指导手册

教学目标

本案例主要就行政诉讼中的律师代理的概念、特征及主要从事的法律活动和行政不作为的认定问题进行讲授。具体要解决的问题包括:(1)本案是否属于行政诉讼的受案范围;(2)律师代理行政诉讼的概念及特征,律师接受当事人委托后应从事哪些法律活动;(3)行政诉讼中原告代理律师与被告代理律师的诉讼权利及义务,行政诉讼的举证、质证及法律适用;(4)以本案涉及的行政不作为认定为例,分析行政诉讼中可诉性不作为的特征,尤其是为律师在行政诉讼中就代理原告与被告分别面临的问题及如何应对提供进一步学习的方向。

教学内容

一、程序法方面

(一)本案是否属于行政诉讼的受理范围?

行政诉讼受案范围,即法院可以将什么性质的行为作为行政案件受理和审判,是行政诉讼的基本问题之一。我国《行政诉讼法》[10]对行政诉讼受案范围的规定大体上是列举式的,由三个部分组成:(1)对受案范围的总体划定,根据《行政诉讼法》的规定,公民、法人或者其他组织认为行政机关和行政机关工作人员的行政行为侵犯其合法权益,有权依照本法向人民法院提起诉讼。前述"行政行为",包括法律、法规、规章授权的组织作出的行政行为。(2)对受案范围的正面列举,《行政诉讼法》第12条对人民法院受理

〔10〕 虽然本案在审理判决中适用的是1989年的《行政诉讼法》,但由于《行政诉讼法》已经在2014年进行修订并于2015年5月1日起实施,故本教学指导手册中对相关问题的解释和说明均以修订后的《行政诉讼法》为准。

的11种行政诉讼类型进行了列举,其中涉及行政不作为的有两种情形:一是申请行政许可,行政机关拒绝或者在法定期限内不予答复;二是申请行政机关履行保护人身权、财产权等合法权益的法定职责,行政机关拒绝履行或者不予答复的。(3)对不可诉行政行为的排除。《行政诉讼法》第13条规定:"人民法院不受理公民、法人或者其他组织对下列事项提起的诉讼:(一)国防、外交等国家行为;(二)行政法规、规章或者行政机关制定、发布的具有普遍约束力的决定、命令;(三)行政机关对行政机关工作人员的奖惩、任免等决定;(四)法律规定由行政机关最终裁决的行政行为。"此外,最高人民法院的《关于执行〈中华人民共和国行政诉讼法〉若干问题的解释》(法释[2000]8号)还进一步明确了不属于行政诉讼受案范围的情形,分别是:(1)公安、国家安全等机关依照刑事诉讼法的明确授权实施的行为;(2)调解行为以及法律规定的仲裁行为;(3)不具有强制力的行政指导行为;(4)驳回当事人对行政行为提起申诉的重复处理行为;(5)对公民、法人或者其他组织权利义务不产生实际影响的行为。本案属于行政诉讼案件的受理范围。

(二)律师代理行政诉讼有哪些特殊性?

律师代理行政诉讼,是指律师在行政诉讼中,依照法律规定,接受行政诉讼当事人、法定代理人的委托或人民法院的指定,担任一方当事人的代理人并以被代理人的名义,在代理权限范围内为被代理人进行行政诉讼行为的活动。律师代理行政诉讼的特殊性主要体现在:(1)律师代理权限的差异性。行政诉讼法关于原被告不同诉讼权限的规定,决定了律师代理权限的差异性。(2)代理方法的特殊性。律师在行政诉讼中代理权限的差异性决定了律师代理行政诉讼的内容和方法与民事诉讼及刑事诉讼有很大的差异。(3)法律依据的广泛性。从行政审批的角度来说,法律、行政法规、规章是最主要的法律渊源,此外还有其他特别法规和规定及其他规范性文件。在行政诉讼中,法院对所涉及的其他规范性文件的效力应当予以审查。

(三)本案中原告代理律师与被告代理律师的诉讼权利有什么不同?

行政诉讼中原告的代理律师的诉讼权利来源于两个方面:一是《律师

法》《行政诉讼法》直接规定的律师权利。依据《行政诉讼法》的规定，代理诉讼的律师，有权按照规定查阅、复制本案有关材料，有权向有关组织和公民调查、收集与本案有关的证据。对涉及国家秘密、商业秘密和个人隐私的材料，应当依照法律规定保密。二是原告的委托。根据《行政诉讼法》的规定，行政诉讼中原告享有以下诉讼权利，原告可将这些权利全部或部分授予律师，具体包括：(1)起诉权。公民、法人或者其他组织认为行政机关和行政机关工作人员的行政行为侵犯其合法权益，有权向人民法院提起诉讼。(2)上诉权。当事人不服人民法院第一审判决的，有权在判决书送达之日起 15 日内向上一级人民法院提起上诉。当事人不服人民法院第一审裁定的，有权在裁定书送达之日起 10 日内向上一级人民法院提起上诉。(3)申请回避权。当事人认为审判人员与本案有利害关系或者有其他关系可能影响公正审判，有权申请审判人员回避。与本案有利害关系或其他关系的人员包括书记员、翻译人员、鉴定人、勘验人。(4)参加法庭辩论权。

行政诉讼中的被告，是指被原告指控侵犯其行政法上的合法权益或与之发生争议，而由人民法院通知应诉的行政机关。由于行政诉讼中作为被告的行政机关在诉讼前的行政管理关系中占据优势地位，为了保护原告的合法权益，行政诉讼中的被告人的诉讼权利受到了某些限制，这使被告的代理律师在参加行政诉讼时，其诉讼权利也将受到一定限制，具体包括：(1)没有起诉权。行政机关在诉讼中居于被告的诉讼地位，那么作为行政机关的代理律师当然也没有起诉权。(2)没有反诉权。行政机关所作出的具体行政行为在提起诉讼之前，以及在诉讼进行过程中就已经开始执行，因此代理律师不可能提出与本诉有牵连的反诉请求。(3)没有在诉讼过程中自行收集证据的权利。根据 2002 年通过的最高人民法院《关于行政诉讼证据若干问题的规定》，原告或者第三人提出其在行政程序中没有提出的反驳理由或者证据的，经人民法院准许，被告可以在第一审程序中补充相应的证据。行政机关在作出具体行政行为时必须根据事实和法律来作出决定，如果行政机关是在缺乏证据或证据不足的情况下作出的决定，进入行政诉讼阶段后，也不能再自行收集证据，尤其是向原告收集证据。

（四）本案中代理律师的诉讼义务有哪些？

根据《律师法》及《行政诉讼法》的规定，行政诉讼律师代理的诉讼义务主要有：依法行使各项权利，不得滥用诉讼权利；遵守诉讼程序，服从法庭指挥，不得故意捏造或歪曲案件事实；尊重对方当事人和其他诉讼参与人的诉讼权利；对于涉及国家机密和个人隐私的材料，依照法律规定保守秘密；不得复制查阅法律禁止复制查阅的案卷材料；不得提供虚假证据或者诱使他人提供虚假证据；律师不得私自接受委托，收取委托人的钱物。

（五）律师如何代理原告提起行政诉讼？

根据《行政诉讼法》的规定，提起行政诉讼应当符合下列条件：原告主体资格适格；有明确的被告；有具体的诉讼请求和事实根据；属于人民法院受案范围和受诉人民法院管辖。律师代理行政相对人提起行政诉讼应当向人民法院递交起诉状。行政起诉状，是指行政相对人对行政主体的行政行为不服或要求其作为，经行政复议后对复议结果仍不服而向人民法院起诉或者依法直接向人民法院起诉，请求人民法院撤销、变更行政行为、履行法定职责、确认行政行为违法或无效的法律文书。行政起诉状的文书格式、内容要求与民事起诉书相同，起诉状应当列明原被告的基本情况，诉讼请求和所根据的事实和理由，证据和证据来源，证人姓名和住所。诉状的递交必须按行政案件管辖范围进行，法律、法规规定应当先申请复议，公民、法人或者其他组织未申请复议直接提起诉讼的，人民法院不予受理。

（六）行政机关及诉讼代理人如何应诉？

首先，通过证明被诉行政行为的合法性准确提出答辩意见。审查被诉行政行为的合法性是行政诉讼的中心任务，行政机关参加行政诉讼的全过程都要紧紧围绕行政行为的合法性来进行。其次，应有效收集、整理并提交证据。根据《行政诉讼法》的规定，被告对作出的行政行为负有举证责任，应当提供作出该行政行为的证据和所依据的规范性文件。被告不提供或者无正当理由逾期提供证据，视为没有相应证据。但是被诉行政行为涉及第三人合法权益，第三人提供证据的除外。最后，还应注意举证时限。人民法院应当在立案之日起5日内,将起诉状副本发送被告。被告应当在收到起诉状副本之日起15日内向人民法院提交作出行政行为的证据和所依据的规范性文件,并提出答辩状。人民法院应当在收到答辩状之日起5日内,将答辩状副本发送原告。行政机关及诉讼代理人在提交答辩状时,提供的相关证据要注重符合证据关联性、合法性和真实性三个特征,力求提供的证据充分、真实、有效,这样才能保证行政机关的行政行为得到法院支持。

(七)在行政诉讼中如何举证、质证?

"以事实为根据"是《行政诉讼法》规定的一项原则,证据问题贯穿整个行政诉讼过程。根据《行政诉讼法》的规定,行政诉讼中的证据包括:书证、物证、视听资料、电子数据、证人证言、当事人的陈述、鉴定意见、勘验笔录和现场笔录。被告对作出的行政行为负有举证责任,应当提供作出该行政行为的证据和所依据的规范性文件。若被告在作出行政行为时已经收集了证据,但因不可抗力等正当事由不能提供的,经人民法院准许,可以延期提供。原告或者第三人提出了其在行政处理程序中没有提出的理由或者证据的,经人民法院准许,被告可以补充证据。原告可以提供证明行政行为违法的证据。原告提供的证据不成立的,不免除被告的举证责任。在起诉被告不履行法定职责的案件中,原告应当提供其向被告提出申请的证据。但有下列情形之一的除外:(1)被告应当依职权主动履行法定职责的;(2)原告因正当理由不能提供证据的。而在行政赔偿、补偿的案件中,原告应当对行政行为造成的损害提供证据。因被告的原因导致原告无法举证的,由被告承担举证责任。

质证是指在庭审过程中,当事人对法庭上所出示的证据进行对质、核实的活动。根据《行政诉讼法》的规定,证据应当在法庭上出示,并由当事人互相质证。对涉及国家秘密、商业秘密和个人隐私的证据,不得在公开开庭时出示。人民法院应当按照法定程序,全面、客观地审查核实证据。对未采纳的证据应当在裁判文书中说明理由。以非法手段取得的证据,不得作为认定案件事实的根据。在庭审过程中,当事人应当围绕证据的关联性、合法性和真实性,针对证据有无证明效力以及证明效力大小进行质证,展开充分辩论。当原被告对具体行政行为认定的事实争议较大的,应要求证人当庭质证;特别是应保证行政相对人一方充分行使质证权。

二、实体法方面

(一)行政不作为的概念

在行政法理论上,行政行为包括行政作为和行政不作为。目前,学术界对于行政不作为的概念尚未取得一致见解,[11]甚至有学者主张以“怠于履行行政义务”或“怠于履行公共职能”取代“行政不作为”。[12] 在中国近年的行政诉讼实践中,行政不作为案件约占8%,成为继行政处罚、行政裁决之后的第三大类型的诉讼案件。[13] 我国现行法律对行政不作为的地位缺乏明确而统一的规定,《行政复议法》和《行政诉讼法》仅在有关条文中规定了某些行政不作为的具体表现形态。如《行政复议法》第6条第8、9、10项规定了属于行政复议范围的三种行政不作为的具体形态;第28条第2项“被申请人不履行法定职责”的不作为表述。修订后的《行政诉讼法》第12条第3、6项规定了可以诉讼的不作为状态。1999年最高人民法院《关于执行〈中华人民共和国行政诉讼法〉若干问题的解释》中首次出现“行政不作为”概念,如规定原告举证责任的第27条第2项使用了“在起诉被告不作为的案件中”,规定驳回诉讼请求判决的第56条第1项使用了“起诉被告不作为理由不能成立的”。2002年最高人民法院《关于行政诉讼证据若干问题的规定》第4条也

---

〔11〕 近十年来,行政不作为业已成为行政法学研究中最热门的课题之一。对行政不作为的解释,代表性观点有:(1)以是否改变现有的权利义务关系为标准,认为行政机关消极地维持现有的法律状态即行政不作为;(2)以是否履行法定职责为标准,认为行政不作为是指行政机关没有履行某种法定职责的状态;(3)以行为的外在表现形式和存在状态为标准,认为行政不作为是指行政机关事实上没有积极地、明确地作出一定的行为而是消极无为的表现;(4)以是否负有履行法定义务为标准,认为行政机关不作为是行政机关负有作为的法定义务而在程序上消极的不作为状态。参见梁津明等:《行政不作为之行政法律责任探究》,中国检察出版社2011年版,第7页。

〔12〕 参见杨小军:《怠于履行行政义务及其赔偿责任》,载《中国法学》2003年第6期;林卉:《怠于履行公共职能的国家赔偿责任》,载《法学研究》2010年第3期。

〔13〕 参见何海波:《行政诉讼法》,法律出版社2016年版,第170页。

使用了“起诉被告不作为的案件”这一概念。准确理解行政不作为概念，应当区分行政不作为与否定性行政行为、延迟行政行为、默示行政行为及不正确履行职责行政行为等概念之间的区别，把握行政不作为的本质特征。

（二）如何认定行政可诉性不作为案件

就本案而言，实体方面的问题主要涉及可诉性不作为的认定。可诉性不作为具有以下特征：（1）可诉性不作为是被认为违反作为义务的行为；（2）与可诉性不作为相对应的作为必须具有可诉性；（3）可诉性不作为须涉及公民的财产权和人身权，涉及政治权利的不作为如无法律、法规特别规定，不具有可诉性；（4）可诉性不作为是超过法定期间或者合理期间而不实施一定法定职责的行为，在没有法定期间的情况下，应当根据多方面因素，包括行政机关处理这类问题的惯用时间、事件本身的难易程度、行政机关的主客观条件，有无法定阻却理由等，确定一个合理时间，并以该合理时间为基准确定是否有不作为情形存在。一般来说，针对行政机关不履行法定职责提起行政诉讼应当具备以下四个要件：行政机关具有相应职责、当事人有请求权、当事人向行政机关提出了请求、行政机关拒绝履行或不予答复。

（三）行政不作为的司法判断基准和司法裁判方式

尽管行政不作为的概念在学理上颇具争议，但司法实务所理解的行政不作为与学理并非完全吻合。从本案的审判经过可以看出，司法实务中的行政不作为是指行政主体不履行作为义务的状态。至于行政机关作为的义务从何而来、有无作为的现实可能、究竟是否已经作为则是个案中的具体司法判断问题。有学者认为，目前法院已经形成“作为义务源自何处—有无现实作为可能—究竟是否已经作为”的三重判断基准。行政机关的作为义务大致源于法律规范、行政规范、行政行为、行政契约和先行行为这五个方面。“作为义务”必须是一种现实而非抽象、特定而非一般的义务。“有无现实作为可能”的判断基准在实践中非常复杂，因为法律往往赋予行政机关对个案具体情形的自由裁量。“究竟是否已经作为”的判断基准涉及作为与不作为界限的认定以及不作为的具体表现形态，需要通过主客观标准相结合进行个案情境判断。行政不作为案件的裁判涉及对司法独立判断的维护、行政机关裁量的尊重及行政相对人私权的有效保障三个重要价值维度。在行政不作为裁判方式的选择上,人民法院大体上形成了履行判决、确认违法赔偿判决和驳回诉讼请求判决三足鼎立的格局。[14]

(四)本案中对"案件"和"案件线索"的处理是否应当采用同一标准?

根据《规定》第 15 条第 1 款的规定,工商行政管理机关发现所查处的案件属于其他行政机关管辖的,应当依法移送其他有关机关。这一规定是对工商机关查处案件进行移送的要求。本案中,通州工商分局调查后认为当事人反映的食品安全问题不属于其职能范围,未对当事人的投诉举报立案,因此当事人的投诉举报只能作为案件线索,而不能作为查处的案件。而法院在判决中,参照《规定》第 15 条的规定,认为通州工商分局应当将当事人的投诉举报移送相关主管部门,对案件和案件线索的处理采用了同一标准。有学者就此指出,是否立案是区别案件和案件线索的关键,对案件和案件线索的处理不宜采取同一标准。对已经立案的案件移送应当适用《规定》第 15 条,而对未立案的案件线索并不适用。而且对案件线索的处理应当具体问题具体分析,因不同情况采取不同的处理措施:对属于管辖范围内的事项,应当及时立案查处;对属于工商部门职责,但不属于本单位管辖范围的,应当及时移送有管辖权的工商部门处理,并书面告知具名的投诉人、举报人;对不属于工商部门职责范围内的事项,应当书面告知具名的投诉人、举报人,建议其向其他有关部门投诉、举报。[15]

(五)如果不同国家机关对其适用标准的理解存在歧义时,行政机关自由裁量权行使的界限是什么,谁对存在歧义的法律法规及规范性文件等享有最终解释权?

就本案的判决结果而言,以裁判方式明确对不属于本机关办理职责事

---

〔14〕 参见章志远:《行政法案例分析教程》,北京大学出版社 2016 年版,第 50 ~ 73 页。

〔15〕 参见高少丽:《如何处理不属于职能范围内的案件线索——钟华诉北京市工商局通州分局行政不作为案评析》,载《工商行政管理》2015 年第 4 期。

项,如果有关规范性文件规定应移送有权机关办理的,行政机关应当及时移送,具有积极意义。特别是在行政管理领域,行政机关的职责既有分工也有交叉,法定职责既可能来自本行政领域的法律、法规、规章和规范性文件,也可能是其他行政管理领域的法律规范,甚至可能是行政管理需要和行政惯例。行政机关将不属于本部门职能范围的事项移送给有关主管部门,客观上有利于减轻行政相对人投诉举报成本,保护行政相对人的合法权益。但面对目前职业打假人群体与日俱增的现实,[16]工商机关收到举报的数量也随之增长,如果要求工商机关对明显不属于本部门管辖权范围的举报承担移送义务,将从总体上给日常执法工作带来巨额成本,可能会增加国家的财政负担。

预期效果

通过分析钟华诉通州工商分局行政不作为案,力图让学生理解和掌握的主要知识点有:律师代理行政诉讼的概念及特征,律师接受委托后应从事哪些法律活动;律师代理行政诉讼的案件范围,行政诉讼的举证责任及法律适用;行政诉讼中可诉性不作为的特征,尤其是律师在行政诉讼中代理原告与被告分别面临的主要问题及应对策略。

教学计划

如下教学设计,仅供参考。

1. 课前计划:安排学生阅读案例及相关参考资料,对案例所涉及的问题进行思考,撰写实践题答案。

2. 课中计划:(1)介绍教学目的,明确讨论主题。(2)分组讨论,回答各项思考题,讨论实践题的撰写要点。(3)小组代表提出撰写要点,组织学生

---

〔16〕 参见刘士心:《面对"咄咄逼人"的"职业打假人",我们如何接招》,载《上海法治报》2015 年 6 月 29 日。

进行深入讨论和理性分析。(4)教师归纳总结。

3.课后计划:布置学生进一步思考代理律师在行政诉讼活动中的职能,以及如何发挥其职能。布置课后作业,对该案存在争议的地方进行进一步分析探讨。

课堂时间安排

本案例可以作为专门的案例教学课来进行,课堂安排4个课时,每课时45分钟。其中,程序法方面的内容讲授1个课时,实体法方面的内容讲授1个课时,与案例相关的争议问题讨论1个课时,教师进行归纳总结1个课时。

思考题和实践题

1.思考题

(1)钟华得知自己的合法权利被侵犯后,应向哪一法院提出诉讼请求?该案应由何地法院立案?钟华在起诉时应提供哪些证据材料?

(2)根据《行政诉讼法》的规定,通州工商分局在接到起诉副本后,应如何处理?

(3)根据《行政诉讼法》和最高人民法院《关于行政案件管辖若干问题的规定》,行政案件立案的条件有哪些?本案是否符合行政立案的法定条件?

(4)如果你是原告钟华的诉讼代理人,你应当收集、提供哪些证据材料?

(5)如果你是被告通州工商分局的诉讼代理人,你如何准备应诉?

(6)行政诉讼的质证规则主要有哪些?

(7)行政诉讼举证责任的范围是什么?被告通州工商分局是否有权自行向原告收集证据?

(8)如何确定一个行政行为是否具有可诉性?可诉性行政不作为具有哪些特点?

(9)在你看来,原告钟华所反映问题为购买的商品不符合《标签通则》规定,是否可以作为通州工商分局不履行移送职责的依据,为什么?

(10)结合实践谈谈你对可诉性行政不作为的概念、标准、范围及受案限制的理解。

(11)关于司法实践中对侵害公民合法权益的行政不作为是否只局限于侵害公民的人身权与财产权?还是应当涵盖除人身权和财产权之外的其他权益?

(12)侵害国家、社会公共利益的公益性侵权的行政不作为能否进入司法审查的范围?

(13)如果某些当事人过于轻率乃至恣意地提起大量诉讼,导致公共资源被严重挤占,应如何平衡诉讼权利的保护和有限司法资源的分配二者之间的关系?

2. 实践题

(1)如果你是钟华的代理律师,如何为他撰写行政起诉状?

(2)如果你是被告通州工商分局的诉讼代理人,请为其撰写答辩状、代理词及上诉状。

(3)请根据以上案件信息,分析通州工商分局是否应当就原告钟华举报事项履行移送职责。

(4)当不同国家机关对案件适用的法律依据的理解发生歧义时,哪个国家机关拥有最终的解释权?

(5)当下位法与上位法的规定发生冲突时,在案件的具体适用时应当如何处理?

参考文献

1. 姜明安主编:《行政法与行政诉讼法》,北京大学出版社、高等教育出版社 2007 年版。
2. 何海波:《行政诉讼法》(第二版),法律出版社 2016 年版。
3. 章志远:《行政法案例分析教程》,北京大学出版社 2016 年版。
4. 梁津明等:《行政不作为之行政法律责任探究》,中国检察出版社 2011 年版。
5. 王逸吟:《最高法首次通报行政不作为十大案例》,载《光明日报》2015 年 1 月 16 日。
6. 人民法院报:《人民法院关于行政不作为十大案例》,载《人民法院报》2015 年 1 月 16 日。
7. 李朔、杨利敏:《对〈工商行政管理机关行政处罚程序规定〉第十五条移送条款的理解》,载《中国工商报》2015 年 3 月 5 日。
8. 高少丽:《如何处理不属于职能范围内的案件线索——钟华诉北京市工商局通州分局行政不作为案评析》,载《工商行政管理》2015 年第 4 期。

撰稿人｜戴激涛,广东财经大学法学院副教授

14 CASE 创博公司不服商标评审委员会“微信”商标异议复审裁定案

| 摘　要 |

按照我国相关法律的规定，商标专用权的取得以核准注册为标志，中间要经形式审查、实质审查、初审公告、注册公告等程序。在创博公司不服商标评审委员会“微信”商标异议复审裁定案中，创博公司申请注册商标后，初审公告之前，腾讯公司的微信产品飞速发展，拥有广大的用户和广泛的影响。创博公司的申请最终因易被消费者产生误认而被商标局和商标评审委员会不予核准注册。本案例既涉及商标注册的程序、行政诉讼中全面审查原则的运用和审判结果的确定等问题，也涉及商标注册申请中的“不良影响”和“显著性”的判断等问题。对本案例的学习和讨论对于引导学生解决商标注册中的相关问题具有较大的参考价值。

| 关键词 |

全面审查原则　不良影响　显著性　先申请原则

| 教学目标 |

本案例主要围绕“微信”商标注册申请过程中所遇到的问题以及法院裁判所产生的争议进行分析和讨论，目标在于培养学生的分析和综合能力，能够运用相关理论解决实践问题。让学生了解在商标利益可能因为他人的注册行为受到影响的情况下，如何确定相应的解决方案。通过对本案例的研究和讨论，主要要求学生掌握如下方面的内容：(1)熟悉商标申请的流程，知晓在每个时间段商标申请应该注意的事项，并能提出相应的应对方案；(2)在行政诉讼中应如何适用全面审查原则确定法院的审理范围；(3)在行政诉讼的

二审中，应如何确定裁判的依据和结果；(4)在商标申请过程中，如何确定"其他不良影响"的判断时间点和判断标准；(5)如何确定商标标志的"显著性"问题。

教学案例主文

按照我国相关法律的规定，商标专用权的取得以核准注册为标志，"先申请原则"是商标确权制度的基础。在实践中，申请人可能会在没有使用之前申请注册商标，这是本案中创博公司的做法；也可能先使用然后申请注册，这是本案中腾讯公司的做法。先使用后申请符合互联网行业产品更新快、市场前景不确定的特点，可以降低知识产权维护和运营的成本。从申请注册时间来看，创博公司申请在先，腾讯公司申请在后。但最终是腾讯公司取得了"微信"图文商标的专用权，创博公司的申请被驳回。围绕商标评审委员会驳回创博公司"微信"商标注册申请裁定进行的诉讼，在理论和实践界产生了一系列的争议。既涉及行政诉讼的审理范围和法律适用问题，也涉及与商标注册相关的实体法和程序法的规定。

一、案件所涉及的相关主体

原告(二审上诉人)创博亚太科技(山东)有限公司(以下简称创博公司)于2007年12月10日在山东济南市注册成立，是香港创博(亚太)投资控股有限公司的全资子公司，注册资本2.25亿港元，申请发明专利两百余项，其中已获国家发明专利的有五十余项。公司主要经营经济信息咨询、计算机系统软件开发以及通讯产品、电子产品和电力产品的技术开发、技术转让和技术服务等。业务范围涵盖智能网、语音、3G、云计算、软件外包等多方面业务，目前业务已由国内市场迈向了以美洲为中心的国际市场。

被告(二审被上诉人)国家工商行政管理总局商标评审委员会(以下简称商评委)的职责是对商标局驳回的商标申请，应当事人请求进行复审；对商标局作出的不予注册裁定、商标撤销裁定，应当事人请求进行复审；对当事人提出的商标无效宣告申请进行审理；依法认定驰名商标；依法参加商标评审案件的行政诉讼以及完成领导交办的其他工作。

第三人张新河于2011年11月21日以个人名义对创博公司在38类和42类申请注册的“微信”商标提出异议，理由为“微信”没有显著性，创博公司的申请容易被消费者误认，如果创博公司取得“微信”注册商标专用权，会对社会公共利益和公共秩序造成负面影响。

腾讯科技（深圳）有限公司（以下简称腾讯公司）并不是本案的当事人，但是是与本案争议相关的“微信”图文商标的所有权人，是本案判决结果的受益者。在国家工商总局商标局的网站中，“微信”在第38类中共有6个商标，其中4个归腾讯所有，一个属于自然人吴昊，另一个属于北京联智昭阳文化传播有限责任公司。从“微信”商标注册申请来看，腾讯最早的申请是2011年1月24日，最晚的是2015年。其中，2011年1月24日首次申请仅提交了两件商标申请，即计算机相关（第9类）和电视相关（第38类），之后连续几年，腾讯公司又提交了多件与“微信”相关的商标注册申请，部分已得到核准。

二、案件相关事实介绍

（一）创博公司“微信”商标申请过程

2010年11月12日，创博公司就“微信”文字商标在第9类（电子公告牌类服务）、第38类（通讯电信等）和第42类（计算机软件编程等）向商标局提交了注册申请。按照“微信”产品介绍中记载，“‘微信’是一项向被叫用户提供，当来电时，显示主叫号码及其归属城市的信息与资讯的服务”。“微信系统”软件于2011年2月完成计算机软件著作权登记申请表和计算机软件著作权登记。

2010年9月，中国联通山东分公司确定该业务的名称为“沃名片”；2010年10月，创博公司陆续提交了以“沃名片”命名的微信业务介绍资料和技术方案给中国联通，同时开始进行业务平台的搭建和联调测试；2010年12月，该业务由中国联通山东分公司正式推出。2011年6月中国联通山东分公司与北京德利迅达科技有限公司签订《山东联通沃名片业务合同》。

2011年8月27日,创博公司申请注册第8840949号“微信”商标(以下简称被异议商标)经商标局初步审定公告,指定使用服务为第38类信息传送、电话业务、电话通讯、移动电话通讯等。在法定异议期内,张新河对被异议商标提出异议。认为“微信”商标没有显著性,并且如果创博公司取得“微信”注册商标专用权,会对社会公共利益和公共秩序造成负面影响。

2013年3月19日,商标局作出(2013)商标异字第7726号裁定,认为“微信”是腾讯公司推出的一款手机聊天软件,原告在第38类信息传送、电话业务等服务上申请注册“微信”商标容易使消费者产生误认,并导致不良的社会影响,依据《商标法》第10条第1款第8项的规定对被异议商标不予核准注册。

在创博公司提出的商标注册申请中,第42类“微信”文字商标已经注册成功。

(二)“微信”商标异议复审裁定过程

创博公司不服该裁定,于2013年4月7日向商标评审委员会申请复审。

1. 创博公司的理由和依据

创博公司认为被异议商标不会导致不良的社会影响。主要理由包括两个方面:(1)容易使消费者产生误认并不属于《商标审理标准》所称的容易误导公众,因而具有不良影响的情形,申请人申请注册被异议商标事实上也不会产生误认,并且即使令消费者产生误认,也只是损害了腾讯公司的特定民事权益,不构成《商标法》第10条第1款第8项所指的不良影响。(2)被异议商标是否能导致消费者误认应以申请时而不是公告时的情形来判断。本案中,申请人使用和申请注册被异议商标的时间早于腾讯公司推出“微信”手机聊天软件的时间,当时“微信”尚未被广大社会公众熟知,因此不存在误导广大公众、独占公共资源带来的各种权益等情形,不会导致消费者误认进而产生不良的社会影响。

2. 张新河的理由和依据

（1）“微信”是腾讯公司2010年10月开始策划启动，并于2011年1月上线推出的手机聊天软件，截至2013年7月注册用户已超过4亿，并已有多地各级政府机关开通政务微信，腾讯公司的微信服务已为相关公众所熟知。申请注册“微信”商标易使相关公众将其与腾讯公司已具有高知名度的微信服务相混淆，损害了包括张新河在内的广大微信注册用户的利益，同时扰乱了有关政府部门正常履行政府职责，可能对我国经济、社会公共利益和秩序产生消极、负面的影响。

（2）被异议商标不具有显著性。被异议商标“微信”是即时通讯的通用名称，且直接表示了“信息传送”的服务特点，不具备显著性。申请人提供的证据不足以证明被异议商标经长期、广泛使用，已经通过使用取得显著性。申请人将公众熟知的即时通讯软件名称“微信”指定使用在“信息传送”等服务上，易使相关公众误认为该服务为腾讯公司推出的微信服务，误导公众，造成不良影响。

3. 商评委的裁定

2014年10月22日商评委作出商评字［2014］第67139号关于第8840949号“微信”商标异议复审裁定。认为被异议商标会造成不良影响。理由是虽然创博公司申请注册第8840949号“微信”商标时，腾讯公司的“微信”软件尚未正式对外推出。但是张新河提交的证据表明，腾讯公司在被异议商标初步审定公告前已正式推出了“微信”软件，且用户量持续迅猛增长，截至2013年7月，腾讯公司的“微信”注册用户至少已经增长到4亿人，并且多地政府机关、法院、学校、银行等推出了微信公共服务，相关公众已经将“微信”与腾讯公司紧密地联系起来。虽然创博公司申请注册被异议商标是否损害腾讯公司的特定民事权益不属于《商标法》第10条第1款第8项所调整的内容，也不是本案审理的焦点，但在社会公众对“微信”的认知发生变化，社会客观环境和公众利益内容发生变化的情况下，商评委应对被异议商标的注册是否会对变化了的社会公共利益和公共秩序造成不良影响作出判断。考虑本案的事实，如核准被异议商标注册，将会对多达4亿的微信注册用户以及广大公共服务微信的用户带来极大不便乃至损失，同时也可能使他们对创博公司提供的“微信”服务的性质和内容产生误认，从而可能对社会公共利益和公共秩序产生消极、负面的影响。因此被异议商标已经构成《商标法》第10条第1款第8项所禁止的不良影响的情形。

对于显著性问题，商评委认为张新河提交的在案证据主要是网络、报刊等媒体对腾讯公司“微信”服务的有关报道以及腾讯公司对自己的“微信”服务进行宣传使用的资料，涉及的使用主体只有腾讯公司一家，这些证据无法证明“微信”商标在信息传送、电话业务等服务上已经成为法定的通用名称，也不能证明“微信”一词已被同行业其他企业作为信息传送、电话业务等服务的名称广泛使用，因此被申请人称“微信”是通用名称的依据不足。此外，亦没有证据证明“微信”使用在上述服务上仅直接表示了服务的特点。

综上所述，商标评审委员会裁定被异议商标不予核准注册。

查询的流程

打印　关闭

申请号/注册号	8840949	类别	38

商标流程	时间
商标无效（仅供参考）	
初步审定公告日期为：2011年08月27日　异议申请截至日期为：2011年11月27日　注册公告日期为：2011年11月28日	
商标注册申请中	2010年11月12日
注册申请初步审定	2011年07月26日
商标异议申请中	2011年11月21日
收到异议申请或补充材料，待审	2011年11月21日
商标异议完成	2013年03月19日
异议复审中	2013年04月07日
异议复审待审中	2013年04月07日
异议复审评审实审裁文发文	2014年10月27日

仅供参考，不具有法律效力.
时间为流程状态形成日期
各业务流程完成仅表示审理完成，不表示具体结论成立

图1　国家商标局网站创博公司“微信”商标申请过程

（三）腾讯公司“微信”商标申请情况

创博公司申请“微信”商标注册两个月之后，初审公告7个月之前，即2011年1月21日，腾讯发布微信1.0 for iPhone（测试版）。2011年1月24日，腾讯就“微信”图文商标在第9类、第38类提交了注册申请。2013年3

月，腾讯的“微信”图文商标在第9类获得核准注册，2014年8月，在第38类获得核准注册。据2014年11月13日的《每日经济新闻》报道，微信“用户已超8亿”。

商标的详细信息

打印 关闭

注册/申请号	9085979	国际分类号	9	申请日期	2011年01月24日
申请人名称(中文)	腾讯科技（深圳）有限公司	申请人地址(中文)	广东省深圳市福田区赛格科技园2栋东403号		
申请人名称(英文)		申请人地址(英文)			
商标图像	点击图片查看原图 微信	商品/服务列表	电子出版物(可下载)；计算机；计算机程序(可下载软件)；计算机软件(已录制)；计算机外围设备；电话机；与外接显示屏或监视器连用的娱乐器具；照相机(摄影)；视听教学仪器；动画片；查看详细信息…	类似群	0901 0907 0908 0909 0910 0923
初审公告期号	1341	注册公告期号	1462		
初审公告日期	2012年12月27日	注册公告日期	2015年07月07日		
专用期限	2013年03月28日 2023年03月27日				
国际注册日期		后期指定日期			

图2 国家商标局网站腾讯公司“微信”商标申请注册情况一

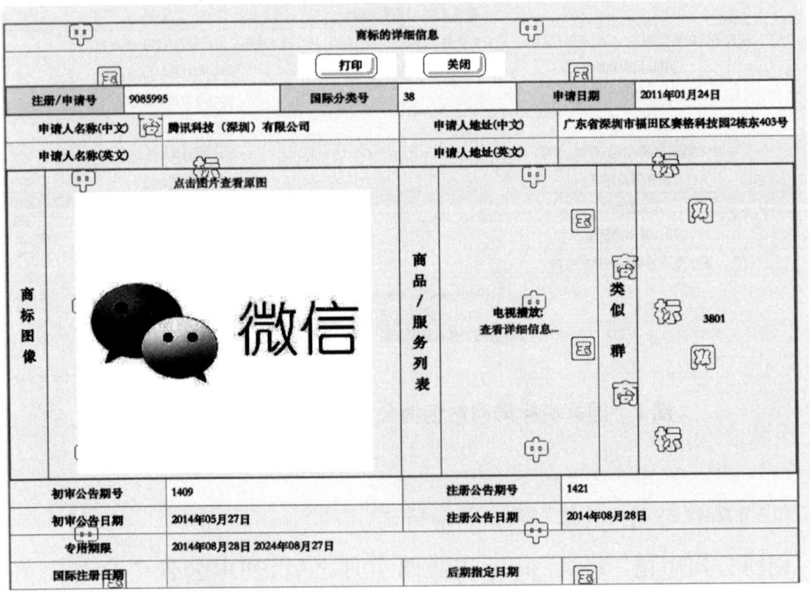

商标的详细信息

打印 关闭

注册/申请号	9085995	国际分类号	38	申请日期	2011年01月24日
申请人名称(中文)	腾讯科技（深圳）有限公司	申请人地址(中文)	广东省深圳市福田区赛格科技园2栋东403号		
申请人名称(英文)		申请人地址(英文)			
商标图像	点击图片查看原图 微信	商品/服务列表	电视播放；查看详细信息…	类似群	3801
初审公告期号	1409	注册公告期号	1421		
初审公告日期	2014年05月27日	注册公告日期	2014年08月28日		
专用期限	2014年08月28日 2024年08月27日				
国际注册日期		后期指定日期			

图3 国家商标局网站腾讯公司“微信”商标申请注册情况二

三、一审诉讼过程和争议焦点

(一)诉讼过程

创博公司不服商评委裁定,于2014年12月2日向北京知识产权法院提起行政诉讼,认为“微信”商标本身不存在对社会公共利益和公共秩序产生消极、负面影响,请求法院撤销该裁定。主要理由有三点:一是被诉裁定在判断被异议商标是否属于《商标法》第10条第1款第8项关于“不良影响”规定时,适用法律错误;二是商评委在裁定中使用了商标申请之后的证据;三是被诉商标应予核准注册。2015年3月11日,北京知识产权法院开庭审理此案,并当庭做出宣判。

法院审理后认为,先申请原则是我国商标注册制度的一般原则,但在尊重在先申请这个事实状态的同时,商标注册核准与否还应当考虑公共利益和已经形成的稳定市场秩序。当商标申请人的利益与公共利益发生冲突时,应当结合具体情况进行合理的利益平衡。本案中,一方面是商标申请人基于申请行为产生的对特定符号的先占利益和未来对特定符号的使用可能产生的期待利益,另一方面是庞大的微信用户已经形成的稳定认知和改变这种稳定认知可能形成的较大的社会成本,鉴于此,选择保护不特定多数公众的现实利益具有更大的合理性。因此,被告认定被异议商标的申请注册构成《商标法》第10条第1款第8项所禁止的情形并无不当,予以维持。

(二)争议焦点

在庭审过程中,法院将争议焦点归纳为诉争商标是否属于有其他不良影响的标志,从而违反《商标法》第10条第1款第8项的规定,并得到了当事人各方的认可。

原告创博公司认为其在2010年商标注册申请前后就已经研发了微信系统,并且和中国联通山东公司合作这个项目。《商标法》第10条第1款第8项这一条款的立法本意是要根据商标的本身是否具有不良影响,而不是根据商标的使用来判断不良影响。被告歪曲解释《商标法》第10条第1款第8项的理解,对于这样一个简单的商标申请的案件,因为牵扯到一个比较有影响的企业,就曲解法律条文,在倡导依法治国的今天,被告没有秉公执法,且没有考虑任何原告微信系统的使用证据。

被告商评委认为,虽然原告自认 2010 年已经研发微信软件,但根据在案的证据来看,只是可以证明已经研发了微信商标,并没有证据证明已经推广,被告与山东联通之间的业务使用的不是微信商标。关于被异议商标是否构成不良影响,根据在案证据,腾讯公司的使用用户已经达到 4 亿多,可以认为已经构成了公共利益和公共秩序,如果本案的被异议商标核准注册,会给 4 亿多用户带来不便。并且被异议商标的微信用户和腾讯公司的微信用户可能会产生混淆,该裁定是综合考虑相关的公共利益和公共秩序才做出的,并不是因为腾讯是大公司就作出裁定。

第三人张新河认为对于本案来说,要注意以下三个问题:

1. 关于商标法适用的价值取向。商标法适用的终极目标是实体问题的解决和公平正义的实现,商标司法应更多关注个案的差异性,裁判的结果应该是最大限度地实现良好的法律效果和社会效果。为此目的,甚至应该改变、突破常规性的审判思路。本案的实际情况是,除了“其他不良影响”条款,没有其他救济途径可以阻止被异议商标的注册。

2. 如核准注册被异议商标,将会产生两个层面的不良影响:首先,给微信用户群体以及微信公共服务平台的受众群体带来极大不便乃至损失;其次,“微信”已经成为公众熟知的即时通讯工具的名称,原告将“微信”指定使用在第 38 类“信息传送、电话业务”等服务项目上,就会导致“微信”商标所包含、展示的信息与指定服务“错位”,容易使消费者对创博公司提供的“微信”服务的性质和内容产生误认。

3. 腾讯公司的微信已经被普通公众和法院、政府、银行等普遍使用,已经深入到社会政治、经济、文化等各个层面。截至 2014 年 11 月,腾讯公司的微信产品全方位地影响着至少 8 亿用户的生活方式和生活习惯。

法院审理后认为根据《商标法》第 10 条第 1 款第 8 项的规定,有害于社会主义道德风尚或者有其他不良影响的标志不得作为商标使用。在审查判断有关标志是否构成具有其他不良影响的情形时,一般应当考虑该标志或者其构成要素是否可能对我国政治、经济、文化、宗教、民族等社会公共利益和公共秩序产生消极、负面影响;如果该标志作为特定主体在特定商品或服务上的商标注册和使用,可能会误导广大消费者,从而对公共利益产生消极影响,亦应属于该条款所规范的情形。判断被异议商标是否具有其他不良影响,考察的是被异议商标注册和使用可能产生的客观社会效果,而不是商标申请人申请注册商标或使用商标时的善意或恶意。同时,对于尚处于注册审查程序中的被异议商标来说,判断其是否具有其他不良影响,还应当考察行政裁决或判决作出之时的事实状态,以尊重新的已经形成的公共利益和公共秩序。

先申请原则是商标注册的一般原则,但同时,商标注册核准与否还应当考虑公共利益。当商标申请人的利益与公共利益发生冲突时,应当结合具体案情,作出合理的利益平衡。本案中,虽然诉争商标申请在先,但现有证据无法证明诉争商标已经持续、大量投入商业使用,并形成一定数量的消费群体。然而,“微信”作为腾讯公司的即时通讯服务应用程序,广大用户已经将“微信”与腾讯公司的上述服务密切联系起来。如果核准诉争商标注册,将会给广大微信用户的工作和生活带来不便甚至损失,即对公共利益产生消极、负面的影响。

四、二审诉讼过程和争议焦点

(一)诉讼过程

创博公司不服北京知识产权法院的判决,向北京市高级人民法院提起上诉,认为我国商标注册体系采用的是申请在先原则,如果通过相关服务对应的用户规模来判定申请注册的商标,将有违公平市场竞争秩序,请求撤销原审判决。主要上诉理由为:(1)本案不存在真实的公共利益,无适用《商标法》第10条第1款第8项的事实基础;(2)商标授权确权阶段不能为将来可能出现的市场问题进行假设性预裁;(3)在先申请原则作为《商标法》的一项基本原则,不以商标的使用为其保护的前提条件。

商标评审委员会、张新河服从原审判决。

（二）争议焦点

二审法院将本案的争议焦点归纳为如下几方面：

1. 关于被异议商标的不良影响问题

（1）被异议商标本身不构成不良影响

根据《商标法》第10条第1款第8项的规定，有害于社会主义道德风尚或者有其他不良影响的标志不得作为商标使用。审查判断有关标志是否构成具有其他不良影响的情形时，应当考虑该标志或者其构成要素是否可能对我国政治、经济、文化、宗教、民族等社会公共利益和公共秩序产生消极、负面影响。如果有关标志的注册仅损害特定民事权益，由于《商标法》已经另行规定了救济方式和相应程序，不宜认定其属于具有其他不良影响的情形。另外，具有“其他不良影响”属于商标注册的绝对禁止事项，一旦认定某一标志具有“其他不良影响”，即意味着不仅该标志在所有的商品和服务类别上都不得作为商标使用，而且更不得作为商标注册。本案中，被异议商标由中文“微信”二字构成，现有证据不足以证明该商标标志或者其构成要素有可能会对我国政治、经济、文化、宗教、民族等社会公共利益和公共秩序产生消极、负面影响。因此，就标志本身或者其构成要素而言，不能认定被异议商标具有“其他不良影响”。

（2）被异议商标申请行为和结果也构不成不良影响

一方面，即使腾讯公司的“微信”服务被包括政府机关在内的社会公众大量使用，“微信”由腾讯公司以外的其他主体作为商标加以申请注册，涉及的也仅仅是该应用程序的名称或者商标标志如何确定的问题，并不影响该应用程序自身的正常使用。

另一方面，基于互联网环境下计算机应用程序能够及时在线更新的特点，即使该计算机应用程序的名称或者商标标志发生变化，也能够十分迅捷便利地通知到相关用户，不会造成相关公众对相关应用程序及其来源的混淆误认，不会损害包括政府机关在内的腾讯公司“微信”即时通讯应用程序用户的利益，当然更不会损害广大社会公众的利益和公共秩序。因此，被异议商标的注册申请行为并不涉及社会公共利益和公共秩序。

最后，“微信”商标已在其他多个商品或服务类别上由包括腾讯公司在内的多个主体加以申请并获准注册,这一事实也进一步印证了“微信”作为商标使用不具有“其他不良影响”。

综上所述,本案被异议商标的申请注册,不属于《商标法》第10条第1款第8项规定的具有“其他不良影响”的情形,原审判决及第67139号裁定的相关认定错误,应予以纠正。

2. 关于被异议商标的显著性问题

虽然原审判决并没有涉及被异议商标的显著性问题,仅就被异议商标的申请注册是否违反《商标法》第10条关于不影响的规定作出了认定,但在第67139号裁定中,还根据原异议人张新河提出的意见,同时对被异议商标的申请注册是否违反《商标法》第11条关于显著性的规定作出了认定。因此,根据全面审查原则,对被异议商标的显著性问题一并予以审查。

对于显著特征的判断,应当根据申请注册的商标指定使用商品的相关公众的通常认识,从整体上加以认定。本案中,被异议商标由中文“微信”二字构成,指定使用在“信息传送、电话业务、电话通讯、移动电话通讯、电子邮件、传真发送、电信信息、提供全球计算机网络用户接入服务(服务商)、为电话购物提供电讯渠道、语音邮件服务”上。“微”具有“小”“少”等含义,与“信”字组合使用在上述服务项目上,易使相关公众将其理解为是比电子邮件、手机短信等常见通信方式更为短小、便捷的信息沟通方式,是对上述服务功能、用途或其他特点的直接描述,而不易被相关公众作为区分服务来源的商标加以识别和对待,因此,被异议商标在上述服务项目上缺乏显著特征。

截至作出二审裁判时,创博公司提交的证据不足以证明被异议商标经过使用,已经与该公司建立起稳定的关联关系,从而使被异议商标起到区分服务来源的识别作用,构成《商标法》第11条第2款规定的经使用取得显著性可以作为商标注册的情形。因此,被异议商标不应予以核准注册。虽然第67139号裁定有关被异议商标不属于《商标法》第10条第1款所指的不得作为商标注册的标志的认定错误,但其有关被异议商标不予核准注册的裁定结论正确。相应地,原审判决的认定虽有不当,但其裁判结论亦属正确,在纠正其相关错误的基础上,应对其结论予以维持。

3. 关于先申请原则的适用问题

在先申请原则是商标申请注册过程中应当遵循的一项重要原则。但是,在先申请原则有其适用范围,解决的主要是两个以上的商标注册申请之间的优先性问题。在先申请原则的适用必须与《商标法》的其他规定相协调,对不具有显著特征、不得作为商标使用和注册的标志,无论其注册申请时间早晚,均不涉及在先申请原则的适用。本案中,虽然创博公司依法提出了被异议商标的注册申请,但在被异议商标缺乏显著特征的前提下,已无必要对其不予核准是否违反在先申请原则作出评述。因此,对创博公司有关在先申请原则的上诉理由,不予支持。

五、相关证据

(一)一审当事人提供的证据

1. 原告提供的证据

第一组证据为网页截屏,以证明原告在互联网上宣传了其微信商标及业务。

第二组证据为"微信系统"软件著作权登记证书、专利申请文件等,以证明原告为其微信技术提交了专利申请,并已获授权。

第三组证据为微信技术方案的计划书等材料及相关的原始存档文件,以证明原告在2010年即开始设计、开发微信业务。

第四组证据为微信(沃名片)服务合同等,以证明原告微信(沃名片)服务在2011年即面向公众投入实际使用。

2. 被告提供的证据

第一组证据为诉争商标档案,用于证明诉争商标的基本情况。

第二组证据和第三组证据分别为原告和第三人在评审程序中提交的异议复审申请书、答辩理由书及证据,用于证明被诉裁定是针对双方提出的事实、理由和请求作出的。

第四组证据为答辩通知书、证据交换通知书,用于证明被诉裁定的作出程序合法。

3. 第三人提供的证据

第三人在本案中提交的证据，包括2011年年初至2014年年底全国各大报纸对“微信”的相关报道的复印材料及证明、检索报告等材料，以证明腾讯公司的“微信”服务的市场使用情况。

(二)二审当事人提供的证据

上诉人创博公司向法院提交了三组证据，其他当事人没有提供新证据。

第一组证据为被异议商标注册申请受理通知书及初审公告。

第二组证据为北京市国立公证处(2015)京国立内证字第12322号、第12323号公证书，内容涉及在第9类、第11类、第12类、第25类、第35类商品或者服务上的“微信”商标注册完成，在第29类、第30类服务上的“微信”商标注册后已经转让，在第16类、第18类商品上的“微信”商标注册后的使用许可备案已经完成，用以证明“微信”商标不具有不良影响，可以注册。上述“微信”商标的注册人，除腾讯公司外，还有其他公司或者自然人。

第三组证据为浙江省高级人民法院(2007)浙民三终字第74号“蓝色风暴”侵害商标权纠纷案二审民事判决书。在该案中法院判决百事可乐在宣传及可乐产品上使用浙江蓝野酒业有限公司的注册商标“蓝色风暴”的行为构成商标侵权，进而判定百事可乐向原告赔偿300万元人民币。认为本案构成“反向混淆”。

教学指导手册

教学目标

本案例主要围绕“微信”商标注册申请过程中所遇到的问题以及法院裁判所产生的争议进行讲授，通过对本案例的研究和讨论，让学生了解在商标利益可能因为他人的注册行为受到影响的情况下，如何确定相应的解决方案。在商标行政诉讼中法院的审查范围即全面审查原则的适用以及商标注册中应注意的程序问题和实体问题，主要掌握以下如下方面的内容：(1)熟悉商标申请的流程，知晓在每个时间段商标申请应该注意的事项，并能提出相应的应对方案；(2)在行政诉讼中应如何适用全面审查原则；(3)在行政诉讼的二审中，应如何确定裁判的依据和结果；(4)在商标申请过程中，如何确定“其他不良影响”的判断时间点和判断标准；(5)如何确定商标标志的“显著性”问题。

■ 教学内容

一、程序法方面

(一)关于诉讼策略的确定问题

本案的双方当事人是创博公司和商评委，第三人是张新河，从表面上来看与腾讯公司并没有直接的利害关系，但腾讯公司却是本案处理结果的直接受益者，创博公司如果获得“微信”商标注册虽然会给用户造成短期不便，最终受影响的却是腾讯公司的经济利益。就本案来说，虽然没有证据表明张新河与腾讯公司之间有直接或间接关系，但并不影响在教学中引导学生站在腾讯公司的角度对诉讼策略的确定进行分析。

方案一：购买“微信”商标申请权。购买商标申请权是最直接的解决方案，优点是不需要进行相关诉讼，缺点是在“微信”服务被广泛接受的情况下，可能需要天价购买，苹果 iPad 商标就有前车之鉴。并且如果有其他方案可以解决，腾讯公司则没有必要先考虑这一方案。

方案二：直接提出异议。腾讯公司如果要对创博公司的商标申请提出异议，理由不外乎以下几方面：侵犯在先权利，缺乏显著性，可能产生其他不良影响。在本案中，创博公司申请在先，腾讯公司使用在后，很难提出在先权利。而对于后面两个原因来说，则是一把“双刃剑”。如果说缺乏显著性，为什么腾讯公司自己也要使用这个商标，属于明知故犯；如果说可能产生其他不良影响，则由于腾讯公司的身份，不可避免地让人想起腾讯公司自身巨大的经济利益，这明显不属于不良影响的范畴。

方案三：由其他人提出异议。这会产生本案由张新河提出异议后所得到的结果，创博公司的申请被驳回，腾讯公司保住了自己的商标。对于腾讯公司来说，这是最理想的结果。本案中，虽然张新河不是受腾讯公司的委托提出异议，但是可引导学生讨论假设是由腾讯公司委托张新河提出异议，则腾讯公司是否面临相应的法律风险，对企业的形象和社会责任是否会造成负面影响。

（二）关于诉讼依据的选择问题

就其性质来说，本案属于对相关事实的认定问题，属于法律争议而不是事实方面的争议。相对来说，本案在相关证据的准备方面并不复杂，关键在于选择如何确定适用的法律。在教学中可引导学生从创博公司的角度进行讨论。从不予核准注册到一审和二审，所涉及的法律适用主要是“显著性”和“不良影响”方面。创博公司的落脚点在于并不存在“不良影响”方面，但是在一审中法院将争议焦点确定在争议商标是否属于具有不良影响的标志时，创博公司并没有以申请行为和标志本身应进行区分为理由反对。在本案中，商评委是将申请行为产生的结果而不是标志本身认定为有不良影响，因而本案的争议焦点应是商标申请行为是否适用商标法关于不良影响的规定问题，对于这方面的混淆应是创博公司一审败诉的原因之一。在二审时，又因为“显著性”方面没有得到诉讼利益。对相关问题的具体讨论可见实体法部分，但可引导学生讨论本案中争议商标是否构成不具有“显著性”，创博公司是否可以以此为依据提出再审。

（三）关于商标行政诉讼中全面审查原则的适用问题

按照《行政诉讼法》第 87 条的规定，人民法院审理上诉案件，应当对原审人民法院的判决、裁定和被诉行政行为进行全面审查。对于商标行政诉讼案件来说，就涉及两方面的问题：一是一审是否需要对商评委的裁定内容进行全面审查，二是二审法院的审查范围能否超越一审法院的审理范围，对一审没有涉及但商标异议裁定所涉及的内容也一并进行审查。

虽然商评委在“微信”商标异议复审裁定中包括两项内容，即被议异商标违反《商标法》第10条关于不良影响的规定和现有证据不能证明被异议商标不具有显著性两项内容,但在本案一审中,原告创博公司只提出被异议商标并未违反《商标法》第10条的相关规定,商评委适用法律错误,请求法院依法撤销该裁定。并未涉及争议商标的显著性问题。

一审北京市知识产权法院在审理时,将本案的争议焦点归纳为被异议商标申请注册是否违反《商标法》第10条关于不良影响的规定,并得到当事人各方的认可,法院也以该条法律规定为依据,驳回创博公司的诉讼请求。同样没有涉及争议商标的显著性问题。

在二审中,北京市高级人民法院分别列举了《行政诉讼法》第87条"人民法院审理上诉案件,应当对原审人民法院的判决、裁定和被诉行政行为进行全面审查"和《商标法实施条例》第53条第1款"商标评审委员会审理不服商标局不予注册决定的复审案件,应当针对商标局的不予注册决定和申请人申请复审的事实、理由、请求及原异议人提出的意见进行审理"的规定,作出了"根据全面审查原则,本院对被异议商标的申请注册是否违反《商标法》第11条第1款的规定一并予以审查"的推论。也就是将审理的范围确定为两个方面,即被异议商标是否违反《商标法》第10条和《商标法》第11条的相关规定,并以被异议商标虽然没有违反《商标法》第10条的规定,但违反《商标法》第11条的规定为依据维持原判。

对此有观点认为,即使按照行政诉讼法中的全面审查原则,被诉行政行为应限定在被诉裁定据以作出的法律依据和事实,如果也包含商评委并未予以认可采纳的事实与理由,与立法本意不符,易造成行政与司法资源浪费。在本案中,虽然商评委的裁定中涉及被异议商标的显著性问题,但在一审中法院已对争议焦点进行了归纳,并得到当事人各方的认可,行政诉讼审查范围相比于评审范围已经发生变化,二审法院的做法可能违反禁止反言原则。

因而,在课堂中可围绕一审法院和二审法院对于审理范围的确认,引导学生对商标评审范围是否等同于行政诉讼范围,二审法院能否以此为依据超越一审法院的审理范围,以及全面审查原则应如何适用等问题进行讨论。

(四)在原审法院认定事实和适用法律错误的情况下能否维持原判

按照《行政诉讼法》第89条的规定,对于上诉案件可以分以下情况进行处理:原判决、裁定认定事实清楚,适用法律、法规正确的,判决或者裁定驳回上诉,维持原判决、裁定;原判决、裁定认定事实错误或者适用法律、法规错误的,依法改判、撤销或者变更。

在本案中,商评委认为被异议商标作为通用名称缺乏显著性的证据不足,但是因为具有“不良影响”,因而不予注册;一审法院没有涉及显著性问题,以具有不良影响为由驳回起诉。二审法院则认为被异议商标并不符合商标法关于“不良影响”的规定,但因为缺乏显著性,因而不应予以核准注册。并认为商评委的相关认定虽有不当,但其裁定结论正确;原审判决的认定虽有不当,但其裁判结论正确,在纠正其相关错误的基础上,对其结论予以维持,从而驳回上诉。但是严格按照行政诉讼法的相关规定,被诉裁定和原审判决认定事实和适用法律均有错误是撤销被诉裁定和原审判决的法定情形,而并不是维持原判。

法院这样做有两个方面的影响:对于创博公司来说,其审级利益被剥夺,因为按照相关法律规定,本案应发回重审。但是反过来说,即使本案发回重审,被异议商标仍有可能因不具有显著性而被不予注册,案件可能又会重回一审和二审,这维护了创博公司的诉讼利益,但又可能不利于经济效率,特别是造成社会资源的浪费。因而可以在课堂上引导学生对法院在这种情况下如何做出决定进行讨论,并可结合本案,对这一问题进行更加深入的理论上的探讨。

在本案中,商标评审委员会的裁定、一审法院的判决和二审法院的判决结果可以用以下表格的形式清楚地发现相互之间认定事实和适用法律的不同。

表1 商评委、一审法院、二审法院的判决(裁定)比较

裁定/判决	认定事实	适用法律	判决/裁定结果
商评字〔2014〕第67139号裁定	1. 被异议商标"微信"的申请注册构成《商标法》第10条第1款第8项有其他不良影响情形 2. 现有证据不能证明"微信"一词已被同行业其他企业作为信息传送、电话业务等服务的名称广泛使用,作为通用名称的依据不足	《商标法》第10条第1款第8项	被异议商标不予核准注册
(2014)京知行初字第67号判决	被异议商标的申请注册构成《商标法》第10条第1款第8项所禁止的情形	《商标法》第10条第1款第8项 《行政诉讼法》第54条第1项	维持商评字〔2014〕第67139号关于第8840949号"微信"商标异议复审裁定
(2015)高行知终字第1538号判决	1. 现有证据不足以证明该商标标志或其构成要素有可能会对我国政治、经济、文化、宗教、民族等社会公共利益和公共秩序产生消极、负面影响 2. "微"具有"小"、"少"等含义,与"信"字组合使用在服务项目上,易使相关公众将其理解为是比电子邮件、手机短信等常见通信方式更为短小、便捷的信息沟通方式,缺乏显著特征	《商标法》第11条第1款第2项 《行政诉讼法》第89条第1款第1项	驳回上诉,维持原判

二、实体法方面

(一)关于商标注册中"不良影响"的确定问题

在本案中,一审法院认为根据《商标法》第10条第1款第8项的规定,有害于社会主义道德风尚或者有其他不良影响的标志不得作为商标使用。在审查判断有关标志是否构成具有其他不良影响的情形时,一般应当考虑该标志或者其构成要素是否可能对我国政治、经济、文化、宗教、民族等社会公共利益和公共秩序产生消极、负面影响。如果该标志作为特定主体在特定商品或服务上的商标注册和使用,可能会误导广大消费者,从而对公共利益产生消极影响,也应属于该条款所规范的情形。另外,判断被异议商标是否具有其他不良影响,考察的是被异议商标注册和使用可能产生的客观社会效果,而不是商标申请人申请注册商标或使用商标时的善意或恶意。对于尚处于注册审查程序中的被异议商标来说,判断其是否具有其他不良影响,还应当考察行政裁决或判决作出之时的事实状态,以尊重新的已经形成的公共利益和公共秩序。

从理论上来说,《商标法》第 10 条第 1 款第 8 项规定,只是商标法中作为禁止使用商标的兜底性条款,什么样的商标会构成不良影响,《商标法》并没有作出明确规定。

在判断标准方面,从体系解释的角度分析,“其他不良影响”作为《商标法》第 10 条第 1 款的组成部分,属于《商标法》第 41 条第 1 款规定的绝对禁止条款。2010 年 4 月 20 日,最高人民法院《关于审理商标授权确权行政案件若干问题的意见》第 3 条规定:“人民法院在审查判断有关标志是否构成具有其他不良影响的情形时,应当考虑该标志或者其构成要素是否可能对我国政治、经济、文化、宗教、民族等社会公共利益和公共秩序产生消极、负面影响。如果有关标志的注册仅损害特定民事权益,由于商标法已经另行规定了救济方式和相应程序,不宜认定其属于具有其他不良影响的情形。”

本案中,对于被异议商标是否构成不良影响,一审法院和二审法院的判断标准并不相同,一审法院从申请可能产生的结果来看,认为构成不良影响,二审法院则认为就标志本身或者其构成要素而言,不能认定被异议商标具有“其他不良影响”。通常情况下,商标注册申请行为不是《商标法》第 10 条第 1 款第 8 项的调整对象,不属于“其他不良影响”的考虑因素。两审法院一个判断的是申请行为的结果,另一个判断的是申请注册的标志本身。

就判断的时间点来说,《商标法》也没有作出明确规定。但是 2010 年最高人民法院《关于审理商标授权确权行政案件若干问题的意见》第 8 条规定:“人民法院审查判断诉争商标是否属于通用名称,一般以提出商标注册申请时的事实状态为准。如果申请时不属于通用名称,但在核准注册时诉争商标已经成为通用名称的,仍应认定属于本商品的通用名称;虽在申请时属于本商品的通用名称,但在核准注册时已经不是通用名称的,则不妨碍其取得注册。”该规定采用的是动态标准。

在本案中,一审法院认为是否构成不良影响,应以行政裁定或法院做出判决的时间为考量因素,而不是局限于申请时,对于这一解释是否符合立法本意和现实需要,是否与先申请原则的本义不符,在课堂中可以引导学生对相关问题进行分析和讨论,包括对于商标注册中的“不良影响”应以哪个时间点作为依据,各有哪些优点和不足,理由是什么。

(二)关于商业利益和公共利益的判断问题

在本案中,一审法院认为,当商标申请人的利益与公共利益发生冲突时,应当结合具体情况进行合理的利益平衡。本案中,一方面是商标申请人基于申请行为产生的对特定符号的先占利益和未来对特定符号的使用可能产生的期待利益;另一方面是庞大的微信用户已经形成的稳定认知和改变这种稳定认知可能形成的较大社会成本,鉴于此,选择保护不特定多数公众的现实利益具有更大的合理性。

就本案实际情况而言,创博公司的商标注册能否得到通过,对腾讯公司的利益有着根本性的影响,相对来说,无论是政府等公共机构还是个人作为微信产品的消费者,所认可的是微信服务的内容,而不是其名称。即使被异议商标由创博公司注册成功,腾讯公司也可以通过市场手段来取得这一商标,因而腾讯公司是法院的判决结果的受益者,其因此避免了通过市场手段取得商标的成本,也避免了更改商标的成本。这一结果的产生是因为一审法院把腾讯公司的“微信”所产生的商业影响或市场认知,上升到了“公共利益”的高度。法院的这一判决并不是无章可循,商标法的立法目的并不仅仅在于保护私权,而是为了“加强商标管理……以保障消费者和生产、经营者的利益”,最高人民法院《关于充分发挥知识产权审判职能作用推动社会主义文化大发展大繁荣和促进经济自主协调发展若干问题的意见》也有相同的要求,因而这就涉及如何适用相关法律对公共利益和商业利益进行判断,以及如何确定两者之间的区分标准等方面的问题。

（三）关于在先权利的归属问题

在本案中，两审法院都没有否认创博公司的在先申请权利。但商标法的先申请原则的遵循依赖于配套制度的完善，即在申请商标的同时立即公开其申请，让他人有条件检索到该商标申请，从而使经营者在选择使用商标前可以进行及时的预测，避免商标的冲突而带来的法律风险。

按照现有法律的规定，递交商标注册申请后到初定公告的时间是 9 个月。而在这期间，市场可能会发生重大的变化，导致一个品牌从名不见经传到天下皆知。在初审公告之前，通过商标局的信息检索并不能找到申请注册的商标，也就是存在延迟公开的情况。本案中，腾讯公司之所以能够使用微信商标，也是出于其使用微信商标时是善意的，并不知晓创博公司已经开始申请注册“微信”商标，从而进行了使用。在其知道创博公司已经申请微信商标注册时，已经进行了充分使用，并取得了巨大的市场地位。

由于延迟公开的存在，虽然在在先权利的归属方面，法院的认定并没有违反先申请原则，也就是承认创博公司的在先权利。但是无论是商标局还是一审法院，都没有以申请时作为时间点，而是以裁定作出时或审判时作为判断被异议商标的时间点，在先申请权利并没有对本案产生影响，因而在课堂上可以引导学生对在先申请权利的内容和作用进行分析和讨论。

（四）关于商标的显著性问题

显著性是商标注册的基本要求。对缺乏显著性的商标，商标局往往依法予以驳回。商标的显著性理论上分为固有显著性和获得显著性。固有显著性，指一个标志由于正确选用而具有天生的标识产品出处并区别于他人产品的属性。其中，主要可以分为臆造商标（如 sony）、任意性商标（如娃哈哈）和暗示性商标（如健力宝）三种。

获得显著性的产生是因为显著性较弱的词汇往往与指定使用商品或服务联系更加紧密，更利于使用和宣传。对原来不具有显著性的商标，可以通过使用而获得显著性，这又被称为商标的“第二含义”。“第二含义”的认定标准也主要在于标识投入使用的时间的长短，以及在这个标识进行使用过程中的关于广告量、销售额、市场特点（其中包括竞争者的情况以及商品出售的环境)、消费者的反馈和认同等证据。在本案中,腾讯公司于2013年3月经注册取得“微信”图文商标专用权,可以认为是因为腾讯公司通过使用取得该商标的显著性。

但是对二审法院认定的被异议商标不具有显著性的问题,在理论上有争议。有观点认为“微信”并非我国固有词汇,在被异议商标注册申请之日,并未见任何关于“微信”一词的使用情况,现在微信通行的含义在被异议商标申请注册后才产生,二审判决从“微”“信”单字的含义,推演出“微信”表达“更短小、便捷的信息沟通方式”的过程,实际上已经证明“微信”二字本身并没有固有的含义,而是需要经过推演、联想才可以被理解。

从商评委的裁定来看,也没有认为被异议商标是通用名称,创博公司的申请没有核准注册,并不是因为没有显著性,而是因为具有“不良影响”。因而就被异议商标是否能被注册,不论是关于商标显著性的判断标准,还是其他不良影响的判断标准,都需要进一步分析和讨论。

■ 预期效果

通过本案例的学习和讨论,学生可以了解和掌握商标申请的条件和基本流程,以及各个申请时间段的时间长度和对商标申请的影响,并提出相应的解决方案。在教学中可结合本案中“微信”商标申请的基本流程和各个阶段出现的不同情况,引导学生做出相应的分析和判断,从而对以下问题有较为清楚的理解和认识:(1)商标申请注册过程中可能遇到哪些问题,应如何解决。(2)了解商标行政诉讼中,法院应如何适用全面审查原则,是否无论一审如何判决,商评委的裁定范围就是二审法院的审理范围。(3)进一步明确当一审判决结论正确,但是裁判依据错误时,应当如何处理。(4)对商标注册中的“绝对禁止”条款,特别是“不良影响”条款进行深层次的掌握和学习。(5)在学习案例的同时,针对我国现行的商标注册制度实行中存在的问题,进行反思,了解其中的不足之处,并提出相应的见解。

教学案例主文

一、基本案情

（一）背景

广州百佳超级市场有限公司嘉仕花园分店（以下简称嘉仕分店）是广州百佳超级市场有限公司（以下简称百佳超市公司）设立的分公司，营业场所位于广州市海珠区怡凤街2号101、怡凤街8号201、怡宁街1号201，持有《营业执照》和《食品流通许可证》。

因食品监管体制改革，食品监管职能发生转变，广州市工商行政管理局海珠分局（以下简称海珠工商分局）于2014年7月将未处理的食品线索和案件移交给广州市海珠区食品药品监督管理局（以下简称海珠食药监局）处理。

（二）起因

广东出入境检验检疫局检验检疫技术中心食品实验室于2014年4月29日对嘉仕分店经营场所内销售的百佳之选风味鱼仔（香辣味，生产批号20131225，规格105克/包）进行抽样检验。该食品实验室于2014年5月12日作出证书编号为01041400014590的检测报告，其检测结果显示为镉含量不合格。广州市工商行政管理局海珠分局于2014年5月22日向嘉仕分店送达该检测报告。2014年6月11日海珠工商分局对嘉仕分店经营场所情况及其销售不合格批次百佳之选风味鱼仔（香辣味）的销售货架情况进行拍摄工作，并打印风味鱼仔销售流水清单。

海珠工商分局同时向嘉仕分店的供货商湖南省简氏食品有限公司（以下简称简氏公司）送达检测报告，同时告知其复检程序，据《广州市工商行政管理局食品抽样检验复检流程告知书》记载复检流程为："一、复检申请人选择复检机构。复检机构由复检申请人在国家认证认可的监督管理委员会、卫生部和农业部共同公布的食品复检机构名录中广州市范围内选择,包括广东出入境检验检疫局检验检疫技术中心食品实验室、国家糖业质量监督检验中心(又名广州甘蔗糖业研究所)、广东省疾病预防控制中心、国家加工食品质量监督检验中心(广州,又名广州市质量监督检测研究院)。复检机构与初检机构不得为同一机构。二、复检申请人向复检机构提交书面复检申请。三、复检……复检申请人向广州市工商局提交如下材料:1. 复检机构提交的书面复检申请;2. 复检机构受理凭证(需加盖复检机构公章);3. 营业执照复印件(需加盖公章);4. 对前来办理复检事宜的同志出具委托书;5. 被委托人身份证明。"告知书同时写明了上述复检机构的地址、联系电话和联系人。

(三)行政强制与行政处罚经过

2014 年 8 月 1 日,广州市海珠食药监局对嘉仕分店的经营场所进行现场检查,嘉仕分店的行政主管刘雪梅确认:库存的 45 包超值牌山椒豆腐干已于 2014 年 5 月 28 日自行销毁,2014 年 7 月 1 日又将从海珠工商分局领回来的解除行政强制措施的 10 包百佳之选风味鱼仔和 3 包超值牌山椒豆腐干自行销毁,现店里已没有这两个批次的商品。对此,嘉仕分店的行政主管刘雪梅在《现场检查笔录》上签名、加盖指模并签注日期予以确认。2014 年 8 月 11 日,海珠食药监局对嘉仕分店的行政主管刘雪梅进行询问,刘雪梅陈述:对广东出入境检验检疫局检验检疫技术中心食品实验室在 2014 年 4 月 29 日抽查检测,判定其分店所销售的百佳之选风味鱼仔香辣味(生产批号 20131225,规格 105 克/包)及超值牌山椒豆腐干(生产批号 20131023,规格 95 克/包)为不合格产品的检测结果没有异议;其分店已将情况告知供货商,供货商不要求复检;执法人员现场拍摄的照片属实,内容是检查不合格的两个批次的产品货架销售的情况和包装正反面的情况;百佳之选风味鱼仔是 2013 年 12 月 29 日向湖南省简氏食品实业有限公司(以下简称简氏公司)购进的,进货量 100 包,进货单价 5.98 元/包,进货金额 598 元,销售单价 9.9 元/包,已销售 79 包,销售金额 782.1 元,利润 309.68 元,库存 21 包(其中备份2包）。超值牌山椒豆腐干是2013年11月19日从重庆市南岸区贵在味食品厂购进的，进货量是80包，进货单价2.14元/包，销售单价3.5元/包，已销售32包，销售金额112元，销售利润43.52元，库存48包（其中备份3包）。百佳之选风味鱼仔库存21包，海珠工商分局在2014年5月22日扣押了其中8包（生产批号20131225），6月11日扣押了备份的2包，另外11包（生产批号20131103）因跟抽检不合格的风味鱼仔是不同批次的，所以继续留在其分店。超值牌山椒豆腐干库存48包，其中备份的3包也在5月22日被海珠工商局扣押，剩余的45包已于2014年5月28日自行销毁。2014年7月1日海珠工商分局将5月22日和6月11日扣押的商品解除行政强制措施，当天其分店就领回来的10包风味鱼仔和3包豆腐干销毁了。对此，刘雪梅在《询问调查笔录》上签名、加盖指模并注明日期。

2014年8月29日，海珠区食药监局向嘉仕分店作出（穗海）食药监食罚告[2014]157号《行政处罚事先告知书》，告知其违法事实及拟作出的处罚，依法享受的陈述、申辩权利。嘉仕分店的行政主管刘雪梅在《送达回证》备注处签署"放弃陈述、申辩和听证的权利，自愿立即接受处罚"的意见。当日，海珠区食药监局对嘉仕分店作出（穗海）食药监食罚[2014]157号《行政处罚决定书》，认定：经广东出入境检验检疫局检验检疫技术中心食品实验室检测，嘉仕分店于2013年11月19日至2014年7月25日期间经营的百佳之选风味鱼仔（香辣味，生产批号20131225，规格105克/包）镉含量超标、超值牌山椒豆腐干（生产批号20131023，规格95克/包）菌落总数超标，其中百佳之选风味鱼仔违法所得无法查清认定为零，超值牌山椒豆腐干违法所得认定为43.52元。嘉仕分店的上述行为违反了《食品安全法》第28条第2项的规定，依据《食品安全法》第85条的规定，决定给予没收违法所得43.52元并处罚款26000元的行政处罚。

（四）行政复议

简氏公司不服《行政处罚决定书》，申请行政复议，广州市海珠区人民政府于2015年1月20日作出海珠府复字[2015]21号《行政复议决定书》，认定被申请人在作出行政处罚过程当中，依法进行了调查，履行了告知义务和送达义务,符合《行政处罚法》的相关规定,且程序合法。根据《行政复议法》第28条第1款第1项的规定,维持海珠区食药监局作出的(穗海)食药监食罚[2014]157号《行政处罚决定书》。

(五)行政诉讼

简氏公司收到复议决定后,于2015年2月2日向法院提起诉讼。庭审阶段,原被告的法定代表人和诉讼代理人均到庭参加诉讼。诉讼中,简氏公司表示:其收到海珠工商分局寄来的检测报告后,已在法定期间内向指定的复检机构提出复检申请,故01041400014590检测报告无效。虽然我公司邮寄的快递详情单没有写明内件品名,但被退回的复检申请证明我公司确实提出了复检申请。此外,简氏公司提出申请证人出庭作证,其中一个证人是本案原工商局的经办人陈文军,要其证明简氏公司在法定期限内提出了复检申请,另一个证人是检测机关的工作人员,简氏公司想证明其检测报告错误。

经审理查明:简氏公司分别于2014年5月20日和5月28日通过申通快递公司邮寄两份编号为868076387875和868076657020的快递,收件单位为广州市工商局海珠分局,收件人为陈文军,快递详情单的内件名处为空白。上述两份快递因地址错误被退回寄件人。2014年5月28日,简氏公司通过申通快递公司投递编号为868076657018的快递,收件单位为广东省疾病预防控制中心,收件人为罗建波,快递详情单的内件名处为空白。2014年6月5日,简氏公司通过申通快递公司投递编号为868076564731的快递,收件单位为广州市质量监督检测研究院,快递详情单的内件名处为空白。编号为868076657018和868076564731的快递均已妥投。广州市质量监督检测研究院电话告知简氏公司无法提供检测,并将材料通过EMS(编号为1043593981009)退回给简氏公司。2014年6月14日,简氏公司通过申通快递公司投递编号为868076564737的快递,收件单位为广州市食品药品监督管理局市场处,收件人为陈文军,快递详情单的内件名处为空白,该份快递妥投。2014年6月23日15时05分陈文军发送手机短信致号码为1390845××××的手机,内容为"请回复020-81743096,广州市食品药品监督管理局食品市场处陈文军”。2014 年 7 月 30 日 9 时 59 分陈文军发送手机短信至号码为 1390845 × × × × 的手机,内容为“你好,请尽快联系糖研所彭瑞洁,办公室 020 - 84168056,手机 1353531 × × × ×,办理申请复检手续。广州市食品药品监督管理局陈文军”。简氏公司的法定代表人认可 1390845 × × × × 的手机号为其本人持有,且收到上述两个短信的内容。陈文军原为海珠工商分局工作人员,因食品监管体制改革和机构调整,现为广州市食品药品监督管理局市场处工作人员。

二、证据材料

(一)原告简氏公司提交的主要证据

序号	证据名称	证明内容
1	《检测报告》(编号 01041400010876)	证明检测项目不可靠,被告的处罚行为没有事实依据
2	《复检申请书》及快递凭证八份	证明原告提出了复检申请
3	《行政处罚决定书》	证明被告作出了行政行为
4	原告向百佳超级公司出具的《承诺函》	证明原告与本案有利害关系
5	《行政复议决定书》	证明复议机关作出了复议决定

(二)被告海珠区食药监局提交的主要证据

序号	证据名称	证明内容
1	《营业执照》《食品流通许可证》	被处罚对象有经营资格
2	食品违法行为线索及案件移送函	被告有处罚职权
3	检测报告(编号 01041400010876)及抽样检验工作单	原告有违法事实
4	《查封决定书》及物品清单	行政强制行为合法
5	《查封延期通知书》	行政强制程序合法
6	《询问笔录》	行政处罚有事实依据

续表

序号	证据名称	证明内容
7	《没收物品凭证》	作出行政处罚行为
8	《没收物品清单》	
9	《责令改正通知书》及送达回执	行政行为合法
10	手机短信记录	告知复检程序
11	陈文军身份证和工作证	办案人员的身份
12	《广州市工商行政管理局食品抽样检验复检流程告知书》	告知复检程序
13	《行政处罚事先告知书》及送达回执	处罚程序合法
14	《行政处罚决定书》及送达回执	作出处罚行为及事实和法律依据
15	《行政复议决定书》	行政复议决定合法
16	法定代表人身份证明	行政机关负责人身份
17	授权委托书	代理人的合法身份

三、双方当事人的意见

（一）原告的诉讼请求、事实及理由

原告简氏公司诉称：(1)01041400014590号检测报告因我公司在法定时间提出复检申请而没有生效，海珠区工商局依据没有生效的检测报告作出行政处罚是不合法的。2014年4月29日，经广东出入境检验检疫局检验检疫技术中心食品实验室检测，在嘉仕分店抽到我公司于2013年12月25日生产的香辣味风味鱼仔（生产批号20131225，规格105克/包），经其检验判定此产品镉含量超标。随后，我公司收到广州市工商行政管理局寄来的相应检测报告，我公司在法定期限内向其指定的复检机构提出了复检申请。广州市质量监督检测研究院以其不能检测为由，将申请报告退回我公司，我公司随即电话告知了工商局的经办人陈文军，其工商局领导答复核实后回复，可一直没见答复。直到2014年9月初，我公司收到百佳超市公司扣款通

知，才得知海珠区工商局对嘉仕分店下达了行政处罚决定书。（2）海珠区食药局不应直接处罚嘉仕分店。我公司作为生产厂家，一直与广州市工商局沟通处理，海珠区工商局没有对我公司直接下达处罚决定，而是直接对嘉仕分店下达处罚决定，这不符合法律规定。“镉”含量是否超标，百佳超市公司及嘉仕分店是不可能知道的。（3）涉案行政处罚适用法律错误。海珠区食药监局依据《食品安全法》第 85 条规定作出处罚决定适用法律错误。由于百佳超市公司、嘉仕分店并非生产经营者，海珠区工商局没有按法律规定先没收违法经营的食品和用于违法生产经营的工具、设备、原料等物品，而直接罚款是违法的。综上所述，海珠区食药监局作出的（穗海）食药监食罚［2014］157 号行政处罚决定书明显事实不清，适用法律错误。为维护我公司的合法权益，请求依法撤销海珠区食药监局作出的错误处罚决定。

（二）被告海珠区食药监局的答辩意见

广州市海珠区食药监局答辩称：（1）我局作出的行政处罚决定事实清楚，证据充分，定性准确，适用法律法规准确。2014 年 7 月，海珠区实施食品监管体制改革，原由广州市工商局海珠分局负责的海珠区流通环节食品安全监管职能划入我局管辖，嘉仕分店经营法律禁止经营的食品一案于 2014 年 7 月 16 日由广州市工商局海珠分局移交至我局。我局于 2014 年 7 月 16 日进行立案调查。依据《食品安全法》第 5 条的规定，我局是作出行政处罚决定的适格主体。经查明，嘉仕分店是取得合法营业执照的食品经营者。根据《食品安全法》第 2 条第 1 款的规定，嘉仕分店处于食品流通环节，符合处罚对象的条件。嘉仕分店经营的百佳之选风味鱼仔（香辣味，生产批号 20131225，规格 105 克/包）经广东出入境检验检疫局检验检疫技术中心食品实验室检测为镉含量超标（《检测报告》证书编号 01041400014590），属于法律禁止生产经营的食品。我局对嘉仕分店作出的行政处罚决定符合《食品安全法》第 28 条第 1 款第 2 项、第 85 条第 1 款第 2 项的规定，故处罚得当。嘉仕分店对检查结果没有异议，收到我局作出的行政处罚决定书后主动放弃陈述、申辩和听证的权利。根据国家工商行政管理总局令第 43 号《流通环节食品安全监督管理办法》第 42 条的规定，嘉仕分店对检验结论没有异议。(2)我局在作出行政处罚过程中,依法进行了调查,履行了告知义务及送达义务,符合《行政处罚法》的规定,程序合法。(3)我局提供的嘉仕分店营业执照证明,嘉仕分店是合法的经营者,海珠区工商局将本案移交我局前,复检申请期限已届满,我局对本案立案时,从工商局移交的材料中未见原告曾向有权复检机构提出复检申请的资料,也未有任何有权复检机构告知我局原告曾在法定复检申请期限内提出有效复检申请。原告未能对其已在法定复检申请期限内向有权复检机关提出复检申请这一主张进行有效举证予以证实。《食品安全法》第 85 条第 1 款第 2 项并没有规定执法主体应先做出没收的处罚,然后才能作出罚款的处罚,而且我局提供的证据中有"没收违法所得 43.52 元",即已经作出了没收处罚。综上所述,我局作出的行政处罚决定事实清楚,证据充分,定性准确,适用法律法规正确,程序合法。请求依法驳回原告的诉讼请求,并判令原告承担本案诉讼费用。

教学指导手册

教学目标

通过本案例学习,使学生重点掌握以下内容:(1)熟知行政诉讼当事人的基本知识。(2)学会运用行政诉讼证据种类和举证责任的相关规定。(3)培养学生通过事实确定案件争点的能力。(4)学会草拟行政诉讼相关法律文书。

教学内容

1. 行政诉讼的原告、被告及第三人的法律规定。
2. 行政诉讼的证据种类及举证责任的法律规定。
3. 行政诉讼判决的种类及适用。
4. 行政起诉状、行政答辩状、行政判决书的基本内容。

预期效果

通过本案例教学,达到以下效果:(1)综合运用行政法和行政诉讼法相关知识解决实际问题。(2)模拟练习从当事人和法官的角度分析问题。(3)通过文书写作提高书面表达能力。

教学计划

1. 回顾案件所涉及的知识点。

2. 分组指导。

(1)原告组。第一,起诉状的内容是否全面。第二,诉讼请求是否全面、准确。第三,事实陈述是否清楚。第四,证据是否充分。第五,案件的主要争议焦点是什么。第六,对方当事人提出的理由及应对。

(2)被告组。第一,答辩状内容是否完整。第二,证据准备是否充分。第三,案件的主要争点是什么。第四,对方当事人提出的理由及应对。第五,本案中对己方不利的问题有哪些。第六,对方可能在法庭上提出的问题及应对。

(3)法官组。第一,原告的起诉是否符合法定条件(包括原告资格、起诉期限等)。第二,被告是否明确、是否应当追加被告。第三,是否应当通知第三人参加诉讼。第四,原告的诉讼请求是否明确,是否需要进一步释明。第五,是否应当通知证人到庭参加诉讼。第六,庭审的基本程序是否掌握。第七,确定案件争议的焦点。第八,对关键证据的把握和审核。第九,合议庭在庭审后如何评议。第十,本案判决方式的选择。

3. 观察学生模拟庭审,记录问题。

4. 与学生一起讨论案件涉及的主要问题,点评学生模拟情况。

5. 法律文书修改和反馈。

课堂时间安排

1. 总课时:共5课时。

2. 第一课时:回顾基本知识;熟悉案情;学生分组,包括原告及代理人组、被告及代理人组、证人组、合议庭组(视学生总人数确定每小组人数)。

3. 第二课时:分组讨论、文书草拟。教师针对每组分别指导。

4. 第三、四课时:课堂模拟。

5. 第五课时:教师点评,案件争点讨论及总结。

思考题和实践题

1. 简氏公司是否具有原告资格?
2. 本案的被告如何确定?
3. 本案应否追加第三人?
4. 行政机关负责人出庭应诉的法律规定和意义。
5. 行政诉讼中原告能否要求鉴定人和行政执法人员出庭作证?
6. 相对人在行政处罚程序中享有哪些权利?
7. 查封、扣押应遵守哪些程序?
8. 行政诉讼中对行政惯例的司法审查程度如何?
9. 本案应作出何种判决?
10. 制作行政起诉状、行政答辩状和行政判决书。

参考文献

1. 周佑勇:《论作为行政法之法源的行政惯例》,载《政治与法律》2010年第6期。
2. 吕尚敏:《行政执法人员在行政诉讼中的角色定位》,载《湖北社会科学》2010年第9期。
3. 宋华琳:《论技术标准的法律性质——从行政法规范体系角度的定位》,载《行政法学研究》2008年第3期。

4. 章志远:《行政机关负责人出庭应诉制度的法治意义解读》,载《中国法律评论》2014 年第 4 期。
5. 喻少如:《功能主义视阈下的行政机关负责人出庭应诉制度》,载《法学评论》2016 年第 5 期。
6. 张卫平:《民事证据制度研究》,清华大学出版社 2004 年版。

撰稿人 | 孔繁华,华南师范大学法学院

16 CASE 二十四家烟花爆竹生产企业状告安徽省政府案

| **摘　要** |

安徽省烟花爆竹企业因安徽省政府出台《安徽省人民政府办公厅转发省安全监管局等部门关于烟花爆竹生产企业整体退出意见的通知》而被要求全部关闭，致使相关企业遭受巨大损失，其中24家企业状告安徽省政府，要求人民法院确认该通知违法并请求判决撤销。法院审理认为省政府支持该通知合法性的证据不足，故认定为违法。但鉴于公共利益的需要，驳回原告申请撤销的诉求。本案涉及的行政法与行政诉讼法的知识点和实务的相关内容包括：第一，内部行政行为的认定；第二，信赖保护原则的适用；第三，公共利益的界定；第四，行政补偿的标准。

| **关键词** |

信赖保护原则　公共利益　行政补偿

| **教学目标** |

通过对本案例的研习，加深对于行政信赖保护原则的理解。通过案例的深入研究，探讨行政行为的内部性与外部性问题、公共利益的界定问题、行政补偿的程序与标准问题，还可一并讨论作出一个涉及众多相对人权益的行政决定所应坚守的程序。

教学案例主文

一、事件始末[1]

2014年11月13日,《南方周末》发表了一篇报道,标题是"政府一纸令下,安徽再无花炮厂"。

事件的起因是:2013年年底,安徽省政府出台《安徽省人民政府办公厅转发省安全监管局等部门关于烟花爆竹生产企业整体退出意见的通知》(以下简称"45号通知"或"45号文"),"45号通知"的目的是调结构、保安全。"45号通知"要求2014年年底前,全省75家烟花爆竹生产企业无论规模大小必须全部关闭。省政府按每家企业80万元的标准安排专项补助,其余部分由各市、县根据关停企业资产状况等给予适当补助。

安徽省广德县烟花爆竹行业协会会长张克军说:"产业调整的说法好多年前就有了。2010年就说有序退出,但主要是通过标准引导,让市场自然淘汰。你要扩大规模,建防爆墙、搞道路硬化,都得投钱。达不到标准的,肯定慢慢也就退出了。现在留下的,基本上都是达到标准、规模比较大的。"

实际上,在省政府下发"45号文"之前,安徽全省还余75家烟花爆竹企业,其中有35家已经在市县政府推动下基本关停,这些企业绝大部分规模都比较小,存在较大的安全隐患,在关停时已经获得了相应的补偿。剩下的40家,主要集中在芜湖市、六安市、广德县和宿松县四地。除芜湖的10家比较小外,其他厂投资基本都过千万元,最大的上亿元。对这些企业来说,省里给的80万元补偿相对其损失不过杯水车薪。六安、广德、宿松的十余家烟花爆竹企业老板都向南方周末记者确认,在2007年省安监局提出"扶持重点、强化基础"和"工厂规模化、生产机械化、管理安全化,产品多样和高档化"的

---

[1] 根据南方周末记者任重远:《政府一纸令下 安徽再无花炮厂》(载2014年11月13日《南方周末》)报道缩写。

目标之后，他们普遍增加了投入，年产值基本都在千万元以上。

广德县的一位企业主无奈地说："前几年一直让做大做强，从国家到省里，出了好几个标准。我们都是听话的。厂房盖了扒，扒了盖。屋顶换了好几道，最早是木头和石棉瓦，后来换成耐火等级的钢架和石棉瓦，最后又说石棉瓦不好看，要统一换绿色的铁皮彩钢瓦，一次次投入很多，一直也都达标。结果最后还是好人坏人一起毙了。无论大小补的都一样，越听话越吃亏。"

在北京理工大学教授赵家玉看来，这样"一刀切"的政策值得商榷。据调研，安徽及其周边的浙江、江苏、上海四省市每年烟花市场的保守需求量在120亿元以上。但除安徽外只有浙江有两个厂，在安全有保障的情况下，安徽保留一些企业是比较合理的。如果各省都关停花炮厂，只留下湖南、江西等几个主要产区，长途运输过程中会存在很大风险。而一旦地下的黑作坊死灰复燃，安全状况甚至可能更加恶化。这位曾任北京奥运会开闭幕式和APEC会议焰火表演技术负责人的专家认为，安徽的一些花炮企业已经具备良好的安全生产条件和基础，改进工艺后，可在2016年前达到产品80%无硫、少烟的环保要求。

而这样突如其来的关停决定，地方政府也要承担很大压力，因为省里的80万元根本不够补偿损失，地方财政更没钱。以广德县为例，目前的补偿方案是每家企业省里给80万元，市里20万元，县里30万元，不够的由镇上兜底。

"一家厂几千万元，镇上哪有这么多钱！"张克军说。另一家花炮厂的老板杨前军则直接向镇领导丢过去厚厚的一摞起诉书。他现在负债一千四百多万元，其中900万元已经进入了诉讼程序。厂子一停，肯定就没钱还了。

对此，当地政府既理解又无奈。张克军说："我们县委书记过来跟我谈了将近一个小时，说你说的这些道理都对，我只有一个道理：你告诉我，县里什么时候可以不听省里的？"

安全是关停决定的重要依据。而广德县安监局一位前相关负责人向南方周末记者表示，对于当地烟花爆竹企业的安全生产情况，他们一直比较放心。这位前负责人说："这部分工作2005年从公安转到安监之后，快十年了，广德就死过一个人。现在的12家厂都是有一定规模并且达标的，也基本都是本地人开的。这么小的一个地方，大家都很熟，有的还有些亲戚。之前的文件都是提升、上规模，现在突然都让关了，政策上没有延续性，下面很难做工作。”

这些企业主告诉南方周末记者，作为高危行业，烟花爆竹行业有很强的特殊性，转型基本没有可能。为了安全，政府规划时批的地都在偏远农村，土地不值钱；核心厂房都是单栋的小间，每间四周有一米多厚的防爆土坯，有的房子还是在地下挖坑后建起来的，对其他行业来说，厂房太小没法用。

同时，烟花爆竹还是当地人的重要就业渠道。烟花爆竹企业的工作人员主要是当地留守人员，农村的老人和妇女占了相当比例。一旦关停，很多人将面临失业。几位花炮厂工人告诉南方周末记者，他们很多都是“上有老、下有小，走不掉的人”。周围又没什么成规模的企业，厂停了很难找到工作。在张克军看来，这可能也是当地政府一直相对克制、没有强拆的一个重要原因。

广德县副县长李军认为，现在动员的效果还不错。“这是省政府的统一要求，县里面只能尽量去做工作，按照省里面的精神给予适当补助。这边一些乡镇还是有些实力，算起来最多的厂一共能补到400万元。现在省里每家只给80万元，压力还是比较大的。虽然每家几百万元补下去，但有的企业这些年纳税加起来可能都不够这个数。”

企业主们不满关停决定，决定依靠法律，依法维权。

在维权期间，六安市的关停工作一直照常推进，六安市舒城县的九家企业，不分大小，都以200万元的价格和政府签署协议并关停了企业。舒城县一家企业的负责人说：“公安、税务每天都来。十几个人每天到你厂里，不知道的以为你做了什么坏事，生意都没法做了。”

翔鹰花炮厂方面告诉南方周末记者，工厂基本比较配合，但在拆除过程中，执法人员和工人们难免还会有些摩擦。“90%以上的工人都是周围的村民。厂子租的他们的地。厂关了以后，他们没了工作和租金，当然有些情绪。”股东在厂门口挂上了红旗，打出了“依法行政”等标语，但完全无效。执法人员说：“我们不是强拆，是帮你拆。”

翔鹰花炮厂法定代表人喻本胜告诉南方周末记者,6 月动员关停时,区领导还感叹说:“省里多次提出做大做强,淘汰落后产能,我们想着让你们三家合并,弄个全省第一。没想到还是没保住。”“厂肯定得关了。这次跟那么多政府部门都搞得挺僵,不让关也开不下去了。我们只希望能得到合理的补偿,找有资质的第三方机构来评估。如果就(补)几百万元,别说负债了,我连工人的工资都不够付。现在不算利息都欠了两千多万元。我哭都哭不出来了。”喻本胜说。

二、原告的维权之路

2014 年 6 月 24 日,24 家烟花爆竹企业共同向安徽省政府提交行政复议申请书。

他们认为,其企业一直符合烟花爆竹生产的各项法定要求,“45 号文”作出的责令停产停业和吊销企业证照的行政决定没有法律依据,请求省政府确认该决定不成立。

一周后,安徽省政府即作出《不予受理行政复议申请决定书》,称“45 号文”是省政府转发给各市、县政府和省政府各部门、各直属机构的文件,属于内部行为,不是对外行政管理行为,不对申请人的权益产生直接影响,不属于行政复议的受理范围,因此不予受理。

这一解释无法让企业主们信服,于是他们又向法院起诉。

企业主们认为,鉴于状告的对象是省政府,案件符合了本省内“重大、复杂的第一审行政案件”这一条件,安徽省高级人民法院具有管辖权,因此首先向省高级人民法院起诉,以确保二审终审时能在最高人民法院开庭,避免地方保护的影响。

在被省高级人民法院拒绝后,2014 年 7 月 21 日,企业主们来到合肥市中级法院重新起诉。

此后的三个多月,合肥市中级人民法院一直未就是否受理该案给予明确答复,企业主的代表们几次到法院询问或打电话,得到的答复都是“在向高院请示”。

按照《行政诉讼法》的规定,法院接到起诉状后,经审查应在 7 日内立案或者作出裁定不予受理。合肥市中级人民法院却认为,“请示期间不受这一时间限制”。

11 月 10 日,负责该案的法官口头告诉张克军案件已经受理的消息,但相关文书还要几天才能制作出来。

三、诉讼过程[2]

2014 年 12 月 26 日,合肥市中级人民法院开庭审理此案,安徽省政府法制办工作人员代表被告安徽省政府出庭应诉。

(一)原告起诉理由及诉讼请求

原告在法庭上提出,2013 年 12 月 27 日,被告作出“45 号通知”,转发省安全监管局等部门的《省安全监管局等部门关于烟花爆竹企业整体退出的意见》(以下简称《退出意见》),要求各市、县人民政府,省政府各部门、各直属机构结合实际,认真组织实施。《退出意见》限定烟花爆竹生产企业必须在 2014 年退出生产,并规定限期吊销和注销企业的相关证照。省安监局等省级单位和六安市人民政府、舒城县人民政府、裕安区人民政府、广德县人民政府随即开始执行《退出意见》。2014 年 7 月 4 日,被告在政府网站上公布了“45 号通知”。

原告认为,被告作出“45 号通知”的行为违法。理由是:第一,“45 号通知”是对原告作出的责令停产停业、吊销证照的具体行政行为。第二,“45 号通知”因告知了相对人和影响相对人的权益而具备了外部效果,属于行政诉讼受案范围。第三,“45 号通知”缺乏事实和法律依据,严重违背法律规定。第四,“45 号通知”程序违法。第五,“45 号通知”中的限期清理、销毁和移交财物的决定,以及确立的补偿标准,严重侵犯了原告的财产权益。

基于上述理由,原告的诉讼请求是,撤销被告在“45 号通知”中作出的责令企业整体退出和吊销注销企业证照的行政决定,并确认被告作出“45 号通知”的行为违法或无效。

---

〔2〕 参见安徽省合肥市中级人民法院行政判决书(2014)合行初字第 00077 号。

(二)被告抗辩理由

针对原告的起诉,被告辩称:第一,“45号通知”属于产业政策调整范畴,符合有关法律法规的规定。第二,“45号通知”不是具体行政行为,不属于行政诉讼的受案范围。“45号通知”的发文对象是各市、县人民政府,省政府各部门、各直属机构,只对上述部门、机构有约束力,对外不发生法律效力。有关部门、机构按通知要求实施的具体行为才影响原告的权益。第三,原告的诉讼理由不能成立。请求驳回原告的起诉。

(三)本案争点

在庭审中,争议的焦点主要是《退出意见》是否是内部行政行为。

(四)法院认定的事实

法院在庭审后,对以下事实进行了认定。原告安徽翔鹰花炮有限公司等24家企业系正常生产经营的烟花爆竹生产企业。2013年12月27日,被告作出“45号通知”,转发了省安全监管局等部门的《退出意见》,要求各市、县人民政府,省政府各部门、各直属机构结合实际,认真组织实施。《退出意见》限定全省现有的75家烟花爆竹生产企业必须在2014年年底前整体退出,分两批进行。第一批35家烟花爆竹生产企业于2013年12月31日前整体退出;第二批40家烟花爆竹生产企业于2014年12月31日前整体退出,原告均在第二批整体退出企业名单中。《退出意见》同时要求各级政府要健全和强化烟花爆竹生产企业整体退出组织协调机制,确保按时完成任务,并规定企业停产后企业所在地政府要拆除主要生产设施、设备;企业关闭后企业所在地工商、安监部门要及时注销或吊销退出企业的相关证照,公安部门停止办理《烟花爆竹道路运输许可证》,安监、公安部门要责令企业妥善保管剩余烟花爆竹成品、半成品及生产原材料,限期清理、销毁或移交。此外,《退出意见》还明确省财政按每户80万元的标准安排专项资金用于退出企业补助,有关市、县应根据退出企业资产等情况,给予适当补助。“45号通知”作出后,省安监局等省级单位和六安市、六安市裕安区、舒城县、广德县等地地方各级人民政府开始施行,并采取了如下发《停产通知书》、开动员退出会议、对厂房予以拆除等具体行为。原告不服“45 号通知”，向被告申请了行政复议。2014 年7 月4 日，被告作出皖行复(2014)133 号不予受理行政复议申请书，认为“45 号通知”属于内部行为，复议申请不属于行政复议受案范围，决定不予受理。

另查明，自 2008 年起，安徽省安监部门开始要求对烟花爆竹生产企业开始整顿提升，淘汰落后生产企业。2010 年 10 月 18 日，被告作出皖政办(2010)61 号《退出意见》，要求各地推进烟花爆竹生产企业有序退出。至“45 号通知”作出时，原告通过了各次整顿提升。

(五)法院判决理由与结果

在完成了一审的全部审理程序后，合肥市中级人民法院认为，“45 号通知”发出的对象虽然是各市、县人民政府，省政府各部门、各直属机构，其性质属于内部指令，但该通知的对象中，部分地方政府、政府部门和机构已直接依据该通知实施了与退出相关的具体行政行为，对原告的利益产生了实际影响。同时，原告已获知了通知的内容，复议机关作出复议决定时亦告知了诉权，因此，“45 号通知”的行为已外化并对外发生了法律效力。此外，“45 号通知”针对的对象是特定的，通知中不仅明确了具体的 75 家烟花爆竹生产企业，还明确了第一批退出和第二批退出的企业名称和具体时间。故被告辩称“45 号通知”不属于行政诉讼的受案范围本院不予支持。烟花爆竹生产企业整体退出虽然属于产业政策调整范畴，但调整应当符合法律法规的规定，不能因此损害相对人的合法权益。根据《行政诉讼法》第 32 条、最高人民法院《关于执行〈中华人民共和国行政诉讼法〉若干问题的解释》第 26 条的规定，被告对具体行政行为合法负有举证责任。本案中，被告提供的证据除皖政办(2010)61 号文件外，其余均是“45 号通知”作出后形成的证据，不能作为证明“45 号通知”合法的证据使用。并且皖政办(2010)61 号文件也只能证明被告在作出“45 号通知”前将烟花爆竹生产企业有序退出纳入产业政策调整范畴，不能证明“45 号通知”合法。被告作出的“45 号通知”行为，主要证据不足，依法应予撤销。

但是法院又指出，鉴于“45 号通知”决定烟花爆竹生产企业整体退出有利于国家、社会，如撤销会给国家利益或社会公共利益造成重大损失，故依据最高人民法院《关于执行〈中华人民共和国行政诉讼法〉若干问题的解释》第58条的规定，作出了如下判决：第一，确认安徽省人民政府作出皖政办（2013）45号《退出意见》行为违法；第二，安徽省人民政府于本判决生效后60日内采取相应的补救措施；第三，驳回原告安徽翔鹰花炮有限公司等24家烟花爆竹生产企业的其他诉讼请求。

（六）本案证据材料

1. 被告提供的证据

包括：（1）"45号通知"；（2）皖政办（2010）61号《退出意见》；（3）第34号《安徽省人民政府常务会议纪要》；（4）第80号《安徽省人民政府专题会议纪要》；（5）芜湖市人民政府芜政办秘（2014）21号《芜湖市人民政府办公室转发市安监局等部门关于烟花爆竹生产企业整体退出事实意见的通知》；（6）广德县人民政府广政（2014）101号《关于印发广德县烟花爆竹生产企业整体退出工作实施方案的通知》；（7）怀远县人民政府怀政办（2014）83号《怀远县人民政府办公室关于印发怀远县福华烟花爆竹制造有限公司有序退出实施方案的通知》；（8）六安市人民政府六政办（2014）18号《六安市人民政府办公室关于全市烟花爆竹生产企业整体退出工作的通知》；（9）舒城县人民政府舒政办（2014）22号《舒城县人民政府办公室关于印发舒城县烟花爆竹生产企业整体退出工作实施方案的通知》；（10）六安市裕安区裕政办（2014）18号《裕安区人民政府办公室关于印发裕安区烟花爆竹生产企业整体退出工作实施方案的通知》；（11）宿松县人民政府松政办（2014）35号《关于印发宿松县烟花爆竹生产企业整体退出工作实施方案的通知》；（12）无为县人民政府无政（2013）95号《无为县人民政府关于对无为县严桥镇龙头烟花材料厂、桃园爆竹有限公司实施有序退出关闭的决定》；（13）无为县人民政府无政（2014）24号《无为县人民政府关于对无为县华美烟花、丰收花炮有限公司实施有序退出关闭的决定》；（14）无为县人民政府无政（2014）31号《无为县人民政府关于对无为县万顺烟花有限公司等六家企业实施有序退出关闭的决定》；（15）六安市裕安区裕政秘（2014）123号《六安市裕安区人民政府关于全区烟花爆竹生产企业整体退出的决定》;(16)六安市金安区金政(2014)144 号《关于关闭安徽省六安市马头花炮有限公司的决定》;(17)寿县人民政府寿政秘(2014)177 号《寿县人民政府关于关闭安徽省寿县楚都花炮有限责任公司的决定》;(18)舒城县人民政府舒政秘(2014)121 号《舒城县人民政府关于对舒城县龙潭花炮厂等八家烟花爆竹生产企业作出关闭退出的决定》;(19)怀远县人民政府怀政(2014)55 号《怀远县人民政府关于怀远县福华烟花爆竹制造有限公司实施整体退出的决定》;(20)《停产通知书》。

被告特别强调,证据 1—4 证明“45 号通知”系被告对产业规划作出的调整;证据 5—20 证明“45 号通知”系被告对退出工作的总体部署,是内部行为,不是具体行政行为,不属于行政诉讼的受案范围。

2. 原告提供的证据

包括:(1)“45 号通知”(证明被告主体适格);(2)六安市人民政府六政办(2014)18 号文件;(3)舒城县人民政府舒政办(2014)22 号文件;(4)六安市裕安区人民政府裕政办(2014)18 号文件(证据 2、3、4 证明相关地方人民政府没有作出具体决定,直接执行了《退出意见》);(5)舒城县安监局下发的《停产通知书》(证明地方政府工作部门在未作出任何具体行政行为之前,即开始采取强制措施,原告的利益受到侵害);(6)六安市裕安区江家店镇政府动员退出会议记录(证明乡镇政府在直接执行《退出意见》);(7)省联社信贷业务部“关于转发‘45 号通知’的通知”(证明“45 号通知”已对原告权益产生全方位影响);(8)被告《不予受理行政复议申请决定书》(证明原告已提起行政复议);(9)翔鹰花炮被强拆的光盘(证明地方政府执行“45 号通知”给原告造成巨大损失);(10)2014 年 9 月 5 日省安监局网站通告(证明被告强推“45 号通知”的执行,并不把“45 号通知”作为内部行为);(11)2014 年 5 月 7 日、6 月 13 日、7 月 11 日省安监局网站三次通告(证明省安监局直接执行“45 号通知”);(12)六安市裕安区安监局“责令限期整改指令书”(证明政府工作部门以行政处罚的手段在实施“45 号通知”);(13)广德县烟花爆竹生产企业整体退出工作领导小组广烟退组(2014)10 号通知;(14)广德县政府广政(2014)101 号文件;(15)中共广德县委办公室县办(2014)52 号文件;

(16)中共广德县委办公室县办(2014)103号文件;(17)中共广德县委办公室县办(2014)104号文件(证据13—17证明广德县政府强制执行"45号通知",并没有将"45号通知"作为内部行为);(18)广德县烟花爆竹生产企业整体退出工作领导小组广烟退组(2014)11号通知(证明广德县政府、广德县人民法院、广德县安监局均认为"45号通知"是外部性质的具体行政行为);(19)省安监局皖安监化(2008)52号文件;(20)省安监局皖安监化(2008)90号文件;(21)省安监局皖安监化(2011)112号文件;(22)省安监局皖安监化(2009)7号文件;(23)省安监局皖安监化(2010)63号文件;(24)省安监局皖安监化(2011)191号文件;(25)2012年安徽省安全生产"十二五"规划(证据19—25证明被告一直要求烟花爆竹生产企业做大做强,从未禁止烟花爆竹生产企业生产);(26)舒城县国税局"关于烟花爆竹生产企业办理注销税务登记注意事项告知书"(证明"45号通知"得到各级政府机构的执行);(27)安徽麒麟花炮有限公司国有土地使用权证(证明被告行为侵害了原告合法权益)。

3. 法庭对证据的质证及认定

经庭审质证,原告对被告证据真实性、关联性没有异议,但认为相关的行为都违反法律规定。(1)皖政办(2010)61号《退出意见》与其他的政府文件相冲突,说明被告的行政行为反复无常。(2)其他的证据材料都是在"45号通知"以后形成的,不能证明文件的合法性,而且政府会议纪要违背了国务院的规定。同时,其他的政府文件说明"45号通知"的效力已经外化。

法院认为:被告的证据1系被诉具体行政行为,不作证据认定。证据2具有证据的真实性、合法性、关联性,应予认定。证据3、4系被诉行政行为作出后形成的证据,不能作为认定被诉行为合法的证据。证据5—20证明"45号通知"发出后,各地各级政府以及政府部门采取了不同的落实行为,但因这些证据亦系被诉行政行为作出后形成的,不能作为认定被诉行为合法的证据。

被告对原告证据的证据1—7、10、11、13—26真实性没有异议,但认为证明目的不能成立,这些证据只能证明"45号通知"是内部行为,是被告的内部工作部署。对证据8没有异议。对证据9认为系地方政府采取的行为,与被诉行为是否合法无关联性。对证据12认为系地方政府机构采取的具体行政行为,指令书明确了救济渠道。对证据27认为企业关闭转产与土地使用权是否收回无必然联系。

法院认为:原告的证据1—4与被告的证据1、7—9相同。证据5—7、9、12—18、26系被告"45号通知"发出后,各地市政府以及政府部门采取的不同的落实行为。证据8、19—25具有证据的真实性、合法性、关联性,应予认定。证据10、11、27与本案无关联性,不予认定。

四、本案涉及的行政法及行政诉讼法的问题

(一)如何辨析行政行为的内部性或外部性

"45号通知"是内部行政行为还是外部行政行为,这是本案呈现出来的最直接的焦点。解决了这一问题,就可以进一步解决争议是否可能提交司法裁判。

在行政复议中,作为复议主体的安徽省政府认为自己出台的该文"是省政府转发给各市、县政府和省政府各部门、各直属机构的文件,属于内部行为,不是对外行政管理行为,不对申请人的权益产生直接影响,不属于行政复议的受理范围,因此不予受理"。

依照《行政诉讼法》第13条的规定,对涉及行政机关内部行政行为的诉讼人民法院不受理。本案行政行为的性质成为解决其能否进入诉讼程序的关键。

(二)本案被告行为是否应受信赖保护原则的制约

信赖保护原则,是指除非出于公共利益的必要,行政机关不得擅自撤销、变更或废止生效的具体行政行为,尤其是授益行政行为。如果必须撤销、变更或废止,由此给行政相对人造成损失的,国家应当予以补偿。

信赖保护原则的适用要件主要涵盖四个方面:一是存在信赖基础;二是有信赖表现;三是有信赖利益;四是有正当的信赖。

本案被告坚持由于出现了信赖保护原则中的第一个唇齿条款:公共利

益,所以可以依信赖保护原则改变生效的行政决定。根据信赖保护原则必须要给予补偿,似乎补偿政策也制定出来了,于是以下两个问题就成为了解析本案的关键:一是如何认定本案中的公共利益,二是本案中的行政补偿是否公平合理。

(三)如何界定本案中的公共利益

本案原告的两个诉求:一是请求判决撤销被告在“45号通知”中作出的责令企业整体退出和吊销注销企业证照的行政决定,二是请求确认被告作出“45号通知”的行为违法或无效。这两个诉求,后一个获得了法院的肯定,前一个则被驳回,理由是“鉴于‘45号通知’决定烟花爆竹生产企业整体退出有利于国家、社会,如撤销会给国家利益或社会公共利益造成重大损失”。对于“公共利益”的认定成为本案至为关键的问题。

“公共利益”在法律上是一个不确定的概念。即便法院认定“45号通知”是出于公共利益的考量,但这里的“公共利益”是否可以成为维持这一通知效力的理由,至少在学理层面上是可以讨论的。

(四)本案的行政补偿标准是否能体现公平合理的原则

信赖保护原则的第二个唇齿条款是“行政补偿”,即出于公共利益的需要改变了生效行政行为,由此给相对方造成了损失,代表受益方的政府应当给予补偿。

就本案而论,涉及如此众多的企业,如此巨大的资产,如此庞大的市场,政府仅以一纸公文来结束一个产业,且仅以慰抚性的数额来善后企业是否就意味着信赖保护原则得到了恪守?

(五)涉及如此众多企业及如此重大利益的行政决定是否应当听证?

尽管本案原告并未提出听证的请求,甚至并未质疑“45号通知”的出台程序,但根据依法行政的要求,从自然正义原则的角度,可以思考政府在出台对相对人权益及社会利益有重大影响的政策时,是否应当严格遵循法治原则,严守正当法律程序,以看得见的方式体现社会正义?

教学指导手册

教学对象及目标

本案例供法律硕士案例教学使用,法学本科、行政法学硕士也可以参酌使用。

本案例主要就行政法中的信赖保护原则的认定与适用进行分析讲授。要解决的问题包括:(1)内部行政行为的界定;(2)信赖保护原则的认定与适用;(3)公共利益的界定与适用;(4)行政补偿的制度理念与制度构建。

教学内容

1. 如何界定内部行政行为?

内部行政行为,是指行政主体在内部行政组织管理过程中所作的只对行政组织内部产生法律效力的行政行为。内部行政行为的影响对象主要是公务员。

从特征上看,实施内部行政行为的行政机关与该行政行为的相对人之间,存在领导与被领导的行政隶属关系,或者监督与被监督的法定监督关系。就本案而言,烟花爆竹企业与省政府之间只是一种管理与被管理的关系,而管理关系的发生取决于管理主体所拥有的对某类行政事务的管理职能而非该行政机关的领导职能。同时,这种管理职能只能通过外部行政行为来体现。此外,内部行政行为通常只涉及行政机关的内部行政事务,其作用主要和行政机关的正常运转有关,不影响外部相对人的权利和义务,而外部行政行为是行政机关对外行使公共权力的行为,因而直接影响着外部相对人的利益。

由于这两种行政行为的上述区别以及行政机关行使这两种权力的性质

和依据也不同,因此,不同性质的行为引起的争议应由不同的途径加以解决。就我国的法律规定而言,内部行政争议由行政机关自行解决,外部行政争议可以通过行政复议或行政诉讼解决。

本案中,作为复议主体的省政府,将“45 号文”解释为内部行政行为显然是不妥的。首先,“45 号文”虽然以“通知”的名义发布,但涉及的相对方与制作通知的省政府之间并无行政上的隶属关系,只是一种管理关系,那针对管理对象作出的行政行为不可能是内部行政行为。其次,“45 号文”从内容上看并非为了调整内部管理事务,而是涉及管理对象的业务行为,从这点上看,也不能将其理解为内部行为。最后,如法院所认定,“45 号通知”发出的对象虽然是各市、县人民政府以及省政府各部门、各直属机构,其性质属于内部指令,但作为接收该通知的主体,大部分地方政府、政府部门和机构已直接依据该通知实施了与责令相对方退出或关闭等相关具体行政行为,对原告的利益产生了实际影响。同时,原告也已获知了通知的具体内容,因此,“45 号通知”的行为已在事实上外部化并对外发生了法律效力,将这样的行政行为解释为内部行政行为显然不妥,故法院的这一认定无疑是正确的。

2. 如何理解和适用信赖保护原则?

(1)本案是否涉及信赖保护原则

信赖保护原则,是指除非出于公共利益的必要,行政机关不得擅自撤销、变更或废止生效的具体行政行为,尤其是授益行政行为。如果必须撤销、变更或废止,由此给行政相对人造成损失的,国家应当予以补偿。由此,信赖保护原则有一个基本点,即对于生效行政行为不能朝令夕改,尤其是不能先予后夺,即便要改变也得满足两个“唇齿条款”:其一,改变是出于公共利益的需要;其二,由于改变了行政决定给相对人造成损失应当予以补偿。

本案之所以应受信赖保护原则制约就在于,在“45 号通知”之前,省政府及有关部门曾数次出台文件要求相关企业强化标准,提升质量,重点都在于鼓励达标企业做大做强,可是当这些企业投入巨资完成了升级改造后,又一纸令下在单方面规定极不合理的补偿标准的情况下不由分说全部关闭,这显然是有违信赖保护原则的。

(2)本案是否符合信赖保护原则的适用条件

信赖保护原则的适用要件主要涵盖四个方面:一是存在信赖基础,即行政机关作出了相对人赖以产生信任的授益行政行为;二是有信赖表现,即相对人不仅有信赖的意思表示,而且因信赖而实施了相应的行为;三是有信赖利益,即相对人因为信赖而实施了相应的行为,而因为实施了该行为产生了可评估的利益或承受了相应的负担;四是有正当的信赖,该"正当"意味着信赖的发生出于相对人的善意且无过错。[3]

就本案情形而言,"45 号通知"之所以违反信赖保护原则,在于如原告所说,自 2007 年省安监局提出"扶持重点、强化基础"和"工厂规模化、生产机械化、管理安全化,产品多样和高档化"的目标之后,他们普遍增加了投入,年产值基本都在千万元以上。广德县的一位企业主无奈地说:"前几年一直让做大做强,从国家到省里,出了好几个标准。我们都是听话的……一次次投入很多,一直也都达标。结果最后还是好人坏人一起毙了。无论大小补得都一样,越听话越吃亏。"

对于以上说法,安徽省有关部门并未否认。

故可以认定:第一,本案存在信赖基础。即自 2007 年到 2014 年间,政府对于花炮企业不仅没有拒绝其在管辖范围内存在,且还存有期许,希望通过其做大做强为地方经济作出贡献。这样的态度及相应的政策无疑让相对人有了合理期待。第二,本案存在信赖表现。如前所述,在省安监局做大做强精神指引下,按照具体的标准,相对人不断作出积极的回应,一直达到了不断升级的标准。第三,本案存在信赖利益。由于确信政府所作出的各种针对花炮行业的指示或标准,各原告不断加大投入,大部分企业投资基本上都过千万元,最大的上亿元。第四,本案存在正当的信赖基础。由于原告处于被管理地位,按他们的话来说,他们都"很听话",言下之意,所有的改造与升级换代都是基于省政府及省安监局的政策而发生,原告本身不存在任何

---

〔3〕 参见吴坤城:《公法上信赖保护原则初探》,载城仲模主编:《行政法上之一般法律原则》(二),三民书局 1999 年版,第 239 ~ 241 页;[波]彼得·什托姆普卡:《信任》,程胜利译,中华书局 2005 年版,第 239 ~ 241 页;胡建淼主编:《论公法原则》,浙江大学出版社 2005 年版,第 723 ~ 726 页。

过错。

综上所述,依信赖保护原则的适用条件,本案被告坚持由于出现了信赖保护原则中的第一个“唇齿条款”:公共利益。那么根据信赖保护原则必须要给予补偿,似乎补偿政策也制定出来了。于是以下两个问题成为解析本案的关键:一是如何认定本案中的公共利益,二是本案中的行政补偿是否公平合理。

3. 如何理解与界定公共利益?

本案原告的两个诉求,一是请求判决撤销被告在“45号通知”中作出的责令企业整体退出和吊销注销企业证照的行政决定,二是请求确认被告作出“45号通知”的行为违法或无效。这两个诉求,后一个获得了法院的肯定,前一个则被驳回,理由是“鉴于‘45号通知’决定烟花爆竹生产企业整体退出有利于国家、社会,如撤销会给国家利益或社会公共利益造成重大损失”。法律依据是《行政诉讼法》第74条第1款——行政行为有下列情形之一的,人民法院判决确认违法,但不撤销行政行为:行政行为依法应当撤销,但撤销会给国家利益、社会公共利益造成重大损害的。于是对于“公共利益”的认定成为本案至为关键的问题。

“公共利益”在法律上是一个不确定的概念。对于公共利益的界定标准,我国台湾地区著名公法学者陈新民审慎地认为:“在多元的社会,弥漫社会的多元价值观,必须经过充分的公共意见的沟通,方可寻出一个同时符合多数价值理念的公共利益概念。”[4]

(1)“公共利益”的学理定义

之所以只能立足于对“公共利益”进行学理分析,是由于“公共利益”既缺乏法典定义,其词典定义也不尽明晰,如《布莱克法律辞典》将其定义为:“公共利益是公众和社团普遍享有的包含某种金钱利益,或者公众或者社团的权利和义务因之受到影响的某种利益。公共利益并不意味着狭隘的如某

[4] 陈新民:《德国公法学基础理论》(上),山东人民出版社2001年版,第196页。

种稀见之物,或者像处于争议中的事情影响的特定地区的利益。"[5]《元照英美法词典》对于公共利益的定义更为抽象:公共利益(public interest)是指"应予认可和保护的公众普遍利益;与作为整体的公众休戚相关的事项,尤其是证明政府管制正当性的利益"。[6] 从两个较为权威的词典定义中,基本上无法厘清公共利益的特征及要件。

很多学者尝试从不同的角度给公共利益下定义,但往往相互不能印证甚至相互质疑。如边沁提出公共利益就是"最大多数人的最大幸福",德国学者弗得罗斯则反驳认为,公共利益既不是单个个人所欲求的利益总和,也不是人类整体利益,而一个社会通过个人的合作而生产出来的与人之个性尊严相对一致的事物价值的总和。[7] 在谈及公共利益的定义标准时,哈耶克的认识是:"自由社会的共同福利或公共利益的概念,决不能定义为一种抽象的秩序。作为一个整体,它不指向任何特定的具体目标,而是仅仅提供最佳渠道,使无论哪个成员都可以将自己的知识用于自己的目的。"[8]

中国大陆及台湾地区学者近年来在讨论公共利益的问题时,也尝试对公共利益进行概念阐释,如陈新民教授认为:"公共利益泛指对象不确定的为社会全体或多数人享有的利益。"[9]沈开举教授则认为:"基于实现社会控制,建立公共秩序,维持和平安宁,挽救社会危机,提供公共服务,实现社会公平对待理由中的一种或几种,这些理由或原因又都可笼统概括为公共利益。"[10]也有学者纯粹从公共利益下定义的方法及角度展开解说及论述,如范进学教授认为可以有三种方法来理解和解释公共利益:一是公共利益的一般学理特征;二是程序原则的限定;三是法律列举与概括式规定。[11]

---

〔5〕 引自 http://www.bloglegal.com/blog/cac/800002595.htm#,最后访问日期:2008 年 3 月 9 日。

〔6〕 《元照英美法词典》,法律出版社 2003 年版,第 1116 页。

〔7〕 转引自[美]埃德加·博登海默:《法理学——法哲学及其方法》,邓正来、姬敬武译,华夏出版社 1987 年版,第 297 页。

〔8〕 [英]哈耶克:《经济、科学与政治——哈耶克思想精粹》,冯克利译,江苏人民出版社 2000 年版,第 393 页。

〔9〕 陈新民:《宪法基本权利之基本理论》,三民书局 1992 年版,第 134 页。

〔10〕 沈开举主编:《行政补偿法研究》,法律出版社 2004 年版,第 53 页。

〔11〕 范进学:《定义"公共利益"的方法论及概念诠释》,载《法学论坛》2005 年第 1 期。

(2)获得描述的"公共利益"

在学理定义不能够取得共识的情况下,公共利益的厘定仍然存在相对客观的标准。依罗尔斯的看法,"公共利益具有两个特点,即不可分性和公共性……从不可分性和公共性中所得出的推论是:必须通过政治过程而不是市场来安排公共利益的提供"。[12]

公共利益既可以成为个人权利在更高层次上得以实现的保障,同时,在社会资源总量不变的情况下,也可能成为个人权益的障碍。正因为如此,公共利益能否具有先于个人权益的力量,在理论界是有争议的。关于二者关系,典型的观点如美国社会政治学家罗伯特·诺齐克在其著作《无政府、国家与乌托邦》一书中有保留的认识:个人没有必要为其他人的较大利益或带有普遍意义的社会利益付出代价,没有任何人有权将牺牲强加给个人,尤其是国家或政府更有不能要求公民服从于这样的命令,国家必须谨慎地在公民中保持中立。他甚至用较为偏激的语言下结论:"我们中的一个生命被其他生命如此凌驾,以达到一种更全面的社会利益的事情,决不是合乎道德的。"[13]在这一点上,对诺齐克影响巨大的罗尔斯的观点也是鲜明的:"正义否认了一些人分享更大利益而剥夺另一些人的自由是正当的,不承认多数人享受的较大利益能绰绰有余地补偿强加于少数人的牺牲。"[14]但是,由于社会发展的现实使支持公益优先的主张具有更为充分的理由。

无论学者们的观点相互抵牾还是相互印证,在社会化与现代化的大潮中,公共利益终究成为了权力体系运行的一个重要指标,并构成国家对于个人权利,特别是个人财产权利进行限制的重要依据。[15]

出于对权利的尊重及保护,有效的做法就是有条件地限制或剥夺财产。所谓有条件,一是以公共利益需要为前提条件,二是以合理补偿为弥补条件,三是以正当程序为保障条件。当然,如果前提条件不成立,剩余条件也

---

〔12〕[美]约翰·罗尔斯:《正义论》,何怀宏等译,中国社会科学出版社 1988 年版,第 226~227 页。

〔13〕参见[美]罗伯特·诺齐克:《无政府、国家与乌托邦》,何怀宏等译,中国社会科学出版社 1991 年版,第 41~42 页。

〔14〕[美]约翰·罗尔斯:《正义论》,何怀宏等译,中国社会科学出版社 1988 年版,第 3~4 页。

〔15〕[日]石井紫郎:《财产与法》,岩波书店 1985 年版,第 4 页。转引自易继明、李辉凤:《财产权及其哲学基础》,载《政法论坛》2000 年第 3 期。

就无须论证了。在满足第一个条件的情况下,后两个条件成为衡量具体措施的正当性与合理性的标准。

在信赖保护原则的制度性规定中,指明“为了公共利益的需要”,可以撤销或变更生效的具体行政行为,此处的“需要”可以理解为“必要”与“合理”,即受到保全的公共利益是为一般社会成员的福利并能被接受的。就本案而言,从形式上看,生产销售烟花爆竹的确有潜在风险,但也正因为如此,国家才将此行业作为高危行业来进行管控,但是,管控不等于就是不加区分地一禁了之,诚如《南方周末》在报道这件事时对相关专家的采访中,专家也认为,这样“一刀切”的政策值得商榷。[16]

因此,即便法院认定“45 号通知”是出于公共利益的考量,但这里的公共利益是否可以成为维持这一通知效力的理由,至少在学理层面上还是可以讨论的。

4. 如何构建出更加公平合理的行政补偿制度?

信赖保护原则的第二个“唇齿条款”是“行政补偿”,即出于公共利益的需要改变生效行政行为,由此给相对方造成了损失,代表受益方的政府应当给予补偿。作为相对方而言,当无法促使行政机关改变行政决定时,往往会将注意力放在补偿的公平性上。尽管本案原告并未将补偿问题作为诉求在法庭上提出来,但是其内心的不满显然一是出于对“45 号通知”无差别地关闭花炮企业;二是执行关闭后政府给予的微不足道的补偿。

(1)信赖保护原则下行政补偿的功能

行政补偿在信赖保护原则下的功能集中体现于两个方面:一是公平地对待行政相对人;二是积极地构建诚信政府。前者的实现是政府通过合理补偿的形式分担公民个人为社会公共利益所作出的财产上的牺牲,后者的实现是通过行政补偿对政府先予后夺行为从制度上对相对人作出的弥补与抚慰。

许多国家都将个人因满足公共利益而遭受的财产损失可获得合理补偿

---

〔16〕 任重远:《政府一纸令下　安徽再无花炮厂》,载《南方周末》2014 年 11 月 13 日。

以宪法原则的形式固定下来,如《法国宪法》在序言部分规定:"财产是神圣不可侵犯的权利,除非当合法认定的需要显系必要时,且在公平而且预先补偿的条件下,任何人的财产不得受剥夺。"《德国基本法》第 14 条第 3 款规定:"征收之补偿,以'公平'的衡量公共参与人利益后,决定之。"很多国家的宪法都直接地将补偿作为限制私人财产权的排他性程序条件,措辞上均使用了诸如"除非……,不得……""若无……,不得……""非有……,不得……""只有……,才能……""如果……,应当……"等明确显示命令性或义务性规范的语言符号,如《美国宪法修正案》第 5 条规定:"未经正当法律程序不得剥夺任何人的生命、自由或财产。凡私有财产,非有正当补偿,不得收为公用。"2004 年修正的《宪法》第 13 条第 3 款规定:"国家为了公共利益的需要,可以依照法律规定对公民的私有财产实行征收或者征用并给予补偿。"

行政补偿与信赖保护原则之间是水乳相融的关系,以我国《行政许可法》为例,第 8 条将行政行为的有限变更与相对人获得补偿的权利有机地结合在一起,构成了信赖保护原则的核心内容。有信赖保护原则的国家或地区在制度中表述该原则时,无一例外地将二者揉在一起加以规定。

(2)信赖保护原则下的行政补偿的范围及程序

第一,行政补偿的范围厘定。

从国际通例来看,对于纯粹属于非财产减损,尤其精神领域的不利益,无论是基于何种原因发生,一般都不作补偿的考虑,补偿的范围基本上局限于财产损失。作为公民的基本权利,财产权自近代以降就被定位为"是对国家权力的防御权"。[17] 而这种防御权既可以抵御国家权力的不法侵害,也可以抵御国家权力的合法侵害,后者是通过行政补偿制度来实现的。

具体到本案,虽然说原告对于执行"45 号通知"造成的后果,除财产上可见的损失之外,精神上的损害也是显而易见的,愤懑、委屈、被愚弄的感觉充斥了原告所有的话语,但是,显然原告也是明白这样的情感或情绪并不能获

〔17〕 参见林来梵:《针对国家享有的财产权》,载孙笑侠等主编:《回归法的形而下》,法律出版社 2003 年版,第 159 页。

得金钱上的补偿,所以即便在表达对于“45 号通知”补偿决定的不满时也并未提出来应当涵盖精神慰抚。

第二,行政补偿的程序安排。

在制约行政权的程序设计中,无论有着怎样的制度安排,正当程序原则都是最核心的内容。当然,正当程序原则只是一项高度概括的法律精神,它只是表述了“非依法定程序,不得……”至于具体可操作的法定程序有哪些,也只能通过判例或部门法加以具体化。就程序上的正当程序而言,可以参考美国的相关要求:(1)财产所有人必须接到政府行为的通知;(2)由中立的裁决者对该问题进行裁决;(3)必须给财产所有人听证的机会;(4)财产所有人必须有机会出示证据和要求证人出席;(5)财产所有人必须有机会面对并盘问政府证人;(6)财产所有人有权利请律师出席;(7)最终的决定必须以听证的记录和陈述的理由为基础。[18]

由于我国没有统一的行政程序法或行政补偿法,在适用中有因时、因事、因地制宜的情况,所以,行政补偿程序还存在各地政府自行其是的问题。

从国际范围来看,行政补偿程序大致有四个步骤:相关行政行为目的的确认、补偿范围的确定、补偿标准及金额的确定、行政补偿的兑现。

就本案而论,涉及如此众多的企业、如此巨大的资产、如此庞大的市场,政府仅以一纸公文来结束一个产业,且仅以慰抚性的数额来补偿企业绝对是无法善后的。如原告所说,作为高危行业,烟花爆竹行业有很强的特殊性,转型基本没有可能。同时,烟花爆竹生产还是当地人的重要就业渠道,90% 以上的工人都是周围的村民,一旦关停,很多人将面临失业。另外,工厂租的土地是村民的。工厂关了就意味着他们没了工作和租金。

虽然原告未将补偿的问题提交法庭审理,但就事论事,“45 号通知”中涉及的补偿事宜,无论是程序上还是实体上都存在非常大的问题。按照自然正义的要求,在对一个人作出不利决定以前,应听取其意见。因此,至少应当给相对人一个听证的机会。

---

〔18〕 See R. Rotunda & J. Nowak, *Treatise on Constitutional Law: Substance and Procedure*, § 17.8(2d ed. 1992).

■ 课堂时间安排

本案例可以作为专门的案例教学课来进行。课堂共安排 4 个课时,分两个阶段完成,即根据即将讲授的内容,在信赖保护原则的学习和行政诉讼受案范围的学习中分别展开。两个阶段的操作均可采用以下步骤:

1. 课前准备。提前告知学生案例课将涉及行政法或行政诉讼法的哪些知识点,并将本案例的出处亦进行告知,让学生整理出本案的争点及问题。

2. 课中实施。(1)陈述主要案情,给出相关可供思考及讨论的问题。(2)分组讨论提出的问题,形成有针对性的观点,且该观点应当是有理论及制度支持的。(3)在分组中应有角色带入,即每个组有相应的角色立场。如代表原告方的观点,作为一个有社会影响力的诉讼,原告如何在诉讼中既坚持自己的立场,又能提醒听众关注政府在类似本案情形中的行政思路与习惯性做法;代表被告方观点,如何为被诉行政行为抗辩,如何解释内部行政行为、公共利益及行政补偿制度。(4)小组代表汇报讨论过程并全面展示观点,其他小组可以提问及辩论。(5)在完成第一轮讨论后,可实行角色互换,让学生能够体验不同的角色对同一件事的立场及其不同的应对方案。(6)教师归纳总结并从学理的角度对案例进行解读。

3. 课后任务。要求学生结合材料及相关理论与制度写出完整的案例评析报告。

■ 思考题

1. 什么是信赖保护原则?本案被诉"45 号通知"及善后是否符合信赖保护原则的要求?
2. 信赖保护原则的适用条件是什么?本案能否适用该原则?
3. 什么是公共利益?本案被告行为是否可以认定是为了公共利益?
4. 行政补偿的条件与程序是什么?如何评价本案被诉"45 号通知"所确定的行政补偿标准?
5. 本案被诉"45 号通知"是否为内部行政行为?是或不是在行政诉讼法上有何意义?

■ 参考文献

1. 王贵松:《行政信赖保护论》,山东人民出版社 2007 年版。
2. 徐国栋:《诚实信用原则研究》,中国人民大学出版社 2002 年版。
3. 叶金强:《信赖原理的私法结构》,元照出版有限公司 2006 年版。
4. 张兴祥:《行政法合法预期保护原则研究》,北京大学出版社 2006 年版。
5. 周红阳:《预期与法律》,法律出版社 2008 年版。
6. 曾坚:《信赖保护:以法律文化与制度构建为视角》,法律出版社 2010 年版。

撰稿人 | 曾坚,上海财经大学法学院副教授

17 CASE 杨某等与Y物业管理有限公司、长沙市人力资源与社会保障局工伤确认纠纷案

| 摘　要 |

本案例以一起真实的工伤认定行政确认案件为蓝本，以杨某为代表的亲属向市人力资源与社会保障局申请工伤认定而由人社局作出的《认定工伤决定书》为纠纷焦点，牵出物业公司诉市人社局请求一审法院撤销《认定工伤决定书》、物业公司上诉至二审法院请求撤销一审法院作出的行政判决并予以发回重审或改判两个行政诉讼案件。此外，本案例中还涉及对视同工伤情形的正确运用以及对该案证据和事实的分析判断等实体问题。本案例对于解决其他类型行政案件也具有参考意义。

| 关键词 |

工伤认定　行政程序　行政诉讼程序

| 教学目标 |

本案例较为清晰地展现了我国处理有关工伤认定法律事务的行政程序和行政诉讼程序。本案例的教学旨在着重让学生们掌握以下内容：(1)工伤认定的申请程序；(2)工伤认定的行政程序；(3)工伤认定行政确认的诉讼程序；(4)如何分析案件的争议焦点以及如何适用法律并展开法律论证；(5)基本掌握工伤认定行政决定书和行政诉讼裁判文书的制作。

教学案例主文

一、引言

（一）案件背景

2013年7月9日23:30，Y物业管理有限公司（以下简称物业公司）下派到花园小区的保安杨雄（化名）在花园小区接替保安曾某的班，工作时间为7月9日23:30至7月10日7:30。在7月10日7:30—7:40，杨雄被小区保洁员发现倒在小区物业的厕所里，随后花园小区的物业工作人员拨打了120急救电话，8:25左右杨雄被送到医院，到医院后杨雄已经没有心跳和呼吸，医院抢救无效后宣告其死亡。7月10日下午，医院对杨雄遗体进行尸检，得出死亡原因是突发脑溢血致死。

（二）起因

杨某等三人是死者杨雄的近亲属，杨雄死后，杨某等人与物业公司在2013年7月11日至7月22日就杨雄的死亡赔偿问题进行了三次协商和一次司法调解，针对赔偿款的数额始终没有达成一致意见。

杨某等人遂于2013年8月14日向长沙市人力资源与社会保障局（以下简称市人社局）申请了工伤认定。市人社局于2013年11月22日作出了长人社工伤认字〔2013〕第178号《认定工伤决定书》，认定杨雄受到的事故伤害符合《工伤保险条例》第15条第1项的规定，属于工伤认定范围，予以认定为视同工伤死亡。

物业公司不服该行政决定，遂向市人社局的上一级行政机关申请行政复议，湖南省人力资源与社会保障厅（以下简称省人社厅）于2014年4月24日作出了湘人社复决字〔2014〕第7号《行政复议决定书》，维持了市人社局的决定。

物业公司不服市人社局作出的工伤认定,以市人社局为被告,于2014年5月12日向长沙市芙蓉区人民法院起诉,请求撤销市人社局作出的《认定工伤决定书》。一审法院认为物业公司诉市人社局一案的处理结果与杨某等人有法律上的利害关系,遂依照《行政诉讼法》第27条之规定,通知杨某等人作为案件第三人参加诉讼。

二、一审行政诉讼及证据材料

(一)原告物业公司的诉求及主要理由

1. 诉求

(1)请求依法判决撤销被告于2013年11月22日作出的长人社工伤认字〔2013〕第178号《认定工伤决定书》。

(2)请求判决被告承担本案诉讼费用。

2. 主要理由

原告认为该认定书认定事实不清,主要证据不足,适用法律、法规错误,杨雄的死亡应当不属于工伤或视同工伤范围。其主要事实和理由如下:

(1)杨雄不是在工作时间内突发疾病。

从《2013年7月花园小区物业管理处排班表及值班表》中可以得知,杨雄于2013年7月9日至7月10日所排晚班的时间是23:30至7:30,而杨雄晕倒的时间是7月10日7:35至7:38,医院方面说这种病只需几秒(最多不超过两分钟)就会致死。杨雄年纪不大(46岁),主要的工作内容是秩序维持,岗位压力小,突发脑溢血是其自身原因所致。

(2)杨雄不是在工作岗位上突发疾病。

被告和复议机关错误地认为"工作岗位=工作场所=工作地点"。

杨雄的职务是秩序维护员,工作地点是华晟花园大门口,工作岗位是门岗,因此杨的职务不同于巡逻岗,其主要职责是在大门岗亭内工作,而杨晕倒的厕所则不属于其工作岗位。

被告及复议机关的推论过程是"只要员工在工作时间内并且在湖南省的任何地方突发疾病的,都应当认定为工伤或视同工伤",对原告明显不公,是在任意行使裁量权。

(3)被告和复议机关的认定书适用法律、法规错误,应当撤销。

依据《工伤保险条例》第15条第1款第1项的规定,“职工有下列情形之一的,视同工伤:(一)在工作时间和工作岗位,突发疾病死亡或者在48小时之内经抢救无效死亡的……”因此“在工作时间和工作岗位”属于并列条件,二者缺一不可,杨雄不是在工作时间也不是在工作岗位突发疾病,当然不能并列适用该法条。

依据《工伤认定办法》第17条的规定,“职工或者其近亲属认为是工伤,用人单位不认为是工伤的,由该用人单位承担举证责任。用人单位拒不举证的,社会保险行政部门可以根据受伤害职工提供的证据或者调查取得的证据,依法作出工伤认定决定”,而原告作为用人单位,已经承担了充分的举证责任:首先,按照一般逻辑推理,距离杨雄的工作岗位最近的厕所在一楼,如果杨雄正常上班,就应该到一楼上厕所,而在五楼厕所(宿舍区域)发现他的事实只能说明杨雄是未按规定提前下班并回到宿舍休息。其次,杨雄的工作岗位是门岗,更加证实了他脱岗的事实。

(二)被告市人社局的辩称及主要理由

被告答辩称请求法院维持长人社工伤认字〔2013〕第178号《认定工伤决定书》。

市人社局针对工伤事故进行调查,经查实,杨雄在工作时间和工作岗位突发脑溢血48小时经抢救无效死亡,符合《工伤保险条例》第15条第1项的规定视同其为工伤。答辩人称自己作出的认定工伤决定事实清楚、证据确凿,程序合法、适用法律正确、内容适当。

(三)第三人杨某等的答辩

1.杨雄是在工作时间之内突发疾病

首先,原告方所谓的工作时间“23:30—7:30”存在严重的瑕疵。仅从证据的形式上,关于原告提交的《值班表》和《岗位交接管理制度》等证据纯属于原告方面为逃脱责任而做的材料。而第三人根据曾某(案发当天与杨雄交接班的保安员）出具的《证明》可以发现，曾某系原告公司的保安员，又是7月9日的24:00杨雄来接替曾某的班，两人的工作岗位是相同的，作为原告方的保安员，不可能连自己工作的排班时间都搞错。因此，我方的证据效力明显优越于原告方。

其次，虽然原告方的工作人员一再声称发现杨雄的时间是7月10日上午7:40左右，但是根据我方提交的证据中，原告方自己向派出所出具的《保安说明》和《接处警案件登记表》都证实了杨雄被发现的时间是7月10日早上7:30而不是7:40。对于此时间上的差异，完全有可能是原告方的工作人员由于与原告方存在利益关系，迫于压力才改变说法，因此有护短之嫌。

再次，根据原告方提交的证据，保安员严某证实自己于7月10日上午7点10分左右到花园小区大门口与杨雄进行交接班时，就已经发现杨雄不见了。据此可知，实际上在7点10分左右，杨雄就已经出事了。因此本案中不能将杨雄被发现的时间定性为突发疾病的时间。

最后，原告方认为，由于脑溢血致人死亡的时间仅需几分钟，而杨雄被发现的时间在7:40左右，就据此推断，杨雄的晕倒时间应当为7:35至7:38。这种说法完全是主观臆断，因为没有任何证据表明，杨雄的死亡时间为7:40，也许在此之前杨雄就已经死亡。根据医院出具的急诊病历表明，杨雄实际上在入院之前就已经呈现出死亡特征。因此，原告方无法给出一个明确的证据来证明杨雄具体的死亡时间，那么原告方主张杨雄的死亡是在工作时间之外就是没有任何证据予以证实的主观猜测。原告方应当依法承担举证不能的不利后果。

2. 杨雄是在工作岗位突发疾病

首先，在工作场所上厕所，属于人的正常生理需求，应该视为其在工作岗位。现有的司法判决（广州市中级人民法院和常德市武陵区法院的判例）都认为对于《工伤保险条例》中所规定的工作岗位的理解不应该过于狭隘，除包括职工从事生产劳动的场所外，在工作场所内，为满足职工的生理需要、进行工作前的准备活动、主要工作完成后的收尾活动场所均应包括在工作岗位范畴内。在这些现有的判例中，审理法院进一步认为："对《工伤保险条例》第15条第1项中规定的工作岗位的界定，不应当仅限于劳动者日常的、固定的工作地点,还应当包括满足劳动者生理需要的工作场所内的附属建筑范围”,如食堂、更衣室、卫生间等。

其次,杨雄作为公司的保安,其岗位为秩序维护员,属于具有一定流动性的工作岗位,因此不能狭隘地将其岗位理解为小区的大门岗亭。根据原告方提供的证据《值班表》可以证实杨雄的工作岗位是“秩序维护”;根据原告的证据《安全管理员巡逻的职责》可以证实保安员有义务“注意观察来往人员的情况及其携带的物品,发现可疑的人或物品要选择适当的地点位置加以监视,并及时报告”;根据物业公司和杨雄签订的《劳动合同》的约定,杨雄的工作部门实际为原告方的花园小区。据此可知,杨雄的工作岗位并非完全固定于小区大门岗亭,而是具有一定的流动性。既然杨雄的工作岗位具有一定的流动性,原告方将杨雄的工作岗位狭隘地理解为就是花园小区的大门岗亭,显然是十分错误的。

3. 原告方没有证据证实杨雄存在不能认定为工伤的情形

首先,原告方没有证据证实杨雄存在早退的违纪行为。原告方根据杨雄在五楼上厕所而没有去离岗亭更近的一楼厕所这一点就推断其存在早退的违纪行为,这完全是毫无逻辑的主观臆断,因为杨雄完全有以下三种合理情况去五楼的厕所:(1)一楼的厕所人数已满,根据被告对原告方工作人员熊某的调查笔录表明,大门岗亭处一楼物业管理处的厕所面积小,如果一楼厕所人满了就得去五楼的厕所,又根据公司工作人员罗某所出具的《关于发现杨雄晕倒过程说明》也证实了事发当天确实一楼厕所人数已满,罗某自己也是不得不去五楼上厕所。(2)杨雄需要去宿舍拿纸上厕所,根据原告方另一工作人员梁某的调查笔录证实,保安岗亭没有准备卫生用纸,因此死者需要去五楼拿纸,拿了纸后自然就会在五楼上厕所。(3)杨雄可能发现有嫌疑人物,按照公司的管理制度即《安全管理员巡逻的职责》规定,选择适当的地点进行必要的监视,所以可能是保安员杨雄在履行该监视过程中到了五楼,然后顺便上了厕所。

其次,原告方没有证据证实杨雄的晕倒地点不属于工作岗位。原告方认为,杨雄被发现晕倒的地点为五楼厕所而不属于其所值班的大门岗亭,因此不能认定杨雄是在工作岗位上突发疾病。目前,现有的法律并没有对工作岗位的范围作出十分明确的界定,而是将此界定权赋予了司法机关和从事工伤认定的行政机关。现有的司法判例均表明,不能如原告方所理解的那样,对工作岗位进行狭隘的解释。至于对工作岗位的范围该如何正确界定,第三人已经在上文中进行了详细的阐述。

综上所述,由于原告方无法出具杨雄不在工作时间和工作岗位突发疾病的具体证据,而只是进行简单的推断和主观臆想,因此应当由作为用人单位的原告方承担举证不能的不利后果,并应当认定杨雄的死亡属于工伤。

4. 原告方已经多次承认杨雄的死亡属于工伤

杨雄去世后,其家属曾多次找原告协商,甚至还在侯家塘司法所的组织下进行协调,原告方都一直承认杨雄的死亡属于工伤。此后,由于就赔偿的数额无法达成一致,原告方认为死者家属的赔偿要求过高,于是就拒绝在赔偿协议上签字,并要赖不承认杨雄的死亡属于工伤。原告方不可以篡改事实以逃避法律责任。对于这种出尔反尔的行为,法律应当进行严肃的惩治,以维护作为弱势群体的劳动者的合法权益。

(四)原、被告向一审人民法院提交的证据材料

1. 原告提交的证据

(1)《2013 年 7 月排班表(花园小区管理处)》

(2)《2013 年 7 月值班表(花园小区管理处)》

(3)《岗位交接班管理制度》

以上三份证据证明:杨雄的工作时间为 2013 年 7 月 9 日 23:30 至 2013 年 7 月 10 日 7:30。

(4)《医学影像检查报告书》

证明:杨雄的尸检结果是突发脑溢血,只需几秒钟(最多不超过两分钟)就会导致其死亡,排除了其他死亡原因。

(5)《安全管理部门卫制度》

(6)《安全管理员巡逻的职责》

以上两份证据证明:门岗的规章制度上已经清楚明白地写明对门岗的工作要求。

(7)《员工守则》

证明:杨雄所担任的门卫岗根本不需要在小区进行巡逻,也不可能在其他地方出现,否则就是脱岗。

(8)保洁员熊某《发现杨雄晕倒在厕所的情况说明》

(9)秩序维护班长罗某《发现杨雄晕倒过程说明》

(10)主任梁某《关于秩序维护员杨雄突发脑溢血疾病去世情况说明》

(11)花园物业管理处秩序维护员严某《关于与杨雄进行交接班的情况说明》

证明:杨雄突发脑溢血晕倒地点为花园小区三栋五层卫生间(杨雄的宿舍区域卫生间)。

(12)长人社工伤认字〔2013〕第178号《认定工伤决定书》

(13)湘人社复决字第〔2014〕第7号《行政复议决定书》

2. 被告提交的证据

(1)工伤认定领取送达登记表及快递底单

证明:原告已经领取市人社局的协助调查通知书和原告已经收到市人社局作出的工伤认定决定书。

(2)长人社工伤认字〔2013〕第178号《认定工伤决定书》

证明:市人社局依法视同杨雄为工伤死亡。

(3)《工伤认定申请表》

证明:杨雄亲属杨某已经申请工伤认定。

(4)《劳动合同书》

证明:杨雄与物业公司之间存在劳动关系。

(5)曾某、刘某的《证明》

证明:杨雄是在工作时间、工作岗位倒地不醒并且物业公司就职工因工死亡问题与家属协商但未达成协议。

(6)《接处警案(事)件登记表》

证明:民警就该职工死亡问题进行协商,未果。

(7)侯家塘司法所出具的《调解证明》

证明:侯家塘司法所就该职工死亡问题进行调解,未果。

(8)《死亡医学证明书》

证明:杨雄死亡原因为脑出血、心跳骤停,死亡时间为2013年7月10日。

(9)市人社局针对严某和梁某的《工伤事故调查笔录》

证明:杨雄在工作时间和工作岗位上死亡。

3. 第三人提交的证据

(1)杨雄的身份证明、户口登记簿;杨雄之子的户口登记簿、邵东县公安局证明;杨某等三名近亲属的身份证明。

证明:杨某等人的身份信息;杨某乃杨雄之父,其他二人分别是杨雄的母亲与儿子。

(2)《劳动合同书》

证明:杨雄与物业公司之间的劳动关系;杨雄的工作部门为花园小区,因此作为秩序维护员的杨雄,其工作岗位具有一定的流动性。

(3)《2013年7月值班表(花园小区管理处)》

证明:杨雄的工作岗位为“秩序维护”。

(4)《安全管理员巡逻的职责》

证明:杨雄的工作岗位具有一定的流动性,并非仅限于小区的大门岗亭。

(5)医院出具的《急诊病历》

证明:2013年7月10日上午8:25,杨雄被送往医院时就已经死亡。

(6)刘某出具的《证明》

证明:杨雄突发疾病去世后,死者家属曾多次找物业公司协商。在长沙市侯家塘司法所的调解下,物业公司承认了杨雄系工伤的事实,但此后物业公司又反悔。

(7)曾某出具的《证明》

证明:曾某系物业公司的工作人员,也是保安员;杨雄是接曾某的班;杨雄的工作时间为2013年7月9日晚上12点至7月10日早上8点;杨雄在2013年7月10日早上7:30被发现已经倒地不醒,8:25经抢救无效死亡。

(8)侯家塘司法所出具的《调解证明》

证明:2013年7月15日至16日,在长沙市雨花区司法局侯家塘司法所的协调下,物业公司与杨雄的家属杨某等人曾进行过协商。双方对杨雄工亡并无异议,但是对赔偿数额未能达成一致意见,故调解未果。

(9)原告向派出所出具的《情况说明》

证明:杨雄系物业公司的保安员;2013年7月10日早上7:30左右被发现倒在厕所里,经抢救后几小时内死亡。

(10)《接处警案(事)件登记表》(2013年7月10日)

证明:物业公司工作人员徐某到派出所报案,称其公司保安员杨雄于2013年7月10日早上7:30被发现倒在厕所里,经抢救无效死亡。

(11)《接处警案(事)件登记表》(2013年7月15日)

证明:杨雄系物业公司的保安员;杨雄出事后,派出所曾组织物业公司与死者家属杨军进行协调,并督促双方进行司法调解。

(12)严某出具的《管局与杨雄进行交接班的情况说明》

证明:严某是接死者杨雄的班,但是2013年7月10日早上7:10左右,就已经发现杨雄不在值班岗亭,说明此时死者已经出事了,因而杨雄突发疾病是在工作时间之内。

(13)市人社局对熊某的《询问笔录》

证明:大门岗亭处一楼物业管理处的厕所面积小,如果人满了,就得去五楼的厕所。

(14)市人社局对梁某的《询问笔录》

证明:杨雄住在五楼的厕所边,由于保安岗亭没有准备厕所用纸,因此杨雄需要去五楼拿纸上厕所。

(15)罗某出具的《关于发现杨雄晕倒过程说明》

证明:2013年7月10日早上,一楼厕所已满人,只能去五楼上厕所;杨雄之所以去五楼上厕所,并非早退,而可能是因为一楼的厕所人数已满,不得不去五楼。

(16)广州市白云区人民法院和广州市中级人民法院的一则类似判例

证明:该判例认为"对于工作岗位这一概念的理解不应过于狭隘,除包括职工从事生产劳动的场所外，在工作场所内，为满足职工的生理需要、进行工作前的准备活动、主要工作完成后的收尾活动场所均应包括在工作岗位范畴内”。

(17)常德市武陵区人民法院的一则类似判例

证明：该判例认为“在工作场所上厕所，属于人的正常生理需求，应视为其在工作岗位”。

(五)一审法院认定的事实、判决理由及判决

一审法院审理查明：杨雄系花园小区物业管理处保安。杨雄于2013年7月9日晚11时30分至7月10日上午7时30分值晚班，工作岗位是花园小区大门门卫。2013年7月10日上午7时15分左右，前来接班的严某未看见杨雄在小区大门岗亭，7时40分左右，保洁人员发现杨雄倒在该小区三栋五楼厕所中，遂马上通知保安人员并拨打120急救电话，后杨雄由120急救车送入医院，经医院救治无效于当日死亡，市人社局认定杨雄死亡为工伤死亡。物业公司不服，诉至本院。

一审法院认为：《工伤认定办法》第17条规定，职工或者其近亲属认为是工伤，用人单位不认为是工伤的，由该用人单位承担举证责任。本案中杨雄系花园小区的保安，杨雄于2013年7月10日上午7时40分被发现已晕倒在花园小区三栋五楼的厕所内，同时，当日7时15分左右，准备与杨雄交接班的同事在杨雄7点30分正常下班时间发现杨雄已不在小区大门门岗工作岗位，据此，应能判断杨雄上厕所的时间应为7月10日上午7时15分之前，即杨雄正常的工作时间内。职工在工作时间上厕所是人体正常生理需要，杨雄在未交接班的情况下，在工作时间、工作的小区内上厕所突发疾病，应视为杨雄在工作时间和工作岗位突发疾病。本案物业公司认为杨雄系提前下班回寝室后突发疾病死亡，但未能提供有效证据予以证实，根据《工伤认定办法》第17条的规定，物业公司应承担举证不能的法律后果。市人社局在工伤认定程序中，存在超过规定期限后作出工伤认定决定的程序瑕疵，但该瑕疵并不足以导致市人社局作出的工伤认定决定被撤销的法律后果。综上所述，杨雄在工作时间和工作岗位突发疾病，经抢救无效在48小时内死

亡,根据《工伤保险条例》第15条第1项的规定,应当认定为工伤死亡。物业公司的诉讼请求没有事实和法律依据,应予驳回。

依照最高人民法院《关于执行〈中华人民共和国行政诉讼法〉若干问题的解释》第56条第4项的规定,判决如下:(1)驳回原告物业管理有限公司的诉讼请求;(2)案件受理费50元,由物业管理有限公司负担。

三、二审行政诉讼

一审判决后,物业公司不服一审判决,以市人社局为被上诉人,向长沙市中级人民法院提起上诉。法院受理后依法组成合议庭,于2014年12月9日公开开庭审理了该上诉案件。上诉审理期间的证据材料和一审的证据材料相同,诉讼当事人没有新的证据提交,二审法院也没有调查收集新的证据。二审法院经过审查,采信的证据和确认的事实与原判无异。

(一)二审合议庭认为本案的争议焦点

被上诉人市人社局作出的长人社工伤认字〔2013〕第178号《认定工伤决定书》的合法性。

(二)上诉人和被上诉人、第三人围绕争议焦点的辩论意见

1. 上诉人认为:一审认为市人社局认定工伤的程序超期是小瑕疵,并不足以导致决定书被撤销的法律后果。根据《行政诉讼法》第5条和《湖南行政程序规定》第7条的规定,被上诉人应当在自受理工伤认定申请之日起60日(法定期限)内作出工伤认定的决定,而被上诉人自受理之日(2013年8月21日)直到作出决定之日(2013年11月22日)之间间隔长达91天,严重违反了法定程序,因此其作出的具体行政行为理所当然违法无效。

2. 被上诉人未提交书面答辩意见。

3. 第三人答辩述称:本案并未违反法定程序,不应当发回重审。根据《行政诉讼法》第61条的规定,原判决由于违反法定程序可能影响案件正确判决的,裁定撤销原判,发回原审人民法院重审,也可以查清事实后改判。这一规定表明,由于程序瑕疵而发回重审需符合下列条件:一是原判决违反

法定程序;二是可能影响案件的正确判决。然而本案中,无论是作出认定工伤决定的被上诉人市人社局,还是一审法院,均不存在导致本案应当被发回重审的上述两项事由。原因如下:虽然被上诉人市人社局确实未能依据《工伤保险条例》所规定的60日之内做出行政决定,但是没有任何法律规定,对于行政机关超过时限所作出的行政行为无效。事实上,法定时效和查明事实真相之间往往存在矛盾,如在法定时限内难以查明事实真相。因此,为了作出符合客观真相的行政决定,行政机关超出法定时效作出行政行为也是常有的情形。再者,被上诉人超过时效作出决定的行政行为,不利方是第三人杨某等人而非上诉人,上诉人以此为由要求发回重审的目的无非是拖延时间,从而损害第三人的利益。至今为止,上诉人都没有承担任何赔偿责任,死者杨雄的遗体仍然存放在殡仪馆未能火化。因此,上诉人的行为纯属恶意诉讼,不应当得到支持。

四、二审法院的判决

二审法院认为,被上诉人经过调查作出的《认定工伤决定书》所认定的事实清楚,证据充分。

被上诉人根据涉案事实情况,认为杨雄受到的事故伤害,符合《工伤保险条例》第15条第1项的规定,属于工伤认定的范围,予以认定为视同工伤死亡。二审法院认为其适用法律正确。

二审法院认为,被上诉人虽然没有在《工伤保险条例》规定的60日内作出《认定工伤决定书》,程序上存在瑕疵,但该程序瑕疵不足以否定其工伤认定决定的合法性。

综上所述,上诉人的上诉理由不能成立,其上诉请求不予支持。依照《行政诉讼法》第61条第1项的规定,判决如下:(1)驳回上诉,维持原判;(2)本案二审受理费50元,由上诉人湖南省家园物业管理有限公司负担。

教学指导手册

教学目标

本案例供法律硕士专业学生案例教学使用，法学本科（三年级、四年级）、行政法学、诉讼法学硕士教学也可以参考使用。

本案例主要就视同工伤的条件和程序问题进行讲授，具体解决的问题包括：(1)工伤认定的申请程序；(2)工伤认定的行政程序；(3)工伤认定行政确认的诉讼程序；(4)如何分析案件的争议焦点以及如何适用法律并展开法律论证；(5)基本掌握工伤认定行政决定书和行政诉讼裁判文书的制作。

教学内容

1. 工伤认定的法定情形与相关资料的收集与准备（课前准备）。

工伤有法定情形、视同工伤情形以及不得认定工伤的情形之划分。现实中，职工受到事故伤害或者身患职业病的情况不胜枚举。因此，认定是否为工伤是一个极其复杂的工作，这需要思考法律规定的每一种情形的适用范围，同时还要思考现行生效案例中的裁判原则和理由是否具有一般性，抑或只是具有特殊性，其特殊性是否能被法定情形或视同工伤情形所涵摄。

2. 工伤认定的行政程序和认定工伤决定书的制作。

事故发生或者职业病被确认后，工伤认定行政程序如何启动？在行政程序中，相关各方有哪些权利和义务、依法要履行哪些行为？教师在授课中应当通过提问或者讨论让学生掌握，尤其要让学生注意工伤认定行政部门调查核实事实的要求。学会制作《认定工伤决定书》。

3. 工伤认定行政确认的诉讼程序。

4. 行政诉讼起诉状(上诉状)、行政诉讼答辩状、行政诉讼裁判文书的制作。

预期效果

通过本案例的教学,应当能够使学生准确理解我国工伤保险制度的立法宗旨,全面掌握工伤认定的实体要件和程序制度,正确把握工伤案件当事人在工伤认定行政程序和诉讼程序中的权利义务,基本掌握和具备从事工伤认定和进行行政诉讼的基本技能。

教学计划

1. 课前计划:要求学生阅读本案例及相关参考资料,并要求他们收集、阅读并思考一些生效的工伤案例,根据本案例撰写《认定工伤决定书》或者《不予认定工伤决定书》;撰写本案例的行政诉讼起诉状、上诉状。

2. 课堂计划:介绍教学目的,明确讨论主题;教师针对思考题进行提问;分组讨论本案的事实和法律适用;各小组代表发言交流小组讨论的情况;教师归纳总结。

3. 课后计划:各小组撰写一份有关工伤认定或工伤认定确认诉讼的调研报告。(该报告需要注明小组内部各个成员各自完成的部分)

课堂时间安排

本案例可以作为专门的案例教学课教学使用,教学课时为 4 个课时,每个课时 45 分钟。

思考题和实践题

1. 思考题

(1)请举例说明能被法律规定的情形所涵盖的生效案例中的具有特殊性的工伤、视同工伤、不得认定工伤的事实情形?

(2)如果你是工伤认定行政部门的工作人员,你如何对工伤认定申请人提供的证据材料进行调查核实?

(3)职工或者其近亲属认为是工伤,用人单位不认为是工伤的,由谁承担举证责任?为什么?

(4)职工或者其近亲属认为是工伤,用人单位不认为是工伤的,用人单位又拒不举证,并且人社局又收集不到足够的证据用于认定工伤或不予认定为工伤,在此情况下,人社局应当如何作出决定?请说明理由。

(5)一审法院的判决适用法律是否正确?

(6)《工伤保险条例》第15条第1项之规定,能够涵摄的情形可能有哪些?

(7)二审法院归纳的本案争议焦点是否正确?如果不正确,那么该案的争议焦点是什么?如果认为二审归纳的焦点不够全面,请补充争议焦点。

2. 实践题

(1)请结合本案,制作一份由工伤认定行政部门出具的《认定工伤决定书》或者《不予认定工伤决定书》。

(2)如果你是物业公司的代理人或者杨某等人的代理人,请根据本案材料,制作一份起诉状。

(3)如果你是本案二审合议庭的法官,请根据本案材料,制作一份二审行政判决书。

(4)制作一份有关工伤认定或工伤认定确认行政诉讼的调研报告。

参考文献

1. 宋锦生:《工伤认定中若干法律问题探讨》,载《行政执法与行政审判》(总第13集),法律出版社2005年版。

2. 关则深、段静楠:《工作岗位的范围》,载《人民司法》2012年第4期。

3. 杨科雄:《上下班途中工伤认定的法律适用探究》,载《法律适用》2014年第11期。

4. 张坤世:《黄一凡工伤认定部门宜从有利于职工角度解释有分歧的规定》,载《中国劳动》2014 年第 11 期。

5. 庞婧:《48 小时抢救无效死亡工伤认定中的问题研究》,载《经济研究导刊》2014 年第 26 期。

6. 孟全富:《流动性工作岗位的工伤认定探析》,载中国法院网 http://www. chinacourt. org/article/detail/2011/07/id/457404. shtml,最后访问日期:2016 年 11 月 8 日。

撰稿人｜易项强,长沙理工大学文法学院副教授

18 CASE 杨小彬诉国家食品药品监督管理总局不予受理决定案

| 摘　要 |

本案需要适用行政复议法、行政诉讼法、行政许可法以及化妆品监管等多部法律、法规、规章及规范性文件，对于如何确定行政复议的复议申请人资格、行政诉讼的原告资格、被告的职责范围、复议不予受理决定的作出时限、规范性文件一并审查、规范性文件的效力、许可和备案的关系等行政复议和行政诉讼中的重点难点问题，具有很高的探讨价值，有助于学生了解行政投诉、行政复议、行政诉讼、行政许可的相关知识和法律技能，培养学生法律检索能力、案例分析能力、出庭能力、法律文书写作能力、诉讼可视化能力。

| 关键词 |

行政许可　备案　不予受理决定　行政复议　行政诉讼

| 教学目标 |

着重训练学生三方面内容:(1)作为原告律师，如何收集和整理证据，进行法律检索，撰写起诉状和代理词;(2)作为被告委托代理人，如何收集和整理证据，进行法律检索，撰写答辩状和代理词;(3)作为法官，如何开展庭审前准备工作，确定争议焦点，对证据进行审查，撰写判决书。

教学案例主文

一、引言

（一）本案当事人

1. 原告：杨小彬

男，1990 年 12 月 30 日出生，汉族，户籍所在地：广东省广州市天河区天都小区 A 座 205 室。

委托代理人：陈飞，广东金泰律师事务所律师。

2. 被告：国家食品药品监督管理总局

法定代表人：李如全，职务：局长，住所地：北京市西城区宣武门西大街 26 号院 2 号楼。

委托代理人：杜宏伟，北京市公平律师事务所律师。

委托代理人：刘青，国家食品药品监督管理总局干部。

案外人：上海美雅化妆品股份有限公司；

住所地：上海市宝山区宝山路 186 号；

法定代表人：王文宇，职务：董事长。

（二）案件概况

1. 投诉举报

2015 年 8 月 18 日，原告因认为自己购买的案外人上海美雅化妆品股份有限公司（以下简称美雅公司）生产的芦荟魔芋舒缓面膜存在违法情形向被告投诉举报，原告在举报中声称，案外人非法添加化妆品禁用物质、未获批准的化妆品原料“魔芋根提取物”，并且虚假报备国产非特殊用途化妆品信息；经销企业销售不符合《化妆品卫生标准》（化妆品卫生规范），虚假备案的国产非特殊用途化妆品，要求被告查处违法行为，对原告的举报予以奖励，且需要被告书面回复。被告于2015年8月26日受理后，转交上海市宝山区市场监督管理局和松江区市场监督管理局处理，2015年9月29日和2015年10月10日，上述两部门分别答复原告涉案化妆品不构成其投诉举报所反映的问题。

2. 行政复议

2015年12月8日，原告对上海食品药品监督管理局（以下简称上海食药局）2015年2月11日对涉案化妆品的生产企业美雅公司进行的备案后检查并予通过行为不服，以上海食药局为被申请人向被告提出行政复议申请。其复议请求为：(1)撤销被申请人对涉案化妆品备案后检查予以“通过”的行为，或者确认违法，并责令其重新依法作出具体行政行为。(2)对规范性文件《关于调整化妆品注册备案管理有关事宜的通告》（国家食药总局2013年第10号）（以下简称《通告》）进行审查。被告于2015年12月9日收到该复议申请后，于2015年12月16日作出被诉不予受理决定，理由为：原告与被诉具体行政行为没有直接利害关系，不属于行政复议受案范围。并于同年12月17日邮寄送达给原告，原告于同年12月18日签收。

3. 行政诉讼

原告不服被诉不予受理决定，于2016年1月2日向北京市第一中级人民法院提起行政诉讼，请求法院撤销被诉不予受理决定，责令被告国家食品药品监督管理总局（以下简称国家食药总局）重新作出行政行为，及时依法受理原告的行政复议申请。理由为：(1)原告向被告提出的关于涉案化妆品的投诉举报，被告予以受理，原告投诉时提交的购物凭证、涉案化妆品照片证明原告是该产品的消费者，与该产品之间存在直接利害关系。(2)上海食药局的官网上显示其已经将国产非特殊用途化妆品备案视为了行政许可审批事项，因此其针对备案产品进行的检查行为是一种针对备案产品的强制性检查，由于上海食药局的检查并通过行为不符合法规要求，直接导致违法产品上市销售，进而导致原告在市场上购买到上述产品，原告与检查行为之间已经产生了实际的利害关系。(3)法院还有其他一些第三人起诉行政审批行为的类似案件，佐证法院认可第三人与行政审批行为之间的利害关系，如部分汽车消费者向本院起诉中华人民共和国工业和信息化部行政审批等案及其他法院审理的相关案件。(4)被告将被诉不予受理决定交邮之日已经超过法定期限一天,故被诉不予受理决定存在程序违法情形。

(三)本案的意义

本案对于在 2015 年实施的新《行政诉讼法》框架下,解决行政复议的复议申请人资格、行政诉讼的原告资格、被告的职责范围、复议不予受理决定的作出时限、规范性文件一并审查、规范性文件的效力、许可和备案的关系等行政复议和行政诉讼中的重点难点问题,具有很高的探讨价值。

二、模块一:原告律师的视角

原告提供的证据如下:

1. 被告送达被诉不予受理决定的 EMS 邮单与邮政查询系统截图

显示签收时间:2015 年 12 月 18 日。

2.《国家食品药品监督管理总局受理和举报中心投诉举报事项受理告知书》(食药监受理和举报告〔2015〕第 6 号)

显示该中心于 2015 年 8 月 26 日受理原告关于案外人的投诉举报。

3. 涉案化妆品购物发票与产品照片

发票内容:

发票时间:2015 年 8 月 17 日

项目:芦荟魔芋舒缓面膜 100g

金额:138 元

付款人:杨小彬

收款单位:上海市丽人电子商务有限公司

面膜照片:

上面印有的信息:产品名称、规格、产品功效、使用方法、注意事项、成分、生产企业、产地、生产许可证号、卫生许可证号等。

4.《上海市宝山区食品药品监督管理局投诉举报答复书》(事件单编号

98201508280038)

回复的主要内容如下:

杨小彬:

针对您8月28日来信反映的上海美雅化妆品股份有限公司生产的“芦荟魔芋舒缓面膜”存在的非法添加化妆品禁用物质、未获批准的化妆品原料“魔芋根提取物”,并且虚假报备国产非特殊用途化妆品信息;销售不符合《化妆品卫生标准》(化妆品卫生规范),虚假备案的国产非特殊用途化妆品的问题,我局对投诉事项依法进行了调查,现答复如下:

9月7日,执法人员对该企业进行了现场检查,证照齐全,现场查见该面膜产品,成分标注中有:魔芋根提取物,企业提供了该产品的国产非特殊用途化妆品备案电子凭证,备案编号:沪G妆网备字201405369,备案日期:2014年11月2日,据该企业负责人称,该产品配方原料一直为魔芋根提取物,在2013年4月首次设计产品包装时,根据《国际化妆品原料标准中文名称目录(2010年版)》来标注成分,将花盒全成分标注为魔芋根提取物。2013年12月,国家食品药品监督管理局发布《关于调整化妆品注册备案管理有关事宜的通告》后,要求企业以《已使用化妆品原料名称目录》中的名称来进行申报和标注[该目录中收录为疣柄魔芋(AMORPHOPHALLUS CAMPANULATUS)茎、根提取物],但该目录发布时,企业花盒已经印刷完毕,为节约成本及环保,企业在网络备案时将该情况如实说明,也通过上海市食药监局及其下属宝山分局的审核。企业提供了相应的备案电子凭证说明[疣柄魔芋(AMORPHOPHALLUS CAMPANULATUS)茎、根提取物,我司花盒标注为魔芋根提取物为同一原料,会在后续花盒中修改]。

鉴于上海美雅化妆品股份有限公司生产的“芦荟魔芋舒缓面膜”生产配方原料一直为魔芋根提取物,花盒全成分标注问题由于相关法规变动原因引起,公司也已作了相关的报备说明,不构成举报中所反映的问题。

上海市宝山区食品药品监督管理局

2015年9月29日

5.《松江区市场监督管理局投诉举报答复书》［沪（松）市监投举答字〔2015〕第1989号］

回复的主要内容如下：

杨小彬：

针对您8月28日来信反映的上海丽人电子商务有限公司销售的“芦荟魔芋舒缓面膜”存在的非法添加化妆品禁用物质、未获批准的化妆品原料“魔芋根提取物”，并且虚假报备国产非特殊用途化妆品信息；销售不符合《化妆品卫生标准》（化妆品卫生规范），虚假备案的国产非特殊用途化妆品的问题，我局对投诉事项依法进行了调查，现答复如下：

9月7日，执法人员对该企业进行了现场检查，证照齐全，未查见该面膜产品。经过调查核实，该产品生产企业为：上海美雅化妆品股份有限公司，实际发货仓库为：上海市嘉定区曹安公路4686号3号楼。通过采集试听资料，查见该产品外包装成分一栏中标注有：魔芋根提取物，而该产品网上备案系统中显示的配方成分为：疣柄魔芋（AMORPHOPHALLUS CAMPANULATUS）茎、根提取物。该公司负责人称，二者实际为同一原料。2014年6月30日，国家食药总局正式发布《已使用化妆品原料名称目录》，该目录中取消魔芋根提取物这一成分名称，改为疣柄魔芋（AMORPHOPHALLUS CAMPANULATUS）茎、根提取物。因目录发布时，企业花盒已经印刷完毕，为节约成本及环保，企业在网络备案时标注：疣柄魔芋（AMORPHOPHALLUS CAMPANULATUS）茎、根提取物，我司花盒标注为魔芋根提取物为同一原料，会在后续花盒中修改，并且通过上海市食药监局及其下属宝山分局的审核，备案编号：沪G妆网备字201405369。

鉴于上海丽人电子商务有限公司销售的由上海美雅化妆品股份有限公司生产的“芦荟魔芋舒缓面膜”生产配方原料一直为魔芋根提取物，花盒全成分标注问题由于相关法规变动原因引起，公司也已作了相关的报备说明，不构成举报中所反映的问题。

如不服本投诉举报答复书，可自收到之日起六十日内向上海市食品药品监督管理局或松江区人民政府申请行政复议，或者六个月内向松江区人民法院起诉。

松江区市场监督管理局

2015年10月10日

6. 涉案化妆品电子备案凭证

网址:国产非特殊用途化妆品备案服务平台

备案编号:沪 G 妆网备字 201405369

备案日期:2014－11－02

企业名称:上海美雅化妆品股份有限公司

成分:其中有疣柄魔芋(AMORPHOPHALLUS CAMPANULATUS)茎、根提取物

备注:2015－02－11 对“上海美雅化妆品股份有限公司”进行备案后检查,检查结果:通过。

7. 上海食药局的官网中《上海食药局年报(2014)》

第三部分“药品与化妆品篇”中“3.3.4　化妆品领域相关行政许可审批”:“国产非特殊用途化妆品备案”:13904(件)。

8. 此前利害关系人起诉行政审批行为的案例

(1)2015 年 7 月 3 日,166 名速腾车主向北京市第一中级人民法院起诉工业和信息化部行政审批违法案,已获法院立案。——《法制周末》报道

(2)盐城市亭湖区法院审理了一起行政诉讼案件,起源于黄大爷老俩口楼下的火锅店经常产生油烟和噪音,严重干扰他们的生活,2014 年 5 月,他们去法院状告发证机关亭湖区市场监督管理局。按照当月刚刚开始实施的新行政诉讼法实行的立案登记制,法院当场立了案,被告单位的两位一把手,亭湖区区长和市场监督管理局局长依法出庭应诉,10 月,法院作出判决,撤销火锅店的经营许可。——央视《新闻联播》报道

三、模块二:被告委托代理人的视角

提交的证据如下:

1. 原告的行政复议申请书

复议请求:(1)撤销被申请人对涉案化妆品备案后检查予以“通过”的行为,或者确认违法,并责令其重新依法作出具体行政行为。(2)对规范性文件《通告》(国家食药总局 2013 年第 10 号)进行审查。

主要事实:同案件概况。

主要理由:

(1)疣柄魔芋与魔芋是“近亲属”,都属于天南星科、魔芋属,但前者的“种”为“疣柄魔芋种”,后者的“种”为“魔芋种”,两者是互不相同的两种植物。根据国家食药总局2015年7月17日出具的《政府信息公开告知书》(食药监政信函〔2015〕568号),魔芋根粉与《化妆品卫生规范》表20种的化妆品禁用成分“蒟蒻”为同一种物质。因此,涉案产品有两种可能:第一种是产品实际添加的是疣柄魔芋茎、根提取物,但外包装标识错误,违反了《消费品使用说明　化妆品通用标签》(GB5296.3－20087)6.4.4的强制性规定以及《化妆品标识管理规定》第12条的规定;第二种可能是,争议产品实际添加的成分与外包装标签上标注的一致,则使用了化妆品禁用物质。无论哪种情况,都属于违法行为,应当予以依法处理。

《通告》规定,省级食品药品监管部门应当在备案后3个月内组织开展对备案产品的检查,发现不符合要求的,责令改正;发现违法的,依法立案查处,并在产品备案信息相关栏目予以标注。未按要求履行国产非特殊用途化妆品上市前产品信息报备义务的,依照《化妆品卫生监督条例实施细则》第45条第7项相关规定处理。

被申请人对案外人提供的情况说明“予以通过”,属于事实不清,明显不当。

(2)依据《行政许可法》的规定,部门规章和一般的规范性文件不得设置行政许可。《化妆品卫生监督条例实施细则》仅为部门规章,《通告》仅为规范性文件,这两个规定提出的“国产非特殊用途化妆品需要在上市后两个月以内向省级有关部门备案”以及“在上市前进行网上备案”,这里的备案不应该是行政许可。

然而《通告》将国产非特殊用途化妆品备案时间调整为上市前,且要求省级局要在备案后3个月内开展检查并对发现的问题进行处理,并对未按要求履行上市前备案义务的行为设定了罚则,这沦为了“假备案、真许可”,变相实施行政许可。对于案外人明显违法的行为,还在备案时予以通过,这一做法明显不当。

2.《行政复议不予受理决定书》(食药监复不受字〔2015〕41 号)

> 杨小彬:
>
> 你提起的行政复议申请,本复议机关已收悉。
>
> 经审查,被申请人上海市食品药品监督管理局对上海美雅化妆品股份有限公司生产的"芦荟魔芋舒缓面膜"备案后予以通过的行为,与你本人没有直接利害关系,因此你不服被申请人上述行政行为提起的行政复议申请,不属于《行政复议法》第 6 条和《行政复议法实施条例》第 28 条规定的受理范围,现根据《行政复议法》第 17 条的规定,决定对你的行政复议申请不予受理。
>
> 国家食品药品监督管理总局
>
> 2015 年 12 月 16 日

3. 被诉不予受理决定的 EMS 快递单及查询结果

原告申请复议的寄件时间:2015 年 12 月 8 日

接收复议申请人材料的签收时间:2015 年 12 月 9 日(爱查快递网查询)

不予受理决定的投递时间:2015－12－17

不予受理决定的签收时间:2015－12－18

4.《国家食品药品监督管理总局受理和举报中心投诉举报事项受理告知书》(食药监受理和举报告〔2015〕第 6 号)

具体内容同原告证据一致。

5.《上海市宝山区食品药品监督管理局投诉举报答复书》(事件单编号 98201508280038)

具体内容同原告证据一致。

6.《松江区市场监督管理局投诉举报答复书》[沪(松)市监投举答字〔2015〕第 1989 号]

具体内容同原告证据一致。

7. 涉案化妆品电子备案凭证

具体内容同原告证据一致。

四、模块三：法官的视角

2016年4月6日，北京市第一中级人民法院开庭审理本案。

案号：(2016)京01行初字第168号

原告诉讼请求：请求法院撤销被诉不予受理决定，责令被告国家食药总局重新作出行政行为，及时依法受理原告的行政复议申请。

理由：(1)原告向被告提出的关于面膜的投诉举报，被告予以受理，且原告投诉时提交的购物凭证、涉案产品照片证明该产品与原告之间存在利害关系。(2)原告收到来自相关承办单位的处理答复，答复指出面膜在上市前完成了备案并通过审核不构成原告投诉举报的问题，后原告网上查询面膜电子备案凭证2015－02－11检查结果为"通过"，根据《通告》规定2014年6月30日起国产非特殊用途化妆品上市前网上备案，备案后3个月进行检查，原告认为2015年2月11日作出的备案审查予以通过的行为不符合法规规定。(3)原告浏览上海食药监局官网公布的年报(2014)中的"化妆品领域行政许可审批信息"发现将"国产非特殊用途化妆品备案"视为"行政许可审批事项"。

被告的答辩请求：被告行为认定事实清楚，适用法律正确，请求驳回原告诉讼请求。

理由：(1)答辩人在法定职权内履行了法定职责。(2)上海市食药监局对"面膜"备案后检查予以通过的行为，行政相对人是美雅公司，并非本案的原告，该行政行为不会直接减损原告的权利或者增加其义务，也不会直接影响原告的其他利益，因此原告与上海食药监局的行为无直接利害关系。

> 庭审笔录摘要：
>
> 法官：原告，你申请复议的行为本身与投诉举报之间是何关系？是否针对投诉举报答复？
>
> 原告：不是针对投诉举报答复，我是针对上海局的备案后检查予以通过的行为提起的复议。
>
> 法官：被告，备案行为的法律依据是什么？

被告:备案的法律依据是1991年3月27日发布的卫生部令第13号、国家食品药品监督管理总局2013年第10号文。这两个文件所涉及的制度本身没有什么区别,10号文对13号文只是进行了细微的调整。10号文要求企业在产品上市前进行备案,再有就是要求企业在网上备案。13号文和10号文关于备案的性质本质上是一致的,备案行为本身是企业的行为。备案制度设置的目的是为了方便监管部门了解企业生产、上市相关产品的信息,且是针对国产产品。备案并不是企业、产品上市的条件。企业具体的产品上市不以备案为前提。虽然要求企业在产品上市前备案,但这只是为了尽早获取产品信息,对产品上市没有影响。

法官:备案后3个月内进行检查。备案是启动检查的原因?

被告:不是的。备案后3个月内进行检查是说3个月内进行一次检查,具体是要监管部门根据实际来安排的。

法官:原告申请复议针对的是检查行为?

原告:是的。

法官:被告,检查行为的目的和功能是什么?

被告:是对生产企业的检查,有的材料是填写在网上,公众可以查阅的,有的材料是放在企业,随时备查。检查是监管部门对属地的监管企业和产品进行监管。

法官:针对备案后的检查,除了10号文的规定外,有无其他上位法依据?

被告:没有其他规定了。10号文中写不写这一条,不影响监管部门进行检查。没有这一条,监管部门也要去进行检查。就是日常性检查。这么规定是为了更为规范,能够确保产品备案后3个月内至少会有一次检查。

法官:原告对被告的陈述有何意见?

原告:10号文与化妆品实施细则是有很大区别的。实施细则第19条要求化妆品上市后2个月内进行告知性备案,没有规定监管部门要对备案资料进行实质性审核。再有就是10号文规定备案后3个月内应进行检查,并规定了检查的处理。本案上海局的“标注”就是“通过”,说明不认为产品违法。还有就是没有设定罚则,但同时又说,要依照实施细则第47条的规定处理。也就是说,10号文已经是“假备案、真许可”。

法官:原告,你的复议申请刚才庭审中也明确了,是针对检查行为,被告主张检查行为是产品备案后的日常检查,原告认为与自己有利害关系的理由是什么?

原告:我还是坚持我的诉讼观点,如果上海局不予通过,我就不会去买这个产品,就不会受到侵害。

法官:如果没有备案,监管部门是否会进行检查呢?被告主张检查是基于监管职责产生的日常检查。

原告:例行检查是随机抽查。如果没有备案,上海局去检查的时候可能就不会针对这一产品。

法官:你是认为,这一检查行为是针对备案产品进行的强制性检查,这就与作为消费者的你产生利害关系了?

原告:是的。

法官:关于被诉决定的行政程序,原告有无意见?

原告:被告超期了。被告是12月16日作出,12月17日寄出的,按照12月17日寄出时间算的话,就超期了。

被告:12月17日寄出是事实,但作出时间是12月16日,我方没有超期。

教学指导手册

教学对象及目标

本案例供法律硕士案例教学使用,法学本科、宪法与行政法学硕士也可参照使用。

本案例对于如何确定行政复议的复议申请人资格、行政诉讼的原告资格、被告的职责范围、复议不予受理决定的作出时限、规范性文件一并审查、规范性文件的效力、许可和备案的关系等行政复议和行政诉讼中的重点难点问题,具有很高的探讨价值,有助于学生了解行政投诉、行政复议、行政诉讼的相关知识和法律技能，培养学生法律检索能力、案例分析能力、出庭能力、法律文书写作能力、诉讼可视化能力。

■ 教学内容

1. 原告律师如何撰写起诉状和代理词？

作为原告律师，应与当事人充分沟通，了解清楚案件事实、相关证据和法律依据，判断是否属于行政诉讼受案范围、原告资格、诉讼时效，确定被告和管辖法院。在此基础上，分析本案法律关系，被诉行政行为性质，并确定诉讼策略，明确诉讼请求，梳理争议焦点，撰写起诉状。起诉状应当符合以下要求：(1)格式规范，符合最高人民法院格式要求。(2)诉讼请求和观点明确。(3)条理清晰，逻辑合理。(4)用语严谨、规范。

本案中，律师写作代理词应当注意以下要点：(1)紧扣争议焦点。(2)有理有据。(3)论点明确，论据充分。(4)引用法律条文要具体、全面、恰当。

2. 原、被告律师如何开展庭前准备工作？

(1)法律检索

法律检索对于确定诉讼请求的法律依据、复核被告行政行为的法律依据、预判案件结果具有重要意义。法律检索的原则为权威优先、有效、准确和完整。

法律检索包括法律文件检索和在先案例检索。

法律文件检索的重点在于，检索与本案有关的法律及相应的立法解释；行政法规；司法解释以及最高人民法院发布的批复、通知、会议纪要等；部门规章；地方性法规和地方规章，以及相关规范性文件。

案例检索的重点在于，最高人民法院发布的指导性案例；受理法院公布的相关案例或裁判观点；上级法院公布的相关案例或裁判观点；再审法院公布的相关案例或裁判观点；案件审理的合议庭和经办法官审理的案件或发布的裁判观点；最高人民法院公布的相关案例或裁判观点；其他法院发布的相关案例或裁判观点。

法律检索常用的数据库包括:北大法宝的法律法规数据库(www. pkulaw. cn);中国裁判文书网发布的案例数据库(www. court. gov. cn/zgcpwsw/);威科先行提供的法规数据库及案例数据库(law. wkinfo. com. cn);Openlaw 提供的案例数据库(openlaw. cn);无讼案例提供的案例数据库(itslaw. com)。

使用数据库前必须检索数据库的有效性和及时性,确认所使用的数据库是否已经更新至最新状态。确保检索的数据的及时性和有效性。

法律检索时,应当正确选择关键词。检索应当做好记录,将每一步检索步骤都记录下来,以便于依据检索记录能够得到最终的检索结果。同时,分析检索结果的有效性,以便在检索结果存在问题时找到原因,并进行改善。

(2)证据清单制作

证据清单是当事人或其委托代理人在行政诉讼案件中提交法庭的证据目录,是当事人主张的事实与所提供证据的桥梁和纽带,证据清单的制作优劣直接影响到法庭对当事人所主张事实的认定,影响案件处理结果。

证据清单制作的原则有:便于引用;美观大方;格式规范。

证据清单的表头包括:序号(证据编号);证据材料名称;证明对象;页码(非页数);原件;复印件。

(3)制作诉讼可视化图表

本案经过投诉举报、复议、诉讼多个环节,涉及的法律关系较为复杂,为了让法律关系一目了然,更好地说服法官,当事人可以利用 ProcessOn,Visio 等软件制作图表,将案件经过的时间轴、法律关系图展示出来。

时间轴示例(以劳动争议仲裁为例):

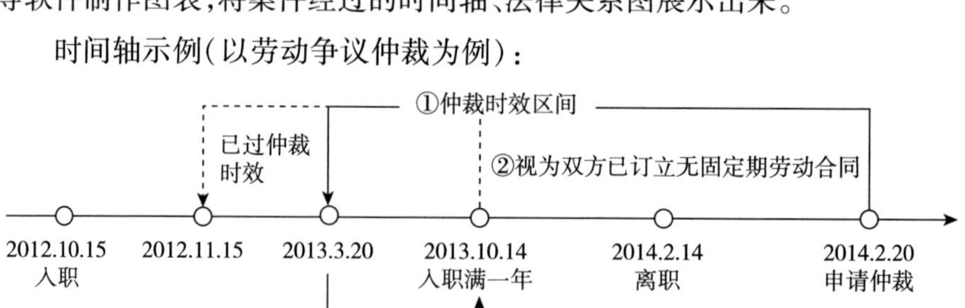

法律关系图示例：

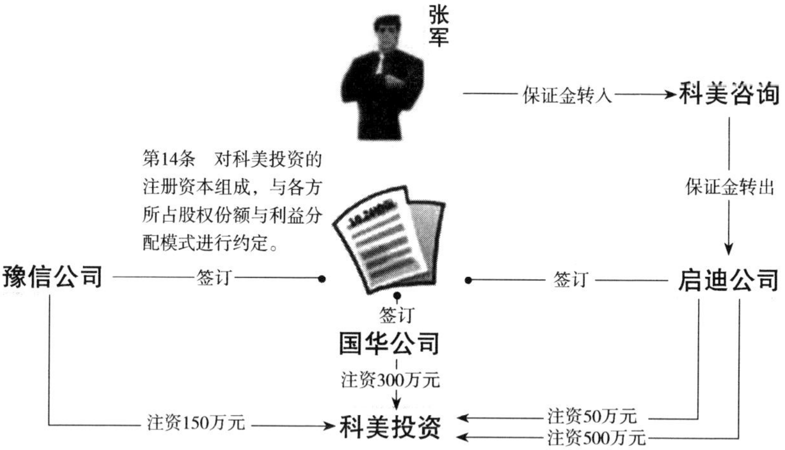

3. 被告律师如何撰写答辩状和代理词？

(1)行政答辩状写作指南

被告提交答辩状的行为是其积极参与诉讼、依法行政的表现，不仅有利于行政机关充分阐述自己的观点理由，更有利于人民法院全方面了解案情，明确是非，作出正确的判决。

被告应从事实认定、法律适用、执法程序、处罚结果、诉讼程序等方面对原告的诉讼请求进行答辩。

如果原告是针对事实认定不服而提起诉讼，行政机关就要针对该事实的有无进行答辩。例如，原告起诉行政机关不作为，如果是依申请的行政行为，行政机关就要证明自己没有收到申请或者收到的申请不符合法定要求。

法律适用问题则关系到案件事实的认定、程序的合法性、处罚是否合理等问题。行政机关要以行政程序中认定的事实和法律为基础，辩驳原告的错误认识，最好讲清楚该法律依据的法理是什么。

如果原告认为行政机关的行政行为违反法定程序，那行政机关的答辩焦点自然要放在论证行政程序合法性上，尽量做到于法有据。

对于诉讼程序错误的答辩也是被告的有力武器，具体包括原告没有主体资格、管辖权异议、行政诉讼的受案范围、超过起诉期限等情形。

(2)代理词写作要点

代理词写作要点同原告代理词撰写。

4. 如何开展举证和质证?

(1)举证

举证,是指案件当事人在行政诉讼中为说服法庭而出示证据的诉讼活动。举证的要点如下:第一,举证必须遵守有关举证时限的规定。第二,证据体系完整。应当按照诉讼请求来收集证据,且尽可能收集原件;应当对证据进行合理组织,使之形成完善的证据体系,以提升证据的整体证明力。第三,证明力优先原则。首先使用效力等级最高的证据予以证明。第四,对当事人的证据作出预测,分析优势和不足,预测对方当事人的质证意见,并制定应对策略。第五,在法庭上,应当按照争议焦点分组出示证据,先出示核心证据,再出示辅助证据。

(2)质证

质证,是指一方当事人从合法性、客观性和关联性角度发表对另一方当事人提交的证据的意见。质证的目的在于通过与举证方就所举证据及其证明对象的辩论,最终使法庭做出对己方有利的事实认定。

质证的基本原则如下:第一,必须就证据的真实性和证明对象明确发表意见。第二,对不能否认的证据应当及时予以认可,以获得法庭的信任。第三,对于法庭或对方当事人能够通过调查取得或核实的证据,虽然存在一定瑕疵,但在充分评估风险后应当予以确认。第四,对于对方存在明显瑕疵的证据,应当果断予以否认,并向法庭简要说明理由。第五,必须全面查证对方提交的证据,充分挖掘举证方提交证据中的全部信息并进行辨识。第六,充分评估和预防在质证中因自认事实而产生的诉讼风险。

5. 行政诉讼中如何确定原被告的举证责任?

(1)被告的举证责任

《行政诉讼法》第 34 条规定,被告对被诉行政行为负有举证责任,被告不提供或者无正当理由逾期提供证据,视为没有相应证据。但是,被诉行政行为涉及第三人合法权益,第三人提供证据的除外。最高人民法院《关于执行〈中华人民共和国行政诉讼法〉若干问题的解释》第 26 条第 2 款规定,行政机关应当在收到起诉状副本之日起 10 日内提交答辩状,并提供作出具体行政行为时的证据、依据。

被告若要证明行政行为的合法性,应从以下五个方面来提供证据:

第一,有关主体的证据材料。如果原告对行政主体的职权存在争议,应该提出有关其职权依据的证据。

第二,有关行政程序的证据材料。行政行为合法性的一个重要方面就是程序合法。同时,程序合法也是法庭审理的重要内容。行政程序应包括作出行政行为的方式、步骤、顺序和时限等,对此被告也要提供。

第三,有关被诉行政行为所认定事实的证据材料。主要提供书面决定中已经记载的事实或列入行政案件卷宗被行政主体采纳的事实。

第四,裁量合理性的证据材料。行政机关对案件的处理往往存在一定的裁量空间,没有事实根据的自由裁量往往存在滥用职权问题,因此被告应提供自由裁量合理性的证据材料。

第五,有关被诉行政行为所依据的规范性文件。被告向法庭提供的除法律、法规外,还包括规章和规章以下的规范性文件。

《行政诉讼法》第 35 条规定,在诉讼过程中,被告及其诉讼代理人不得自行向原告、第三人和证人收集证据。行政机关应当"先取证,后裁决",行政决定一旦送达生效,行政机关则不应再自行收集证据。只有在人民法院准许的特殊情况下,才可以收集证据。如原告或者第三人提出了其在行政处理程序中没有提出的理由或者证据的,经人民法院准许,被告可以补充证据。

(2)原告承担的举证责任

《行政诉讼法》第 37 条规定,原告可以提供证明行政行为违法的证据。原告提供的证据不成立的,不免除被告的举证责任。

第一,证明符合起诉条件:提供其符合起诉条件的相应证据材料。

第二,在起诉被告不作为的案件中,应提供其在行政程序中曾经提出申请的证据材料。但有下列情形的除外:一是被告应依职权主动履行法定职责;二是原告因正当理由不能提供证据的。

第三，在行政赔偿、补偿的案件中，原告应对行政行为造成的损害提供证据。因被告的原因导致原告无法举证的，由被告承担举证责任。

6. 法官应当如何审理行政案件?

参考邹碧华法官的“要件审判九步法”以及德国法官的归入法，法官审理案件主要遵循以下七个步骤:

(1)固定权利请求。明确当事人诉讼请求的含义，弄清当事人诉讼请求中模糊含义，剔除当事人诉讼请求中矛盾之处。促使当事人更正明显错误、荒谬或非理性的诉讼请求。

(2)识别权利请求基础。诉讼请求固定后，即应确定其所依据的法律条文，要求根据当事人依据的事实和理由，明确法律关系，再以之为基础明确权利性质，进而确定法律条文。

(3)基础规范构成要件分析。法官找到权利请求基础规范和对立规范后，应对基础规范构成要件进行分析，把法律条文所包含的事实要件分解，通过法律解释、推理等方法厘清法条含义。

(4)争点整理。法官根据当事人的诉辩主张归纳案件争议焦点的过程。争点整理是案件审理中的一项非常重要的工作。争点可以被认为是法官审判过程中的指挥棒。

(5)要件事实的证明。法官组织各方当事人围绕争点进行举证、质证。厘清举证、质证的基本任务和要求，完成证明责任分配，并提前将心证结论告诉当事人，促进当事人穷尽证明方法和证明资源。

(6)要件事实的认定。一方面，依据构成要件对当事人提供的证据进行“过滤”，排除缺乏关联性的证据事实;另一方面，对证据内容、证明力大小等作出判断，并据此确认要件事实。

(7)要件归入并作出裁判。归入或涵摄归入是指把案件事实与分析出来的法律规范构成要件进行对应。法院将查明的案件事实与原、被告主张所对应的法律规范的各项构成要件，逐一进行比对，进行归入并根据归入的结果作出适用或不适用该法律条文裁判的过程。

法官撰写判决书要做到要素齐全、结构完整、繁简得当、逻辑严密、用语准确,格式规范。

7. 本案中,原告与其申请的具体行政行为之间是否具有《行政复议法实施条例》第28条第2项中的“有利害关系”?

本案主要争议焦点在于原告与其申请复议的具体行政行为之间是否具有《行政复议法实施条例》第28条第2项所规定的“有利害关系”。虽然现行法没有相关规定界定行政复议申请中“有利害关系”的判断标准,但《行政复议法》第2条明确了公民、法人或者其他组织认为具体行政行为侵犯其合法权益,可以依据《行政复议法》申请行政复议。因此,行政复议制度具有救济个人合法权益的属性,行政复议的申请人能够主张个人具有法律上值得保护的权利,而非仅为维护公共利益或者反射利益,应为具有利害关系的要件之一。

本案原告复议申请针对的是上海食药监局对涉案化妆品备案后检查并通过的行为,实际上就是对包括检查结果在内的检查行为不服。原告主张,其是涉案化妆品的消费者,也是相关违法行为的投诉举报人,由于上海食药监局作为监管机关在其检查过程中对存在违法情形的产品予以检查通过,从而导致原告在市场上购买到了违法产品,因此原告与检查行为之间具有利害关系。原告所主张的上述关联性并不足以构成《行政复议法实施条例》第28条第2项所规定的“有利害关系”。行政机关履行职责均首先以维护行政管理秩序为目的,从而客观上具有保护与该行政管理秩序相关的不特定公众利益的功能。不特定相关公众由此而客观上获得的利益,即所谓反射利益,并不足以构成行政复议法上所指的申请人的个人合法权益。由于反射利益系因行政机关维护行政管理秩序、保护公共利益而必然产生之客观效果,为不特定相关公众所享有,因此并非行政复议程序所要保护的个人合法权益。当然,行政管理中也存在具有直接保护第三人个人合法权益效果的行政行为,第三人基于其法律上受保护的地位,有权通过行政复议等途径寻求法律救济。而判断第三人是否具有复议申请人资格,即在于根据相关行政法律规范,行政机关在履行相关法定职责时,除了维护行政管理秩序之外,是否同时还负有直接保护特定利害关系人合法权益的义务。

就本案而言,食药部门在对备案后的涉案化妆品履行检查职责时,并不负有保护特定消费者合法权益的义务,至于原告是否是涉案化妆品的实际消费者,不影响本案的认定结论。关于食药部门在国产非特殊用途化妆品备案后应当进行检查的直接规范依据,是国家食药总局《通告》中的相关规定,即"省级食品药品监管部门应当在备案后3个月内组织开展对备案产品的检查,发现不符合要求的,责令改正;发现违法的,依法立案查处,并在产品备案信息相关栏目予以标注"。食药部门有权采取此种检查行为的上位法依据是《化妆品卫生监督条例》第3条,即"……县以上地方各级人民政府的卫生行政部门主管本辖区内化妆品的卫生监督工作"。该规定是行政法规对监管部门履行对化妆品监管职责的一般性授权,监管部门行使该职责具有保护市场上不特定消费者健康之目的,但并不意味着其在履行职责过程中即当然负有考量和保护特定消费者个人合法权益的义务。前述通告基于这种一般性监管职责要求食药部门在国产非特殊用途化妆品备案后进行检查,同样也是通过食药部门的检查行为维护化妆品领域的市场秩序,进而保障不特定消费者的权益。而特定消费者与化妆品生产、经营单位之间的消费者权益争议,仍应通过相应的法律途径予以解决,而非直接针对食药部门的检查行为申请行政复议。因此,被诉不予受理决定以原告与检查行为之间不具有利害关系为由,认定原告的行政复议申请不属于《行政复议法》第6条和《行政复议法实施条例》第28条规定的受理范围,并无不当。至于针对具体备案的化妆品,食药部门的检查行为是否具有强制性,涉及的是监管部门与化妆品生产单位之间的权利义务关系,对本案原告是否具有行政复议申请人资格不产生影响。而涉案化妆品是否存在原告所称的违法情形,更非属本案审查范围。

8. 被告作出不予受理决定是否超过法定审理期限?如何界定"行政行为的作出"?

《行政复议法》第17条第1款规定的期限的届满日为不予受理决定的作出之日,而行政法上所谓的"行政行为作出",即是指行政行为送达之前全部程序的完结,因此交邮作为送达环节的一部分,并不属于行政行为作出的范畴。本案被诉不予受理决定于被告收到申请书之日起第5个工作日作出，并未超过上述规定的法定期限。而且行政机关在作出行政行为的次日即予交邮送达应属合理，不违背正当程序原则。

9. 原告在复议中一并提出的对其他规范性文件的审查申请，当复议申请不符合行政复议的受理条件时，复议机关对申请人提出的对规范性文件的审查申请应当如何处理？

根据《行政复议法》第7条第1款第1项之规定，公民、法人或者其他组织认为行政机关的具体行政行为所依据的国务院部门的规定不合法，在对具体行政行为申请行政复议时，可以一并向行政复议机关提出对该规定的审查申请。因此，行政复议程序中对规定的审查，是在审查具体行政行为合法性的基础上的附带性审查。当复议申请不符合行政复议的受理条件时，复议机关对申请人提出的对规定的审查申请如何处理，《行政复议法》及其实施条例均无明确规定。但基于附带性审查这一制度属性，当行政复议机关已经针对复议申请作出不予受理决定时，其对申请人一并提出的对规定的审查申请不予进一步处理属于应有之义，相关法律关系已经明确，原告亦未提出异议。因此，被诉不予受理决定并不构成遗漏复议请求事项。

10. 原告所举其认为对本案具有可参考性的其他案例，应当如何评价？

无论对行政复议申请人资格还是对行政诉讼原告资格，消费者或者投资者个人与行政机关仅以维护客观行政管理秩序为目的而履行职责的行为之间不具有利害关系，北京市第一中级人民法院一贯秉持该判断标准[参见(2015)一中行初字第2002号行政判决书以及原告所举(2015)一中行初字第2188号等案行政裁定书]，且上述履行职责行为并不限于行政审批行为[参见(2014)一中行初字第10171号行政裁定书、(2015)一中行初字第155号及第156号行政裁定书]。至于在具体行政管理领域，行政机关在履行法定职责的过程中是否同时负有保护特定利害关系人权利的义务，则需要根据个案所依据的行政法律规范加以具体分析。

预期效果

本案案情较为清晰,学生通过自行阅读、小组讨论和教师指导,应该能够归纳争议焦点,为原被告双方准备诉讼材料。但是,因涉及的化妆品监管的相关法律法规较多,行政许可与备案的关系、行政复议的利害关系等问题较为复杂,需要学生检索更多类似案例,同时教师进行深入讲解。

课堂时间安排

课堂时间安排为 8 课时,每课时 45 分钟。

1. 课前安排。安排学生分组阅读案例,围绕思考题进行法律检索,制作法律关系思维导图。

2. 课堂安排。(1)介绍教学目标,明确讨论主题。(2)分组讨论,回答思考题,讨论实践题的撰写要点。(3)分组撰写要点,学生进行观点陈述。(4)教师进行归纳、点评。

3. 课后安排。安排学生撰写完整的法律文书,教师进行批改、反馈意见,学生加以完善。

思考题和实践题

1. 思考题

(1)本案的管辖法院为什么是北京市第一中级人民法院？有无超过诉讼时效？被告负责人如果没有出庭应诉,是否违法？

(2)本案中,原告与其申请的具体行政行为之间是否具有《行政复议法实施条例》第 28 条第 2 项中的"有利害关系"？

(3)上海美雅化妆品股份有限公司是否应当作为第三人参加诉讼？

(4)食药部门的管理体制是怎样的？国家食药总局和上海松山区、宝山区市场监督局是什么关系？食药部门在化妆品监管中的职责是什么？

(5)投诉举报和复议之间是什么关系？

(6)原告在行政复议和行政诉讼中提出的请求是否一致?

(7)原告所举其认为对本案具有可参考性的其他案例,应当如何评价?如何看待司法审判中"裁判标准的统一性"及"案例指导制度"的关系?

(8)被告作出不予受理决定是否超过法定审理期限?如何界定"行政行为的作出"?

(9)原告在复议中一并提出的对其他规范性文件的审查申请,当复议申请不符合行政复议的受理条件时,复议机关对申请人提出的对规范性文件的审查申请应当如何处理?如果符合行政复议的受理条件,又应当如何处理?

(10)本案中的备案是否为行政许可?

(11)被告的《关于调整化妆品注册备案管理有关事宜的通告》是否存在违法或不当之处?如果在行政诉讼中,原告要求对该文件进行一并审查,法院应当如何审查?

2. 实践题

(1)如果你是原告的律师,在起诉之前,应当做哪些工作?请根据以上案情制作工作计划。包括但不限于:法律关系可视化、法律检索、证据收集等。请为原告撰写起诉状、代理词、证据目录。

(2)如果你是被告的委托代理人,被告的法规处工作人员和外聘律师之间应该如何分工?如何做好庭前准备工作?请为被告撰写答辩状、代理词、证据目录。

(3)如果你是法官,在开庭前应该做哪些准备工作?如何审查原被告的证据?如何确定争议焦点?请撰写行政判决书。

参考文献

1. 江必新、梁凤云:《最高人民法院新行政诉讼法司法解释理解与适用》,中国法制出版社 2015 年版。

2. 李广宇:《新行政诉讼法逐条注释》,法律出版社 2015 年版。

3. 国务院法制办公室:《中华人民共和国行政复议法注解与配套》,中国法制出版社 2014 年版。

4. 何海波:《行政诉讼法》,法律出版社 2016 年版。

5. 国家法官学院、德国国际合作机构:《法律适用方法:行政法案例分析》,中国法制出版社 2012 年版。

撰稿人 | 郑宁,中国传媒大学文法学部法律系副教授

19 CASE “Michael Jordan”商标纠纷案

| 摘　要 |

本案例以商标局第 9270154 号“Michael Jordan’s SteakHouse”商标、第 6020569 号“乔丹”商标、第 6020575 号“QIAODAN”商标三个以美国著名篮球运动员 Michael Jeffrey Jordan 姓名为主要争点的商标纠纷案，围绕商标申请、异议、复审、诉讼程序各环节，对相关知识点和职业技能进行研究，主要包括法律职业工作者如何参与商标申请、商标异议、商标复审、商标行政诉讼的证据收集、事实认定、法律理解与适用、法律文书撰写等。本案例涵盖商标注册与商标异议、商标复审、诉讼三个环节，涉及的实体问题主要包括商标法上的“姓名权”的性质、构成要件及其法律适用。涉及的程序问题包括商标注册与异议请求环节、商标复审非诉环节、商标诉讼环节相关问题。本案例对于解决其他类型商标纠纷案件具有重要参考意义。

| 关键词 |

Michael Jordan　法律职业技能　证据分析　姓名权　商业标志姓名权

| 教学目标 |

着重让学生把握三方面内容：(1)在商标申请阶段，商标代理律师接受委托后应从事哪些法律活动；(2)在商标复审阶段，代理律师、商标审查员应如何在实体法上对申请商标进行审查；(3)在诉讼阶段，代理律师、商标评审委员会、法官如何收集、鉴别和分析证据，如何寻找、解释和适用法律。

教学案例主文

一、引言

(一)"Michael Jeffrey Jordan"概况

Michael Jeffrey Jordan(迈克尔·杰弗里·乔丹)先生是家喻户晓的美国篮球运动体育明星,在中国具有极高的知名度,"Michael Jordan"与其中文译名"迈克尔·乔丹"都已经和这位美国篮球明星产生了唯一的对应关系。"Michael Jordan's SteakHouse"是 Michael Jordan 先生开办的牛排餐厅名称,其作为商标和餐厅商号的使用时间,早于诉争商标申请注册之日。Michael Jordan 为美国人迈克尔·乔丹的姓名,美国 A 公司提交的证据可以证明,Michael Jordan(迈克尔·乔丹)作为篮球运动员,在我国具有极高的知名度。

(二)中国 B 公司申请第 9270154 号"Michael Jordan's SteakHouse"商标注册

2011 年 3 月 28 日,中国 B 公司向国家工商行政管理总局商标局(以下简称商标局)申请注册第 9270154 号"Michael Jordan's SteakHouse"商标,指定使用服务为第 43 类的住所(旅馆、供膳寄宿处)、咖啡馆、自助餐厅、酒吧、养老院等。该商标由"Michael Jordan's SteakHouse"构成。在该商标中,"SteakHouse"在指定使用的自助餐厅、酒吧等服务项目上显著性较弱,故诉争商标的显著识别部分为"Michael Jordan"。2012 年 1 月 7 日,该商标获得初步审定公告,并被公告在第 1294 期商标公告上。

(三)中国 C 公司申请第 6020569 号"乔丹"商标、第 6020575 号"QIAODAN"商标

2007 年 4 月 26 日,中国 C 公司申请注册第 6020569 号"乔丹"商标,核

定使用在国际分类第28类的“体育活动器械、游泳池(娱乐用)、旱冰鞋、圣诞树装饰品(灯饰和糖果除外)”商品;同时申请第6020575号“QIAODAN”商标,核定使用在国际分类第25类的“服装、婴儿全套衣、游泳衣、鞋、爬山鞋、帽、袜、手套、领带、皮带(服饰用)、雨衣、舞衣、婚纱、睡眠用眼罩、围巾、防滑鞋底”商品上。

二、商标代理律师在商标非诉程序中如何履行职责

商标非诉程序,包括商标异议程序、商标复审程序以及注册商标无效宣告程序。在该案中,涉及商标异议程序和复审程序。

(一)第9270154号“Michael Jordan's SteakHouse”商标异议环节

在商标异议阶段,商标代理律师的职责来源于委托人的授权,来自于委托人与代理律师所签署的商标代理委托书。在商标异议程序中,商标代理律师如何撰写商标异议书或者商标异议申请书?如何准备初审公告商标异议申请材料?如何在商标异议程序中履行职责?在这一阶段,代理律师的职责主要是调查、收集、整理有关商标异议的证据以及其他有关材料,对有关商标异议案进行综合、深入研究,提出明确的异议请求,提炼有力的商标异议事实依据、撰写商标异议书,准备商标异议整套文书材料,并在法定期限内提交给商标局。

就商标异议文书材料而言,2001年修订之《商标法》第30条规定:“对初步审定的商标,自公告之日起三个月内,任何人均可以提出异议……”2001年之《商标法实施条例》第22条第1款规定,“对商标局初步审定予以公告的商标提出异议的,异议人应当向商标局提交商标异议书一式两份。商标异议书应当写明被异议商标刊登《商标公告》的期号及初步审定号。商标异议书应当有明确的请求和事实依据,并附送有关证据材料”。[1] 现行《商标法》第33条规定:“对初步审定公告的商标,自公告之日起三个月内,在先权

---

〔1〕 由于提起商标异议的时间在2013年修订之《商标法》生效前,故该商标异议案适用2001年修订之《商标法》,故本文须引入2001年《商标法》及《商标法实施条例》。

利人、利害关系人认为违反本法第十三条第二款和第三款、第十五条、第十六条第一款、第三十条、第三十一条、第三十二条规定的,或者任何人认为违反本法第十条、第十一条、第十二条规定的,可以向商标局提出异议……"现行《商标法实施条例》第24条规定,异议人应当向商标局提交下列商标异议材料一式两份并标明正、副本:(1)商标异议申请书;(2)异议人的身份证明;(3)以违反《商标法》第13条第2款和第3款、第15条、第16条第1款、第30条、第31条、第32条规定为由提出异议的,异议人作为在先权利人或者利害关系人的证明。商标异议申请书应当有明确的请求和事实依据,并附送有关证据材料。可见,商标异议整套材料,主要有:(1)商标异议申请书(该申请书主要填写被异议商标和被异议人相关信息、异议人及其代理机构相关信息、异议请求和事实依据);(2)异议人的身份证明;(3)在先权利人或者利害关系人主体资格的证明文件;(4)如由商标代理机构代理提出异议申请的,还应提交异议人签字或加盖章戳的代理委托书。商标异议申请书及相关材料应提交一式两份,编排目录及页码并装订成正副本。

在本案中,"Michael Jordan"商标异议代理律师在调查、收集有关证据方面,收集了"中国报纸、书籍、网站对Michael Jordan的报道;关于迈克尔·乔丹的网络视频检索结果;有关网站关于迈克尔·乔丹参演电影的介绍;百度百科迈克尔·乔丹词条、Michael Jordan在百度的搜索结果;有关商标侵犯姓名权的判决或报道;美国A公司设立证明和授权委托书;关于迈克尔·乔丹开办牛排餐厅的介绍和报道"等证据,完成了证据采集相关工作。美国A公司的代理律师撰写了商标异议书(商标异议申请书)等相关材料,并在法定期限内,针对诉争商标向商标局提出异议申请。

(二)第9270154号"Michael Jordan's SteakHouse"商标复审环节

收到美国A公司的商标异议书后,商标局经审查,于2013年7月9日作出(2013)商标异字第21298号《"Michael Jordan's SteakHouse"商标异议裁定书》(以下简称第21298号裁定),裁定诉争商标予以核准注册。至此,在商标注册程序与规则上,中国B公司获得了诉争商标的注册,在法律上暂时取得了诉争商标的专用权。

2001 年《商标法》第 33 条第 1 款规定："对初步审定、予以公告的商标提出异议的，商标局应当听取异议人和被异议人陈述事实和理由，经调查核实后，做出裁定。当事人不服的，可以自收到通知之日起十五日内向商标评审委员会申请复审，由商标评审委员会做出裁定，并书面通知异议人和被异议人。"现行《商标法》第 35 条规定："对初步审定公告的商标提出异议的，商标局应当听取异议人和被异议人陈述事实和理由，经调查核实后，自公告期满之日起十二个月内做出是否准予注册的决定……"异议人不服的，可以依照现行《商标法》第 44 条、第 45 条的规定向商标评审委员会请求宣告该注册商标无效。商标局做出不予注册决定，被异议人不服的，可以自收到通知之日起 15 日内向商标评审委员会申请复审。美国 A 公司不服第 21298 号裁定，于 2013 年 7 月 26 日〔2〕向商标评审委员会申请复审。

2002 年《商标法实施条例》第 30 条第 1 款规定，申请商标评审，应当向商标评审委员会提交申请书，并按照对方当事人的数量提交相应份数的副本；基于商标局的决定书或者裁定书申请复审的，还应当同时附送商标局的决定书或者裁定书副本。现行《商标法实施条例》第 51 条和第 57 条规定，当事人向商标评审委员会提出商标复审申请，应当有明确的请求、事实、理由和法律依据，并提供相应证据。应当向商标评审委员会提交申请书，并按照对方当事人的数量提交相应份数的副本；基于商标局的决定书申请复审的，还应当同时附送商标局的决定书副本。

那么，在商标复审环节中，商标代理律师有哪些职责？如何履行职责？这一环节商标代理律师的实质工作，与异议环节大致相同，主要是补充有关证据，对申请商标复审的理由和法律依据进行深入研究，撰写和准备商标复审申请书及其他相关材料，在法定期限内提交商标复审相关材料。在该案中，美国 A 公司商标复审代理律师调查、收集、提交了如下证据：中国报纸、书籍、网站对 Michael Jordan 的报道；关于迈克尔·乔丹的网络视频检索结果；有关网站关于迈克尔·乔丹参演电影的介绍；百度百科迈克尔·乔丹词

---

〔2〕 这一时间点 2013 年修订之《商标法》尚未生效，故这一阶段不称为注册商标无效程序，而依 2001 年修订之《商标法》称为商标复审程序。

条、Michael Jordan 在百度上的搜索结果;有关商标侵犯姓名权的判决或报道;美国A公司设立证明和授权委托书;关于迈克尔·乔丹开办牛排餐厅的介绍和报道;永禾公司工商登记信息及其注册的有关商标信息。对申请复审的理由,美国A公司商标复审代理律师提出了三个理由,系对诉争商标实体问题的论述,后文集中讨论。

(三)第6020569号"乔丹"商标、第6020575号"QIAODAN"商标撤销环节

1. 撤销商标申请人代理律师

在申请撤销有关商标的环节,代理律师如何履行职责?如何为当事人服务?代理律师的主要职责是研究申请撤销有关商标的理由及采集整理有关支持证据。

在第6020569号"乔丹"商标、第6020575号"QIAODAN"商标撤销环节,申请人主要提炼了如下三个理由:(1)再审申请人是世界知名的美国篮球运动体育明星,在我国具有极高的知名度。相关公众看到与"乔丹""QIAODAN"相同或者相似的标志,就会将其与再审申请人联系在一起。乔丹公司及其关联公司在明知或应知再审申请人知名度的情况下,将包括"乔丹""QIAODAN"在内的大量与再审申请人相关的标志申请注册为商标,属于1993年《反不正当竞争法》第2条规定的"违反诚实信用原则的行为",以及第5条第3项规定的擅自使用他人的企业名称或姓名,引人误认为是他人的商品的不正当竞争行为。(2)争议商标的注册损害了再审申请人的在先权利。争议商标容易导致相关公众将之与再审申请人相关联。乔丹公司未经再审申请人许可,擅自将与再审申请人中文译名相同或近似的标志申请注册为商标,属于2001年修正的《商标法》第31条规定的"损害他人现有的在先权利"的情形。(3)乔丹公司的行为属于《商标法》第10条第1款第8项规定的"有其他不良影响"的情形,以及《商标法》第41条第1款规定的"以其他不正当手段取得注册"的情形。可以认为,代理律师在阐述申请撤销争议商标的理由时,没有对争议商标在商标法上享有的姓名权的本质及其法理根据论述清楚。

为了支撑上述理由,申请人采集、提交了以下10组主要证据:第一组,有

关再审申请人的媒体报道,用于证明再审申请人在我国的知名度;第二组,有关再审申请人特定篮球运动形象的证据;第三组,有关再审申请人参加商业活动,以及涉及再审申请人商业价值的报道;第四组,用于证明乔丹公司与其他公司之间关联关系的证据;第五组,乔丹公司及其关联公司的其他商标的注册资料;第六组,其他用于证明乔丹公司恶意的证据;第七组,再审申请人在上海市第二中级人民法院起诉乔丹公司等侵害再审申请人姓名权纠纷案件的有关证据,以及涉及该案的媒体报道、公众评论等;第八组,有关案件判决;第九组,关于相关公众对再审申请人的认知,以及对乔丹公司与再审申请人关系产生误认的调查报告、报道和评论等;第十组,其他相关证据。在上述证据中,第一组、第二组主要用来支持第一个、第二个申请撤销争议商标的理由;其他证据主要支持第三个申请撤销理由。

2. 被申请撤销商标当事人之代理律师的职责

中国C公司是被申请撤销商标的当事人,其代理律师提出如下答辩理由:(1)"乔丹"为常见英文姓氏,在我国亦有公众将其用作姓名。"乔丹""QIAODAN"及有关运动图形并未与再审申请人形成唯一对应关系。(2)"乔丹"是乔丹公司合法拥有的商号,争议商标等系列商标系合法注册,经中国C公司多年宣传、使用,已形成相当的知名度和美誉度,并曾被认定为驰名商标。中国C公司在其《招股说明书》中已对中国C公司之关联公司情况及持有注册商标的情况作了详尽披露。中国C公司出于正当商业使用的目的申请注册商标,并无不当。中国C公司规范使用注册商标,没有误导公众以使其产生混淆的行为和故意,未违反诚实信用原则。(3)经中国C公司大力宣传和广泛使用,争议商标已与该公司建立了一一对应的联系。该公司注重产品质量,因而其产品获得广大消费者的信赖和选购。该公司是"乔丹"等系列品牌价值的缔造者,是真正的合法所有权人。撤销商标申请人提供的调查报告等证据缺乏证明力。(4)中国C公司注册大量商标的行为属于保护知识产权的正常防御性注册,嗣后撤回或注销商标的行为亦属正当行使自身权利,并不属于扰乱商标注册秩序的情形。争议商标未构成《商标法》第10条第1款第8项、第41条第1款,以及反不正当竞争法规定的情形。(5)在中国C公司已经巨额投入对"乔丹"等商标进行经营,并产生巨大商业利益时,再审申请人通过提起诉讼、申请撤销争议商标等手段,阻挠中国C公司的正常经营,具有恶意。可以认为,中国C公司代理律师所提出的上述答辩理由,有一定的事实和法律根据,但是没有抓住根本性的法律理由:外国公民的姓名是否成立中国商标法上的姓名权存在疑问。

中国C公司向商标评审委员会提交了如下13组主要证据:(1)关于“乔丹”一词的解释,其他姓氏为“乔丹”的名人的报道,以及关于我国公民姓名为“乔丹”的统计资料;(2)与中国C公司商标有关的另案裁判文书;(3)用于证明争议商标与再审申请人无对应关系的证据;(4)关于登记、使用中国C公司商号的证据;(5)与中国C公司注册商标有关的证据;(6)中国C公司广告专项审计报告、广告合同、付款单据、投放报告等有关广告宣传的证据;(7)中国C公司内部财务报表审计报告,以及中国C公司开设品牌专卖店等证据;(8)中国C公司赞助体育赛事、公益活动,以及获得的荣誉等证据;(9)与中国C公司的商标及产品所获荣誉有关的证据;(10)中国C公司的商标获得保护的证据,以及曾被认定为驰名商标的证据;(11)用于证明中国C公司并未故意致使相关公众产生混淆的证据;(12)涉及其他商标的另案裁判文书;(13)关于中国C公司在美国职业篮球联赛进行广告宣传,再审申请人的队友使用中国C公司产品的证据,用于证明再审申请人早已知晓中国C公司的商标,其申请撤销中国C公司的商标存在恶意。可以认为,中国C公司在商标撤销程序中,收集了大量支持自己主张的证据,特别是中国C公司为争议商标培育所作出的投入和贡献的证据以及防止混淆的证据。

3. 商标评审委员会裁定维持第6020569号“乔丹”商标和第6020575号“QIAODAN”商标的理由

2014年4月14日,商标评审委员会裁定维持争议商标。其主要理由为:(1)关于《商标法》第31条。第一,再审申请人提供了我国媒体对其宣传报道的众多证据,能够证明其在我国以及篮球运动领域具有较高的知名度。但是,争议商标文字“乔丹”“QIAODAN”与“Michael Jordan”及其中文译名“迈克尔·乔丹”也存在一定区别;并且“乔丹”为英美普通姓氏,难以认定这一姓氏与再审申请人之间存在当然的对应关系。第二,在宣传使用再审申请人的姓名及形象时,再审申请人及其商业合作伙伴耐克公司使用的是

"Michael Jordan"或"迈克尔·乔丹"的全名,以及与再审申请人飞身扣篮动作形象相关的标志。第三,中国C公司分别于2001年、2003年获准注册第1541331号"乔丹"商标、第3028870号图形商标,并曾受到驰名商标保护。中国C公司对上述商标相关标志已进行长期、广泛的宣传使用,获得了较高的市场声誉,这一事实与再审申请人及耐克公司的商业活动并存市场已长达近二十年,双方已分别形成了各自的消费群体和市场认知。第四,尽管有部分媒体在有关篮球运动的报道中以"乔丹"指代再审申请人,但使用数量有限。无论是媒体报道,还是耐克公司,均未就这一指代称谓形成统一、固定的使用形式。相较于中国C公司对争议商标相关标志的使用,从双方使用的广泛性、持续性、唯一对应性等方面综合考虑,本案尚不能认定"乔丹"与再审申请人之间的对应关系已强于中国C公司。综上所述,争议商标的注册未损害再审申请人的姓名权。(2)争议商标的注册不属于《商标法》第10条第1款第8项、第41条第1款规定的情形。[3] 可以认为,商评委对裁定维持争议商标的事实与法律理由阐述得不够充分。

三、商标代理律师在"Michael Jordan"商标的诉讼程序中如何履行职责

(一)第9270154号"Michael Jordan's SteakHouse"商标一审、二审环节

2014年11月25日,商标评审委员会作出商评字〔2014〕第86990号《关于第9270154号"Michael Jordan's SteakHouse"商标异议复审裁定书》,裁定诉争商标损害了Michael Jordan的姓名权、诉争商标不予核准注册。

2001年《商标法》第33条第2款规定:"当事人对商标评审委员会的裁定不服的,可以自收到通知之日起三十日内向人民法院起诉……"现行《商标法》第34条规定,当事人可以在收到裁定(决定)通知之日起三十日内向人民法院起诉。为此,代理律师需要协助、指导当事人在法定期限内向有关法院提起诉讼。在本案中,中国B公司不服商标评审委员会对"Michael Jordan"商标的复审裁定,其代理律师在法定期限内向北京知识产权法院提起

---

[3] 商评字〔2014〕第052058号关于第6020569号"乔丹"商标争议裁定。

商标行政诉讼,该案进入法院一审程序。经过审理,北京知识产权法院认定诉争商标的注册侵害了 Michael Jordan 的姓名权,违反了 2014 年《商标法》第 32 条的规定。北京知识产权法院依照《行政诉讼法》第 69 条之规定,判决驳回永禾公司的诉讼请求。中国 B 公司不服一审判决[北京知识产权法院(2015)京知行初字第 673 号行政判决],在法定期限内向北京市高级人民法院提起上诉,该案进入二审程序。

在一审程序、二审程序中,代理律师如何履行职责?如何维护当事人的合法权益?可以认为,代理律师在诉讼程序中,主要职责无非是证据、程序方面和商标法上的姓名权等实体方面的工作。证据与程序方面的职责,主要是补充调查、收集有关证据,撰写诉状、答辩状等法律文书,在法定期限内提起诉讼,参与诉讼过程,维护当事人合法权益。其与非诉程序环节代理律师的职责,在实质上具体共性和交叉(参见上文相关部分)。

美国 A 公司经过特别授权,可以在中国地区主张 Michael Jordan(迈克尔·乔丹)的姓名权。美国 A 公司在商标评审阶段和原审诉讼阶段提交证据,证明篮球明星 Michael Jordan(迈克尔·乔丹)在中国具有较高知名度,中国公众可以将"Michael Jordan"的名字与篮球明星 Michael Jordan(迈克尔·乔丹)建立对应关系。美国 A 公司代理律师收集和提供的证据及其证明对象如下:(1)迈克尔·乔丹先生的护照、国家图书馆《文献复制证明》(第 2015—NLC—GCZM—333、328 号)和(2015)京长安内经证字第 9799 号、第 9800 号、第 9889 号公证书,用以证明迈克尔·乔丹及其英文名 Michael Jordan在中国具有很高知名度,相关公众在篮球及体育以外的领域看到 Michael Jordan 也会联想到迈克尔·乔丹,且中国公众知道迈克尔·乔丹投资运营了 Michael Jordan's SteakHouse,看到诉争商标容易联想到迈克尔·乔丹。(2)2012 年 3 月 1 日和 2015 年 5 月 27 日两次查询到的永禾公司持有的商标清单及其中部分商标的详细信息和网页检索信息、中国 B 公司名下(或曾在其名下)商标在相关网站挂牌出售的信息,用以证明永禾公司以出售、转让其申请注册的诉争商标为目的,擅自将他人的姓名、称号、商标等申请注册为商标,具有明显的通过抢注商标谋取不正当利益的主观恶意。(3)提交了北京市高级人民法院作出的(2010)高行终字第 826 号行政判决书、(2013)高行终字第59号行政判决书、(2010)高行终字第1387号行政判决书、北京市第一中级人民法院(2012)一中知行初字第2642号行政判决书、力宝克国际有限公司商标行政纠纷案件判决书,用以证明Michael Jordan作为迈克尔・乔丹的姓名应当受到中国法律的保护,相关公众看到Michael Jordan容易联想到迈克尔・乔丹,永禾公司未经许可,擅自注册含有迈克尔・乔丹英文姓名的诉争商标,损害了迈克尔・乔丹的姓名权,诉争商标应当根据2001年《商标法》第31条予以驳回。(4)北京市第一中级人民法院(2011)一中知行初字第2272号行政判决书和"哈利波特HaLiBoTe"商标行政纠纷案件判决书,用以证明永禾公司未经许可擅自注册含有迈克尔・乔丹英文姓名的诉争商标,且诉争商标与迈克尔・乔丹经营的牛排馆名称完全相同,容易导致相关公众的混淆,违反了诚实信用原则,应当予以驳回。(5)永禾公司的工商登记档案,用以证明程合勇为永禾公司的投资设立人及前法定代表人。(6)商标局撤销核准相关商标的注册人名和地址决定的通知、(2012)金刑初字第1087号刑事判决书电子版,用以证明永禾公司曾通过伪造的"上海市工商行政管理局金山分局行政审批专用章"企图将他人商标变更至自身名下,永禾公司的实际运营人程某某因伪造国家机关印章而受到刑事处罚,永禾公司及其实际运营人在商标注册申请活动中存在一贯恶意。(7)耐克公司注册的"Michael Jordan",用以证明迈克尔・乔丹是耐克公司的代言人,授权耐克公司使用其姓名"Michael Jordan"等身份表示。(8)(2015)京长安内经证字第11338号公证书,用以证明永禾公司通过出售商标获取利益,并无实际使用商标的意图。

对实体职责,本案非诉环节与诉讼环节亦具有共性,主要是商标法上的姓名权这一实体权益的论证(本文第四部分专门探讨这一问题)。

(二)第6020569号"乔丹"商标、第6020575号"QIAODAN"商标一审和二审环节代理律师如何履行职责

1. 一审环节

美国公民Michael Jeffrey Jordan(迈克尔・杰弗里・乔丹)不服商评委裁定,向某市第一中级人民法院(以下简称一审法院)提起行政诉讼,请求撤

销被诉裁定。其代理律师向一审法院提交了20份证据,用以证明美国公民Michael Jeffrey Jordan在我国的知名度,以及中国C公司申请注册争议商标时存在恶意。中国C公司向一审法院提交了25份证据,用以证明经过使用,争议商标已具有极高的知名度,相关公众不会产生混淆与误认。可以认为,美国公民Michael Jeffrey Jordan及其代理律师举证证明其姓名在中国享有的知名度,是正确的选择。因为自然人姓名具有知名度和商业价值,是其一般人格权转化为财产性的商业标识的基础和前提(参见后文的论述)。认为被告对争议商标的注册与使用有违《商标法》第41条第1款,即会损害社会主义道德风尚或者其他不良影响是成立的,即“占他人商誉的便宜”。但这一说法比较模糊,且原告律师也没有进行深入剖析。被告中国C公司证明其经过长期使用的第6020569号“乔丹”商标、第6020575号“QIAODAN”商标已具有极高知名度并不会导致混淆,是否定原告作为一般人格权客体的姓名在商标法上享有作为商业标识权的姓名权的构成要件之一。因此,双方收集和提供的证据均较为科学,值得新律师学习。但是,这些证据不能证明第6020569号“乔丹”商标、第6020575号“QIAODAN”商标的注册与使用,违反《商标法》第10条第1款第8项及第41条第1款的规定,即上述商标不会损害社会主义道德风尚或者有其他不良影响,不是以欺骗手段或者其他不正当手段取得注册;同时,这些证据也没有直接针对商评委的裁定理由进行举证和分析,故被一审法院否定。实际上,该案一审原告代理律师由于对诉争权益的法律依据没有吃准,所以在举证上有所误差。

2. 二审环节

在二审环节,上诉人及其代理律师,以争议商标的注册违反《商标法》第31条,《商标法》第10条第1款第8项、第41条第1款为由提起上诉,由此二审程序开启。

在二审过程中,上诉人及其代理律师向二审法院提交了以下7份证据:(1)北京零点市场调查有限公司于2015年4月10日作出的“乔丹”联想调查报告(北京);(2)北京市长安公证处(2015)京长内经字第6291号公证书,内容为2012年2月24日中央电视台有关新闻专题节目;(3)新浪网关于2014年国家体育总局局长袁伟民会见再审申请人的网络报道;(4)人民网、光明网等网站关于再审申请人将于2015年访华的报道；(5)“知产力”发布的“微信”案相关文章及判决；(6)最高人民法院(2012)知行字第11号行政裁定；(7)北京市高级人民法院(2010)高行终字第766号行政判决。以上证据用以证明上诉人在我国以“乔丹”之名为相关公众熟知，具有极高知名度；争议商标已经导致了相关公众混淆误认，另案裁判已认定导致相关公众混淆误认时，可以适用《商标法》第10条第1款第8项的规定。在这些证据中，证据一用来证明“乔丹”商标可能导致的联想与混淆程度，是认定Michael Jeffrey Jordan由一般人格权的姓名权转化为商业标识权的重要条件之一，但由于上诉人未能清晰阐明其中的法律原理，二审法院也没有认知到这一点，故认为与争议焦点具有关联性而不否定。证据(2)、(3)、(4)的真实性难以确认，上诉人代理律师应就其真实性进行纠察补正。二审法院不顾争议商标的注册违反《商标法》第31条的诉由，驳回上诉，维持原判。由此，引发了上诉人提起再审程序。

3. 再审环节

在再审环节，各方当事人主要围绕事实与法律理由进行陈述和辩解，以支持各自的诉求和主张。

(1)再审申请人

在再审环节，再审申请人(二审上诉人)提出了10条主要事实与法律方面的理由：第一，主张保护姓名权的法律依据。第二，再审申请人对“乔丹”和“QIAODAN”享有姓名权。第三，再审申请人具有超越篮球运动领域的广泛知名度。第四，再审申请人是否主动使用“乔丹”“QIAODAN”对于其在本案中主张保护姓名权没有影响。再审申请人知悉并认可他人称呼其为“乔丹”“QIAODAN”，并将“乔丹”视为其中文姓名。第五，争议商标容易使相关公众联想到再审申请人，并认为标记有争议商标的商品与再审申请人有代言、许可等特定联系，损害了再审申请人的姓名权。第六，乔丹公司注册争议商标时存在明显的主观恶意。第七，乔丹公司的“知名度”是建立在相关公众混淆误认的基础上，获得了本不属于其的市场竞争地位和经济利益。其“知名度”并不是诚信经营的结果，不能使其恶意注册正当化。乔丹公司提交的《乔丹品牌区隔力调研报告》等证据不能证明已形成所谓的“稳定的市场秩序"。第八,再审申请人并未怠于保护其姓名权。第九,二审判决遗漏了其有关《商标法》第31条的上诉理由。第十,争议商标违反《商标法》第10条第1款第8项、第41条第1款的规定。

(2)商标评审委员会的答辩

商标评审委员会针对再审申请人提出的理由,进行以下答辩:第一,关于再审申请人主张保护姓名权的法律依据,外国人的姓名权可依法在我国受到保护,但应根据其在我国的知名情况来认定。第二,关于再审申请人姓名权所保护的具体内容。第三,关于再审申请人在我国的知名度。第四,本案证据不能证明再审申请人及耐克公司主动使用了"乔丹"或者"QIAODAN",仅能证明再审申请人对于被称呼为"乔丹"并未提出异议。第五,关于争议商标的具体情形是否会使相关公众误认其与再审申请人具有关联。第六,关于乔丹公司对于争议商标的注册是否存在主观恶意。第七,乔丹公司对"乔丹"商标进行了长期、广泛的使用,取得较高的市场占有率和较大的影响力,与再审申请人及耐克公司的商业活动并存市场已长达近二十年,已分别形成了各自的消费群体和市场认知。第八,再审申请人怠于保护其姓名权,未积极主张权利,在对争议商标提出撤销申请之前,再审申请人未对乔丹公司的"乔丹"系列商标提出过异议或争议。由于超过五年期限,再审申请人不能再依据《商标法》第31条的规定,主张在先的"乔丹"商标损害其姓名权。第九,争议商标的注册未违反《商标法》第10条第1款第8项、第41条第1款的规定。对于第2、3条理由,答辩人所说的其实是再审申请人享有商标法上姓名权的条件。

(3)中国C公司的陈述

中国C公司列举了8项理由:第一,《商标法》第31条虽规定了"在先权利",但并未明确规定其中包括姓名权,不能用兜底条款或者通过扩大解释"在先权利",事后限制他人获得商标注册的机会。第二,再审申请人不能就"乔丹"享有姓名权。再审申请人的姓名是"Michael Jordan","乔丹"仅是英美常用姓氏"Jordan"的惯常翻译之一。单纯"姓氏"或其翻译不能成为姓名权的客体。未经再审申请人本人决定,他人(包括新闻媒体)不能为再审申请人创设姓名权。仅凭对应关系将"乔丹"认定为再审申请人的姓名,没有法律依据。我国有四千二百多位姓名为"乔丹"的公民,我国媒体也使用"乔丹"指代其他外国人,再审申请人有关"乔丹"系其姓名,或者"乔丹""QIAODAN"确定指向再审申请人的主张不能成立。虽然再审申请人在篮球运动领域有杰出成就以及知名度,但并不当然地意味着他在某个领域(如运动与休闲服装)拥有具体的商誉。第三,再审申请人并未实际使用"乔丹"并对其贡献过商誉,或者受到财产损失。再审申请人已经将其姓名的财产权益独家许可给耐克公司,无权以自己的名义再行主张姓名权中的财产权益。调查报告等证据并非认定侵害姓名权的依据。第四,中国C公司基于信赖和防御目的申请注册争议商标,不违反法律规定。中国C公司已经与再审申请人及耐克公司各自形成稳定的市场格局。再审申请人怠于行使权利,丧失了主张在先权利的机会。第五,中国C公司对于争议商标的注册不存在主观恶意。首先,在2001年修正《商标法》之前,《商标法》中并无保护"在先权利"的规定,中国C公司申请注册"乔丹"系列商标符合法律规定,并无明显恶意。其次,在多个商品类别上,中国C公司已经长期、合法拥有"乔丹"商标,争议商标为延续性、防御性注册,具有正当性和合法性。第六,中国C公司通过依法申请注册,有效地确立了与"乔丹"商标的具体联系。C公司从最开始申请"乔丹"系列商标至今已逾24年,取得了巨大的商业成功,建立了稳定的消费者群体和较高的市场声誉,形成了稳定、可区分的市场秩序。争议商标对再审申请人的姓名权没有影响,也不会造成相关公众混淆误认。"乔丹"系列商标创造了巨大的商业价值,为社会作出了巨大贡献,不能由再审申请人侵占C公司取得的成就。第七,我国商标制度采取的是注册在先原则,如果姓名权的效力过分扩张,会使商标注册制度在很大程度上成为多余,因此,本案应当严格解释《商标法》第31条中的"在先权利"。第八,争议商标的注册未违反《商标法》第10条第1款第8项、第41条第1款的规定。

四、商标法上的姓名权——代理律师、法官如何结合本案案情选择、解释和适用法律

(一)第9270154号"Michael Jordan's SteakHouse"商标纠纷案

1. 美国A公司及其代理律师观点述评

在"Michael Jordan"商标复审环节中,美国A公司提出了三点申请复审的理由:(1)Michael Jordan(迈克尔·乔丹)先生在中国是家喻户晓的美国篮球运动体育明星,在中国具有极高的知名度,"Michael Jordan"与其中文译名"迈克尔·乔丹"都已经和这位美国篮球明星产生了唯一的对应关系。中国B公司未经许可擅自将包含"Michael Jordan"的文字申请为商标,属于2001年修正《商标法》第31条规定的"损害他人现有的在先权利"的行为。(2)"Michael Jordan's SteakHouse"是Michael Jordan先生开办的牛排餐厅名称,其作为商标和餐厅商号的使用早于诉争商标申请注册之日。诉争商标是对他人在先使用商标和商号的恶意抢注。(3)中国B公司的恶意抢注行为有害于社会主义道德风尚,造成不良社会影响。

就第二点理由而言,我国2001年《商标法》第31条所保护的商标是指"他人已经使用并有一定影响的商标"。"Michael Jordan's SteakHouse"作为Michael Jordan先生开办的牛排餐厅名称,可以视为未注册商标,但其是否具有"一定影响",当事人一方没有提供充分的证据。故不能依据该规则获得保护。就第三点理由而言,我国2001年《商标法》第10条第9项规定,有害于社会主义道德风尚或者有其他不良影响的标志或者符号不能作为商标使用,更不能获得注册,成为注册商标。诉争商标——第9270154号"Michael Jordan's SteakHouse"商标——作为由英文字母组成的商标,其本身并不危害社会主义道德风尚,不具有"其他不良影响"。当事人及其代理律师提出的这两个理由,没有充分的法律依据。而只有第一个理由,即Michael Jordan(迈克尔·乔丹)的姓名权,具有法律依据。在诉讼过程中,美国A公司认为,Michael Jordan(迈克尔·乔丹)先生在中国是家喻户晓的美国篮球运动体育明星,在中国具有极高的知名度,"Michael Jordan"与其中文译名"迈克尔·乔丹"都已经和这位美国篮球明星产生了唯一的对应关系。中国B公

司未经许可擅自将包含"Michael Jordan"的文字申请为商标,属于2001年10月27日修正的《商标法》第31条规定的"损害他人现有的在先权利"的行为。美国A公司代理律师通过证明"Michael Jordan(迈克尔·乔丹)先生在中国是家喻户晓的美国篮球运动体育明星,在中国具有极高的知名度",初步论证了美国公民Michael Jordan对其姓名在中国享有了商标法的姓名权。但是严格来说,美国A公司代理律师并没有从我国一般民事法和商标法的角度,论证诉争商标在中国商标法上所享有的姓名权。

2. 中国B公司及其代理律师观点述评

中国B公司认为,"诉争商标是一个整体,原审判决只是突出了'Michael Jordan',而不是阐述诉争商标整体的含义";"Michael是国外一个姓氏,Jordan是一个名字,迈克尔·乔丹在国内没有牛排馆,诉争商标没有侵犯美国A公司主张美国篮球明星迈克尔·乔丹的姓名权"。从二审法院的判决书所截取的这句话来看,还存在明显的逻辑错误。在这里,中国B公司代理律师没有依据我国现有相关法律法规或者司法解释解释美国公民Michael Jordan对其姓名在中国是否享有作为商标法上在先权利的姓名权。

3. 一审、二审法院观点述评

一审法院认为,姓名权作为一项法定权利,应属于"在先权利"的一种。未经许可,将他人的姓名申请注册商标,给他人姓名权造成或者可能造成损害的,该商标不予核准注册或者予以撤销。通常情况下,当相关公众在看到某一商标时,会自然联想到某人的姓名,并认为该商标或该商标所使用商品的提供者与该人有关联时,才有可能给该人的姓名权造成损害,故在判断某一商标是否会损害他人在先姓名权时,应当考虑该姓名权人的知名度。而且在判断某一商标是否损害了他人现有的在先权利时,应以该商标申请注册日为准。这是因为,申请注册的商标应当具有在先性,这种在先性是指申请注册的商标既不得与他人在先申请或者注册的商标相冲突,也不得与他人在先取得的其他合法权利相冲突。一审法院认为,本案的焦点在于诉争商标申请注册日之前,美国A公司所主张的姓名权在中国大陆地区的相关公众中是否具有一定的知名度。美国A公司于商标评审阶段及诉讼期间提交的证据材料,足以证明中国公众已经将"Michael Jordan"与篮球运动员

Michael Jordan(迈克尔·乔丹)建立了对应关系,Michael Jordan 作为著名的篮球明星已经为中国公众所熟知。而中国 B 公司与 Michael Jordan 无任何关联,其未经许可将包含有"Michael Jordan"文字的诉争商标注册在第 43 类服务上,容易导致相关公众将诉争商标与著名篮球明星 Michael Jordan 相联系,从而认为相关服务来源于 Michael Jordan 或者与 Michael Jordan 有关,损害了 Michael Jordan 基于其知名度可能产生的相关利益,侵害了 Michael Jordan 的姓名权。诉争商标的注册侵害了 Michael Jordan 的姓名权,违反了 2014 年《商标法》第 32 条的规定。在这里,一审法院从知名度的角度提出并论证姓名权人基于其知名度可能享有相关利益,而诉争商标的注册损害了这种利益。这是诉争商标的真正的违法性和可非难性所在。但是,这仅仅是一种事实层面的论述,而非法律层面或者法理层面的逻辑阐释与法义解读。

(二)第 6020569 号"乔丹"商标、第 6020575 号"QIAODAN"商标纠纷案〔4〕一审、二审、再审环节的法律理解与适用

1. 一审法院

在第 6020569 号"乔丹"商标纠纷案中,某市第一中级人民法院认为,已有证据不足以证明诉争商标"乔丹"两字明确指向体育明星"迈克尔·乔丹";争议商标所使用的体育活动器械等商品与体育明星"迈克尔·乔丹"具有影响力的篮球运动领域差别较大,相关公众不易产生联系,现有证据不足以证明争议商标不当利用了体育明星"迈克尔·乔丹"的知名度,不足以证明争议商标的注册损害了体育明星"迈克尔·乔丹"的姓名权。在该案中,某市第一中级人民法院并没有从法律角度对争议商标是否侵犯体育明星"迈克尔·乔丹"的姓名权进行论证,也是从事实角度认为争议商标没有损害体育明星"迈克尔·乔丹"的姓名权。这种事实判断又与本文所研究的主要案例相左。在该案二审过程中,某市高级人民法院对上诉人所提争议商标侵害姓名权的上述理由未进行审理说明,当事人遂向最高人民法院提起

〔4〕 参见最高人民法院行政判决书(2016)最高法行再 27 号。

再审。

2. 二审法院

二审法院认为,2013年修订的《商标法》第32条规定:"申请商标注册不得损害他人现有的在先权利,也不得以不正当手段抢先注册他人已经使用并具有一定影响的商标。"审查判断诉争商标是否损害他人现有的在先权利时,对于《商标法》已有特别规定的在先权利,按照《商标法》的特别规定予以保护;《商标法》虽无特别规定,但根据《民法通则》和其他法律的规定属于应予保护的合法权益的,应当根据该规定给予保护。姓名权为《民法通则》规定的民事权利,属于2014年《商标法》第32条所保护的"在先权利"。这只是对该案在选择和适用法律时,对一般法与特别法的适用作出了判断。二审法院指出,"在审查判断诉争商标是否侵犯自然人的姓名权时,虽然自然人的声誉不是保护其姓名权的前提,但针对未经许可将他人姓名进行商业化利用或者申请注册为商标的行为而言,自然人的声誉可以作为认定相关公众是否将某一姓名与特定自然人建立起对应关系的考量因素。如果某一自然人的姓名具有较高的知名度,且已与该自然人主体形成对应关系,则该姓名作为一种符号,可能成为连接该自然人主体与商品或服务的桥梁,此时若许可将他人姓名申请注册为商标,则可能对该自然人的姓名权造成损害,故不应予以核准注册或者应当予以撤销"。鉴于Michael Jordan作为社会公众人物的高知名度,中国B公司未经许可在自助餐厅、酒吧等服务上申请注册诉争商标,容易使相关公众认为上述服务项目可能与Michael Jordan本人有关联,从而不正当地利用了Michael Jordan的声誉,侵害了Michael Jordan享有的姓名权。可以认为,二审法院只是对一审法院的观点进行了进一步的论述。

3. 再审法院

再审法院在第6020569号"乔丹"商标纠纷案[5]中,认为争议焦点为以下八个问题:(1)再审申请人主张保护姓名权的法律依据是什么?(2)再审申请人主张的姓名权所保护的具体内容是什么?(3)再审申请人在我国具

〔5〕 参见最高人民法院行政判决书(2016)最高法行再27号。

有何种程度和范围的知名度？(4)再审申请人及其授权的耐克公司是否主动使用“乔丹”,其是否主动使用的事实对于再审申请人在本案中主张的姓名权有何影响？(5)争议商标的具体情形是否会使相关公众误认为与再审申请人具有关联？(6)乔丹公司对于争议商标的注册是否存在明显的主观恶意？(7)乔丹公司的经营状况,以及乔丹公司对其企业名称、有关商标的宣传、使用、获奖、被保护等情况,对本案具有何种影响？(8)再审申请人是否具有怠于保护其主张的姓名权的情形,该情形对本案有何影响？其实,上述8个问题的实质就是再审申请人就其姓名是否可以根据中国法律享有商标法上的姓名权;如果享有姓名权,其构成要件及其权利内容又如何。

再审法院对上述问题进行了研究和论述。但是,再审法院对该案所涉相关法律问题的认知存在以下问题:(1)再审申请人是美国公民,该案纠纷属于涉外民事纠纷和涉外知识产权纠纷,应涉及有关国际私法条款和知识产权国际保护规则的适用,但再审法院并未提及;(2)再审法院没有区分作为一般人格权的姓名权与商标法上姓名权的本质区别,没有认识到二者是不同性质的民事权利,从而没能科学地确定商标法上姓名权的构成要件及其权利内容,因而所作出的判决在法理上存在重大瑕疵,在法律逻辑上难以自圆其说,在法律后果上难企公平。

教学指导手册

教学对象及目标

本案例供法律硕士案例教学使用,民商法学硕士、知识产权法学硕士、法学本科(大三、大四)也可以参酌使用。

本案例主要就代理律师、法官在商标非诉及诉讼中从事的法律活动和商标法上的外国人姓名权的认定与保护问题进行探讨。具体要解决的问题包括:(1)在非诉环节,代理律师接受委托后应从事哪些法律活动;(2)代理律师在非诉环节、诉讼环节应如何从事各项法律活动,如何撰写诉状等法律文书;(3)探讨作为一般民事权利之人格权的姓名权在商标法上的内涵与实质;(4)以诉争商标为例,解决作为一般人格权的姓名权向知识产权转化以及以外国人姓名为载体的商业标志权在我国获得商标法保护的问题,并提出处理这类案件选择、阐释和适用法律的思路、步骤。

■ 教学内容

1. 代理律师在商标非诉程序中如何履行职责

(1)在商标异议环节,代理律师如何履行职责?

在商标异议阶段,商标代理律师的职责来源于委托人的授权,来自于委托人与代理律师所签署的商标代理委托书。在商标异议程序中,商标代理律师如何撰写商标异议书或者商标异议申请书?如何准备初审公告商标异议申请材料?如何在商标异议程序中履行职责?在这一阶段,代理律师的职责主要是调查、收集、整理有关商标异议的证据以及其他有关材料,对有关商标异议案进行综合、深入研究,提出明确的异议请求,提炼有力的商标异议事实依据、撰写商标异议书,准备商标异议整套文书材料,并在法定期限内提交给商标局。

(2)在商标复审环节,代理律师如何履行职责?

在商标复审环节中,商标代理律师有哪些职责?如何履行职责?这一环节商标代理律师的实质工作,与异议环节大致相同,主要是补充有关证据,对申请商标复审的理由和法律依据进行深入研究,撰写和准备商标复审申请书及其他相关材料,在法定期限内提交商标复审相关材料。在该案中,美国A公司商标复审代理律师调查、收集、提交了如下证据:中国报纸、书籍、网站对MichaelJordan的报道;关于迈克尔·乔丹的网络视频检索结果;有关网站关于迈克尔·乔丹参演电影的介绍;百度百科迈克尔·乔丹词条、MichaelJordan在百度的搜索结果;有关商标侵犯姓名权的判决或报道;美国A公司设立证明和授权委托书;关于迈克尔·乔丹开办牛排餐厅的介绍和报道;永禾公司工商登记信息及其注册的有关商标信息。对申请复审的理由,美国A公司商标复审代理律师提出了三个理由，系对诉争商标实体问题的论述，本文后文集中讨论。

2. 代理律师在商标的诉讼程序中如何履行职责？

在一审程序、二审程序中，代理律师如何履行职责？如何维护当事人的合法权益？可以认为，代理律师在诉讼程序中，主要职责无非是证据、程序方面和商标法上的姓名权等实体方面的工作。证据与程序方面的职责，主要是补充调查、收集有关证据，撰写诉状、答辩状等法律文书，在法定期限内提起诉讼，参与诉讼过程，维护当事人合法权益。其与非诉程序环节代理律师的职责，在实质上具有共性和交叉。

3. 代理律师、商评委、法院如何在外国人姓名权商标纠纷中选择、阐释和适用法律？

（1）商标法上姓名权的法律性质

第一，姓名权属于商标法所保护的在先权利的范围。

我国2001年《商标法》第31条、2013年修订《商标法》第32条规定，申请商标注册不得损害他人现有的在先权利。但是何为这里的“在先权利”，我国《商标法》及《商标法实施条例》并没有明确规定。2008年最高人民法院《关于审理注册商标、企业名称与在先权利冲突的民事纠纷案件若干问题的规定》把商标法上的在先权利解释为“著作权、外观设计专利权、企业名称权等”。但是，商标法上在先权利的范围和种类还是不够明确。实际上，国外一些商标立法已经比较明确地列举了商标法上在先权利的范围，如1993年《欧共体商标条例》第52条规定的在先权利包括在先商标权、名称权、肖像权、版权和工业产权；1996年《德国商标法》规定的在先权利包括在先商标权、名称权、肖像权、著作权、植物品种名称、地理来源标志和其他工业产权；《法国知识产权法典》第711—4条规定的商标法上的在先权利包括商标权、公司名称或者字号、受保护的原产地名称、工业品外观设计权、著作权、第三人的人身权，特别是姓名权、肖像权等。根据这些国外法例，商标法上的在先权利，可以区分为在先的一般民事权利和在先知识产权。可见，在很多国家,公民的姓名权属于在商标法上在先权利的范畴。

我国学者对商标法上在先权利的范围,多有论述。吴汉东教授认为,商标法上的在先权利包括但不限于下列权利:商标权、著作权、地理标志权、商号权、外观设计专利权、姓名权、肖像权,原因在于这些权利的客体适合于商标的选材。[6] 黄晖博士认为,商标法上的在先权利,主要包括人身权中的姓名权,肖像权,著作权,外观设计专利权,企业名称权,知名商品的特有名称、包装或者装潢权,地理标志权,特殊标志权及奥林匹克标志权等。[7] 王莲峰教授和王太平教授持有类似观点。[8]

国外诸多法例和我国学术界均认为姓名权属于商标法上的在先权利。但是,鉴于商标法作为一种知识产权法,地域性是其基本特征和原则,国外商标法例也没有规定对外国人的姓名权在本国商标法上享有在先权利。因此,即使根据欧盟、德国、法国等国商标法,外国人的姓名权在本国商标法上也难以受到保护,而不论该姓名在本国是否知名。故这样看来,在本案中,代理律师、一审法院、二审法院、再审法院均没有对外国人在内国商标法上的姓名权这一问题,在法理和法律逻辑上做出清晰的阐述。

第二,商标法上的姓名权不是一般人格权,而是一种类似于商号权、商标权的知识产权。

笔者认为,我国公民的姓名权,作为一般民事权利中的人格权,其法律依据是一般民事法律,受到一般民事法律的保护,即受到我国《民法通则》《侵权责任法》的保护。但是,作为一般人格权的姓名权,不能直接解释作为商标法上在先权之一的姓名权。原因在于,这种姓名权不存在商业符号性利益或者说不存在知识产权性利益。因此,直接将其等同于商标法上的权利或者利益,在商标法内在逻辑与原则上是不成立的。作为一般民事权利的姓名权与商标法上的姓名权是有区别的,二者为两种不同性质的法律权利,前者是一种一般民事的人格权,后者是一种知识产权,是一种类似商号

---

〔6〕 吴汉东主编:《知识产权法学》,北京大学出版社 2014 年版,第 215 页。

〔7〕 黄晖:《商标法》,法律出版社 2004 年版,第 81 页。

〔8〕 王莲峰:《商标法学》,北京大学出版社 2014 年版,第 67 页;王太平:《商标法原理与案例》,北京大学出版社 2015 年版,第 128 ~ 145 页。

权、商标权的商业标志权。作为商业标志权的姓名权，其法律依据是《商标法》和《反不正当竞争法》。自然人的姓名，只有转换为商标法上的商业标志后，才能享有商标法上的“姓名权”，可以称为“姓名商标权”。其转化途径有二：一是自然人按照商标申请程序将其符合商标法要求的姓名申请注册为商标，获得商标授权；二是自然人的姓名经过使用构成未注册的驰名商标，经过驰名商标认定程序获得商标权。故商标法所保护的姓名，是具有商业价值的商业符号，而不是自然人的人格要素。在这种情形下，公民的姓名，其实已不是一般民事意义上的姓名，而是具有商业价值的商业标志，如同注册商标、厂商名称、原产地名称、地理标志等商业标志，属于商业标志知识产权的范畴，是一种知识产权。自然人的姓名只有在具有商业价值时，才构成商标法上的商业符号和标识，才构成作为商标法上在先权利的姓名权。

1993 年《反不正当竞争法》第 5 条第 3 项规定，擅自使用他人的企业名称或者姓名，引人误认为是他人的商品构成不正当竞争行为。故在商业活动中，擅自使用他人姓名，造成有关商品或者服务误认或者混淆的，构成不正当竞争行为，受到《反不正当竞争法》的约束。在这里，姓名权人对其姓名享有的权利，也是一种类似于商标权的商业标志权。这里的姓名权，也以姓名具有商业价值为条件。事实上，如果有关姓名没有商业价值，也不会有商主体去假冒。

(2)商标法上姓名权的构成要件

在本案中，商标评审委员会、代理律师、一审法院、二审法院均没有对商标法上姓名权的构成要件进行分析和论证，再审法院对这一问题进行了研究。再审法院认为，该特定名称应当符合以下三项条件：其一，该特定名称在我国具有一定的知名度，为相关公众所知悉；其二，相关公众使用该特定名称指代该自然人；其三，该特定名称已经与该自然人之间建立了稳定的对应关系。这是一种可贵的探索。但是，这种探索仍然存在以下两个不足：其一，把作为一般人格权的姓名权的构成要件与作为商业标志权的姓名权的构成要件混淆了，再审法院提出的三项条件，第一个条件为商业标志权的条件，第二、三个条件属于一般人格权的条件。其二，没有概括出作为商业标志权的姓名权的客体。在该案中，再审法院认为，外国人能就其外文姓名的部分中文译名主张姓名权。这只是把“外国人之外文姓名的部分中文译名”确定为姓名权的客体。在商标法的理论意蕴里，作为商业标志权的姓名权的客体，包括自然人的姓、名、姓名、笔名、别名、绰号及其拼音和外文译名以及其他指代有关自然人的符号或者标志。1979 年，美国威斯康星州上诉法院就对一个橄榄球明星的绰号——“疯狂之腿”提供过保护。1983 年，美国联邦巡回上诉法院对一个指代美国广播公司某著名主持人的短语“这就是强尼”提供了保护。〔9〕 根据前文所述，依注册取得的“姓名商标权”，需要满足固有显著性等条件，通过注册即取得商标法上的姓名商标权。而依驰名商标相关制度取得“姓名商标权”，即按照驰名商标的条件和程序取得，其主要条件是有关标志或者符号的知名度。因此，美国公民迈克尔·乔丹应将姓名按照中国商标法申请认定为驰名商标。

(3)外国人的姓名权能否受我国法律保护

接下来的问题是，外国公民的姓名权是否直接受我国民事法律保护？这是一个需要论证的问题。外国公民的姓名权在我国的保护问题，涉及国际私法和私权的跨国保护、国际保护问题，需要按照我国涉外民事关系相关法律选择和适用法律。我国《涉外民事关系法律适用法》第 15 条规定，人格权的内容适用权利人经常居所地法律。即美国公民迈克尔·乔丹对其姓名所享有的一般人格权，我国法院在审理过程中应按照美国有关法律进行审理。迈克尔·乔丹对其姓名享有作为一般人格权的姓名权，是没有疑义的。

(4)外国人对以其姓名为客体的商业标志性知识产权能否受我国法律保护

由于外国人对以其姓名为客体的商业标志性知识产权的保护，属于涉外民事关系，故亦应按照与知识产权有关的国际私法规则进行处理。《涉外民事关系法律适用法》第 48 条规定，知识产权的归属和内容，适用被请求保护地法律；第 50 条规定，知识产权的侵权责任，适用被请求保护地法律。最高人民法院《关于适用〈中华人民共和国涉外民事关系法律适用法〉若干问

---

〔9〕 参见李明德：《美国知识产权法》，法律出版社 2003 年版，第 406 ~ 407 页。

题的解释》[10]第4条规定:"涉外民事关系的法律适用涉及适用国际条约的,人民法院应当根据《中华人民共和国民法通则》第一百四十二条第二款以及《中华人民共和国票据法》第九十五条第一款、《中华人民共和国海商法》第二百六十八条第一款、《中华人民共和国民用航空法》第一百八十四条第一款等法律规定予以适用,但知识产权领域的国际条约已经转化或者需要转化为国内法律的除外。"我国《民法通则》第142条第2款规定:"中华人民共和国缔结或者参加的国际条约同中华人民共和国的民事法律有不同规定的,适用国际条约的规定,但中华人民共和国声明保留的条款除外。"我国参加的《成立世界知识产权组织公约》第2条规定,其所保护的知识产权包括文学、艺术和科学作品、表演艺术家的表演以及唱片和广播节目、人类一切活动领域内的发明、科学发现、工业品外观设计、商标、服务标记以及商业名称和标志、制止不正当竞争以及在工业、科学、文学或艺术领域内由于智力活动而产生的一切其他权利。本案商标所涉美国公民的姓名权,在美国判例法中,属于形象权的客体。形象权属于《成立世界知识产权组织公约》第2条所保护的"制止不正当竞争"及"其他权利"的范畴。我国系该公约的参加国,也没有对该条款提出保留,我国相关法律没有对形象权保护做出规定,可以依据上述公约第2条,结合我国《民法通则》保护外国人民事权益的精神和我国《商标法》在先权利保护的规则,把诉争商标指向的、作为外国公民一般民事权利(人格权)的姓名权解释为商标法上的、具有商业价值和知识产权意义的某种商业标志权,为其提供法律保护。

不过,这种保护受到知识产权国际私法的基本原则的限制。其中,主要是地域性原则或者国家主权原则的限制,即外国自然人或者法人的知识产权,在内国并不当然受到保护,必须按照中国法律履行有关手续,并只能享有国民待遇。迈克尔·乔丹没有就其姓名在我国申请商标注册,从而不享有注册商标权。故其只有根据我国《商标法》申请驰名商标认定;如果为我国商标评审委员会或者有关法院认定为驰名商标,则可以受到我国《商标法》保护。但是驰名商标的认定,一般要求商标权人把有关商标使用于有关

---

〔10〕 2012年12月10日最高人民法院审判委员会第1563次会议通过。

商品或者服务,但是迈克尔·乔丹并没有将自己的姓名使用于有关商标或者服务上,故其不能被认定为驰名商标,从而在我国商标法上不能得到保护。

(5)《商标法》修改建议与迈克尔·乔丹商标案裁判建议

第一,修法建议。虽然作为商业标志权的迈克尔·乔丹的姓名权,在我国商标法上不能得到保护,但是不能说这种权利不应当得到保护。这是由于我国《商标法》存在缺陷造成的。这一立法缺陷,主要表现为没有对具有商业价值的各种商业标志都纳入保护范围,商标法只保护注册商标和未注册的驰名商标,而对不是商标的、具有商业价值的驰名商业标志,如名人姓名、肖像等,没有直接作为一种商业标志进行保护,建议下一轮《商标法》修改时,可以考虑这一问题。

第二,裁判建议。由于作为商业标志权的迈克尔·乔丹的姓名权,在我国商标法上不能得到保护,福建乔丹体育有限公司自2000年开始把再审申请人的姓名作为商号使用,此后将其作为商标申请注册和使用,还曾经被评为中国驰名商标。涉案三个商标,均是第三人对其商号"乔丹"的延续性的变相使用。如果其商号"乔丹"具有合法性,在逻辑上,涉案三个商标就具有合法性。虽然再审申请人怠于行使和维护权利,而第三人经过长期使用,该商号及有关商标已经取得显著性,且具有比较明显的区别力,但是,仍会导致部分消费者及公众混淆。故在学理上,比较妥当的裁判应当是允许第三人继续使用上述商号及涉案商标,但应当进一步增强区别力,尽量向消费者和公众表明其与迈克尔·乔丹没有任何关系,如第三人在其官网首页显要位置长期或者永久突出标示"该公司与美国公民、篮球明星——迈克尔·乔丹没有任何关系"。同时,要求第三人在中央电视台一套节目黄金时段以及《人民日报》《法制日报》等知名报纸第一版显要位置,长期登载上述话语,如半年。

■ 课堂时间安排

本案例可以作为专门的案例教学课来进行,课堂安排6个课时,每课时

45 分钟。

课堂设计如下,仅供参考。

1. 课前计划:安排学生阅读案例及相关参考资料,对案例所涉及的问题进行思考,撰写实践题答案。

2. 课中计划:(1)介绍教学目的,明确讨论主题。(2)分组讨论,回答各项思考题,讨论实践题的内容要点。(3)小组代表提出撰写要点,学生讨论和分析。(4)教师归纳总结。

3. 课后计划:布置学生进一步思考代理律师、法官在商标非诉及诉讼活动中的职责,研究商标法上姓名权的性质及外国人姓名权在商标法上的保护问题。

思考题和实践题

1. 思考题

(1)美国 A 公司应向中国何行政机关维护权利?该公司的代理律师应准备和提供哪些法律文书?

(2)根据现行法律规定,商标部门在接到当事人异议申请后,应如何处理?

(3)中国 B 公司在美国 A 公司提出商标异议申请后应如何应对?

(4)美国 A 公司应向中国何部门提起商标复审?应准备哪些法律文书,包括证据材料?如何制作证据材料清单?

(5)商标复审部门在复审环节如何撰写复审裁决书或者决定书?

(6)在商标复审裁定做出不利于中国 B 公司的裁定后,该公司法律顾问如何制定维权策略?

(7)在商标诉讼中,美国 A 公司和中国 B 公司如何举证?

(8)美国 A 公司代理律师在选择、阐释本案法律依据时存在什么不足?

(9)一审、二审法院在选择、阐释本案时的法律依据存在什么不足?

(10)作为一般民事权利和人格权的姓名权,在商标法上享有在先权利的条件是什么?

(11)在本案中,如何选择和阐释外国人姓名在我国商标法享有在先权利的法律依据?

(12)如何分析商标法上外国人姓名权的性质?

(13)根据国际私法及与知识产权有关的国际私法规则,分析作为商业标志权的外国人姓名权在我国保护或者不保护的法律理由。

2. 实践题

根据以上案件信息,完成以下作业:

(1)如果你是美国A公司的代理律师,在商标异议和复审环节应该做哪些工作?请根据以上案情,编写工作计划。

(2)作为美国A公司的代理律师,为其撰写商标异议申请书、商标复审申请书。

(3)作为美国A公司的代理律师,为其撰写一审起诉状。

(4)作为中国B公司的代理律师,为其撰写商标复审答辩意见。

(5)作为一审、二审、再审法官,为该案重写判决书。

(6)作为商标局工作人员,为我国《商标法》修改撰写有关条文。

撰稿人｜严永和,中南民族大学法学院教授

图书在版编目(CIP)数据

法律硕士教学指导案例. 行政诉讼实务卷. Ⅰ / 全国法律专业学位研究生教育指导委员会编. -- 北京 : 法律出版社, 2018
ISBN 978-7-5197-2248-7

Ⅰ. ①法… Ⅱ. ①全… Ⅲ. ①行政诉讼-案例-中国-研究生-教学参考资料 Ⅳ. ①D920.5

中国版本图书馆 CIP 数据核字(2018)第 086393 号

法律硕士教学指导案例·行政诉讼实务卷 Ⅰ
FALÜ SHUOSHI JIAOXUE ZHIDAO ANLI·
XINGZHENG SUSONG SHIWUJUAN Ⅰ

全国法律专业学位研究生教育指导委员会 编

责任编辑 吴 昉
装帧设计 凌点工作室

编辑统筹 法律教育出版分社

出版 法律出版社
总发行 中国法律图书有限公司
经销 新华书店
印刷 三河市兴达印务有限公司
责任印制 沙 磊

开本 710 毫米×1000 毫米 1/16
印张 21.25
字数 308 千
版本 2018 年 6 月第 1 版
印次 2018 年 6 月第 1 次印刷

法律出版社/北京市丰台区莲花池西里 7 号(100073)
网址/www.lawpress.com.cn
投稿邮箱/info@lawpress.com.cn
举报维权邮箱/jbwq@lawpress.com.cn
销售热线/010-63939792
咨询电话/010-63939796

中国法律图书有限公司/北京市丰台区莲花池西里 7 号(100073)
全国各地中法图分、子公司销售电话:
统一销售客服/400-660-6393
第一法律书店/010-63939781/9782
西安分公司/029-85330678
重庆分公司/023-67453036
上海分公司/021-62071639/1636
深圳分公司/0755-83072995

书号:ISBN 978-7-5197-2248-7
定价:59.00 元